AF610654

DISCOURS

DE M. LE CHANCELIER

D'AGUESSEAU.

DISCOURS

DE M. LE CHANCELIER

D'AGUESSEAU.

NOUVELLE ÉDITION,

AUGMENTÉE DE SES INSTRUCTIONS A SON FILS, ET DE DIVERS FRAGMENS TRÈS-INTÉRESSANS EXTRAITS DU RECUEIL GÉNÉRAL DE SES ŒUVRES.

TOME SECOND.

A LYON,

Chez L. BOGET, Imprimeur-Libraire, rue Saint-Dominique, N.° 17.

1822.

INSTRUCTIONS

ET

ŒUVRES CHOISIES

DE M. LE CHANCELIER

D'AGUESSEAU.

PREMIÈRE INSTRUCTION,

Contenant un plan général d'Etudes, et en particulier celle de la Religion et celle du Droit;

Envoyée par M. D'AGUESSEAU, alors procureur-général, à son fils aîné.

A Fresnes, ce 27 septembre 1716.

VOUS venez, mon cher fils, d'achever le cercle ordinaire de l'étude des humanités et de la philosophie. Vous l'avez rempli avec succès; je vous en félicite de tout mon cœur, je m'en félicite moi-même, ou plutôt nous devons l'un et l'autre en rendre grâces à Dieu, de qui viennent tous les biens dans l'ordre de la nature, comme dans celui de la grâce.

Ne croyez pourtant pas avoir tout fait, parce que vous avez fini heureusement le cours de vos premières études ; un plus grand travail doit y succéder, et une plus longue carrière s'ouvre devant vous. Tout ce que vous avez fait jusqu'à présent n'est encore qu'un degré ou une préparation pour vous élever à des études d'un ordre supérieur. Vous avez passé par ce que l'on peut appeler *les élémens des sciences ;* vous avez appris les langues qui sont comme la clef de la littérature ; vous vous êtes exercé à l'éloquence et à la poésie autant que la foiblesse de l'âge et la portée de vos connoissances vous l'ont pu permettre ; vous avez tâché d'acquérir, dans l'étude des mathématiques et de la philosophie, la justesse d'esprit, la clarté des idées, la solidité du raisonnement, l'ordre et la méthode qui sont nécessaires, soit pour nous conduire nous-mêmes à la découverte de la vérité, soit pour nous mettre en état de la présenter aux autres avec une parfaite évidence. Ce sont, il est vrai, de très-grands avantages, et celui qui est assez heureux pour les posséder, peut se flatter d'avoir entre les mains l'instrument universel de toutes les sciences ; il est en état de s'instruire, mais il n'est pas encore instruit, et toutes ses études précédentes ne servent, à proprement parler, qu'à le rendre capable d'étudier.

C'est la situation où je vous trouve aujourd'hui, mon cher fils ; mais avec cet avantage, que quoique les études que vous allez commencer soient plus vastes et plus étendues que celles que vous venez de finir, vous y entrerez néanmoins avec une habitude de travail et d'application, qui s'étant formée en vous par rapport aux matières les plus abstraites et les plus subtiles, ne trouvera presque plus rien d'épineux ni de pénible dans les autres sciences, en comparaison des difficultés que vous avez été obligé de dévorer.

L'essentiel est de vous former d'abord un plan général des études que vous êtes sur le point d'entreprendre ; de suivre ce plan avec ordre et avec fidélité, et sur-tout de ne point vous effrayer de son étendue. Ce n'est pas ici l'ouvrage d'un jour, ni même d'une année ; mais quelque long qu'il puisse être, si vous êtes exact à en exécuter tous les jours une partie, vous serez comme ceux qui dans les travaux qu'ils font faire, suivent toujours un bon plan sans jamais en changer. Comme ils ne perdent point de temps, ils mettent à profit toute la dépense qu'ils font. Insensiblement l'édifice s'élève, les ouvrages s'avancent ; et quelque lent qu'en soit le progrès, on arrive toujours à la fin qu'on se propose, pourvu que l'on marche constamment sur la même ligne, et qu'on ne perde jamais de vue le plan qu'on s'est une fois formé.

C'est à cette fidélité que je vous exhorte, mon cher fils ; je suis persuadé du désir que vous avez de vous instruire : je ne crains donc point de vous proposer tout entier un plan que j'aurois pu ne vous montrer que successivement et par parties. Vous pouvez même juger par là de l'opinion que j'ai de votre bonne volonté, puisque je ne vous dissimule aucune des difficultés de l'état auquel je crois que Dieu vous appelle.

Je réduis ce plan à quatre points principaux sur lesquels je ne vous marquerai à présent que ce que vous pourrez exécuter à-peu-près dans le cours d'une année ; je le continuerai dans la suite, à mesure que le progrès de vos études le demandera ; et j'espère que le succès de chaque année m'encouragera à vous tracer, avec une nouvelle confiance, le plan du travail de l'année suivante.

Les quatre points principaux dont je veux vous parler, sont :

1.° L'étude de la Religion.
2.° L'étude de la Jurisprudence.
3.° L'étude de l'Histoire.
4.° L'étude des Belles-Lettres.

Je sais qu'il n'y a aucune de ces matières qui ne pût occuper un homme tout entier, et être l'étude de toute sa vie ; mais vous n'êtes pas obligé de les approfondir toutes également. Il doit vous suffire d'en prendre ce qui sera nécessaire à votre état ; il seroit même dangereux d'aller plus loin ; la raison et la religion doivent présider à l'étude, comme aux autres actions de notre vie ; une grande partie de la sagesse d'un homme qui est né avec beaucoup de goût pour les sciences, est de craindre ce goût même ; de ne vouloir pas tout savoir pour mieux apprendre ce qui est essentiel à sa profession ; de donner par conséquent des bornes à sa curiosité naturelle, et de savoir garder de la modération dans le bien même. C'est l'éloge que Tacite donne à Agricola ; je souhaite, mon cher fils, que ce soit un jour le vôtre, et qu'on puisse dire de vous comme de lui : *Retinuit, quod est difficillimum, ex sapientiâ modum.*

Après cet avis, je commencerai par ce qui regarde la religion, dont l'étude doit être le fondement, le motif et la règle toutes les autres.

ÉTUDE DE LA RELIGION.

Deux choses peuvent être renfermées sous ce nom.

La première est l'étude des preuves de la vérité de la religion chrétienne.

La seconde est l'étude de la doctrine qu'elle enseigne, et qui est, ou l'objet de notre foi, ou la règle de notre conduite.

L'une et l'autre sont absolument nécessaires à tout homme qui veut avoir une foi éclairée, et rendre à Dieu ce culte spirituel, cet hommage de l'être raisonnable à son auteur, qui est le premier et le principal devoir des créatures intelligentes ; mais l'une et l'autre sont encore plus essentielles à ceux qui sont destinés à vivre au milieu de la corruption du siècle présent, et qui désirent sincèrement d'y conserver leur innocence, en résistant au torrent du libertinage qui s'y répand avec plus de licence que jamais, et qui seroit bien capable de faire trembler un père qui vous aime tendrement, si je ne croyois, mon cher fils, que vous le craignez vous-même.

Vous ne sauriez mieux réussir à l'éviter, qu'en vous attachant aux deux vues générales que je viens de vous marquer ; l'une, de vous convaincre toujours de plus en plus du bonheur que vous avez d'être né dans la seule véritable religion, en vous appliquant à considérer les caractères éclatans qui en démontrent la vérité ; l'autre, de vous remplir le cœur et l'esprit des préceptes qu'elle renferme, et qui sont la route assurée pour parvenir à ce souverain bien que les anciens philosophes ont tant cherché, et que la religion seule peut nous faire trouver.

Par rapport au premier point, c'est-à-dire, l'étude des preuves de la vérité de la religion, je ne crois pas avoir besoin de vous avertir, mon cher fils, que la persuasion ou la conviction à laquelle on peut parvenir en cette matière par l'étude et par le raisonnement, ne doit jamais être confondue ni même comparée avec la foi, qui est un don de Dieu, une grâce singulière qu'il accorde à qui lui plaît, et qui exige d'autant plus notre reconnoissance que nous ne la devons qu'à la bonté de Dieu, qui a bien voulu prévenir en nous la lumière de la raison même par celle de la foi.

Mais quoique cette conviction et cette espèce de foi humaine qu'on acquiert par l'étude des preuves de la vérité de la religion chrétienne soit d'un ordre fort inférieur à la foi divine qui est le principe de notre sanctification; et quoique la simplicité d'un paysan qui croit fermement tous les mystères de la religion parce que Dieu les lui fait croire, soit infiniment préférable à toute la doctrine d'un savant, qui n'est convaincu de la vérité de la religion que comme il l'est de la certitude d'une proposition de géométrie ou d'un fait dont il a des preuves incontestables, il est néanmoins très-utile d'envisager avec attention et de réunir avec soin toutes les marques visibles et éclatantes dont il a plu à Dieu de revêtir et de caractériser, pour ainsi dire, la véritable religion.

Non seulement cette étude affermit et fortifie notre foi; mais elle nous remplit d'une juste reconnoissance envers Dieu, qui a fait tant de prodiges et dans l'ancienne loi et dans la nouvelle, soit pour révéler aux hommes la véritable manière de l'adorer et de le servir, soit pour les convaincre de la vérité et de la certitude de cette révélation.

On ne sauroit trop se remplir de ces pensées et de ces sentimens dans l'âge où vous êtes, mon cher fils. Vous allez entrer dans le monde, et vous n'y trouverez que trop de jeunes gens qui se font un faux honneur de douter de tout, et qui croient s'élever en se mettant au-dessus de la religion. Quelque soin que vous preniez pour éviter les mauvaises compagnies, comme je suis persuadé que vous le ferez; et quelque attention que vous ayez dans le choix de vos amis, il sera presque impossible que vous soyez assez heureux pour ne rencontrer jamais quelqu'un de ces prétendus esprits forts qui blasphêment ce qu'ils ignorent. Il sera donc fort important pour vous d'avoir fait de bonne heure un grand fonds de religion, et de vous être mis hors d'état de pouvoir être ébranlé ou même embarrassé par des objections qui ne paroissent spécieuses à ceux qui les proposent, que parce qu'elles flattent l'orgueil de l'esprit ou la dépravation du cœur, qui voudroit pouvoir se mettre au large en secouant le joug de la religion.

Ce n'est pas, mon cher fils, que je veuille vous conseiller d'entrer en lice avec ceux qui voudroient disputer avec vous sur la religion. Le meilleur parti, pour l'ordinaire, est de ne leur point répondre, et de ne leur faire sentir son improbation que par son silence. Vous devez même éviter avec soin de paroître vouloir dogmatiser. C'est un caractère qui ne convient point à un jeune homme, et qui ne sert qu'à donner à des libertins le plaisir de le tourner en ridicule, et quelquefois même la religion avec lui. Mais c'est une grande satisfaction pour un jeune homme aussi bien né que vous l'êtes, de s'être mis en état de sentir le frivole des raisonnemens qu'on se donne la liberté de faire contre la religion, et de bien comprendre que le système de l'incrédulité est infiniment plus difficile à soutenir que celui de la religion ; puisque les incrédules sont réduits à oser dire, ou qu'il n'y a point de Dieu (ce qui est évidemment absurde), ou que Dieu n'a rien révélé aux hommes sur la religion, ce qui est démenti par tant de démonstrations de fait, qu'il est impossible d'y résister, en sorte que quiconque a bien médité toutes ces preuves, trouve qu'il est non seulement plus sûr, mais plus facile de croire, que de ne pas croire, et rend grâces à Dieu d'avoir bien voulu que la plus importante de toutes les vérités fût aussi la plus certaine, et qu'il ne fût pas plus possible de douter de la vérité de la religion chrétienne, qu'il l'est de douter s'il y a eu un César ou un Alexandre.

C'est pour vous remplir de toutes ces réflexions que je vous conseille, mon cher fils, de lire attentivement quelques-uns des meilleurs ouvrages qu'on ait faits pour prouver cette grande vérité, comme le Traité d'Abbadie, celui de Grotius, les Pensées de M. Pascal, et la seconde partie du Discours de M. Bossuet, évêque de Meaux, sur l'Histoire universelle (1).

---

(1) Depuis cette instruction, il a paru plusieurs ouvrages estimés sur la vérité et le plan de la religion chrétienne, tels que les *Principes de la Foi*, en 1736 ; *l'Exposition de la Doctrine chrétienne*, en 1744 ; *Questions diverses sur l'incrédulité*, *et Principes de religion*,

Je voudrois commencer par le premier, parce qu'il embrasse toute la matière, et qu'il descend par degrés de cette première proposition, *il y a un Dieu*, jusqu'à celle-ci, *donc la religion chrétienne est la seule véritable religion.* Vous trouverez même peu de philosophes qui aient poussé aussi loin que cet auteur les preuves de l'immatérialité et de la spiritualité de l'ame ; et comme vous venez d'étudier à fond cette matière, vous ne serez pas fâché de la voir traiter d'une manière moins sèche et plus étendue, par un homme qui étoit en même temps philosophe et orateur.

Cette dernière qualité ne vous plaira peut-être pas tant dans son ouvrage que la première. Son style vous paroîtra souvent trop diffus, et vous pourrez souhaiter plus d'une fois qu'il eût pu imiter la noblesse et la simplicité du style de M. Pascal, autant qu'il a su s'enrichir de ses pensées, et les mettre chacune en leur place. Mais vous pourrez passer légèrement sur les endroits qui vous paroîtront trop amplifiés, et vous arrêter principalement à ceux qui méritent d'être médités avec soin, et même d'être lus plus d'une fois.

Il seroit à souhaiter que cet auteur eût traité avec plus de force et de capacité l'argument des prophéties, quoiqu'il ait fait de très-bonnes réflexions sur cette matière. Mais il n'est pas le seul qui soit tombé dans ce défaut, et il est fâcheux que cet argument que S. Pierre regardoit comme la plus grande preuve de la véritable religion, n'ait pas encore été traité aussi solidement et aussi profondément que son im-

par M. l'évêq. du P., en 1751; *Preuves de la religion de Jésus-Christ*, par M. L. F., en 1752, etc.

portance le méritoit. Vous trouverez cependant le nécessaire dans Abbadie, et il vous mettra en état de suppléer ce qui peut y manquer, soit par vos propres réflexions, ou par les conversations que vous pouvez avoir sur ce sujet, si vous le jugez à propos dans la suite, avec des personnes savantes et versées depuis longtemps dans l'étude des saintes Ecritures.

Vous pourrez vous contenter de parcourir son troisième volume, où il traite de la divinité de Jésus-Christ. C'est la partie de son ouvrage qui est le moins bien traitée ; et d'ailleurs quand le corps de la religion a été une fois bien prouvé, la vérité de chaque point particulier est suffisamment démontrée par les preuves générales de la certitude de la révélation. Il ne reste plus que de savoir ce qui a été révélé ; et il n'y a personne qui, après avoir lu l'évangile selon S. Jean, et quelques endroits des épîtres de S. Paul, puisse douter de bonne foi que l'Ecriture inspirée de Dieu même, qui ne peut ni tromper ni être trompé, ne nous représente Jésus-Christ comme Dieu, égal à son père, et n'ayant qu'une même nature avec lui (1).

Quand vous aurez une fois embrassé le système entier des preuves de la vérité de la religion, la lecture du livre de Grotius vous sera aussi utile qu'agréable. Vous y verrez un mé-

---

(1) C'est le sujet d'un ouvrage intitulé : *Divinitas D. N. J. C. manifesta in scripturis et traditione.* M. le chancelier d'Aguesseau eut beaucoup de part à la publication de ce traité, qui fut imprimé par ses ordres en 1746, comme l'auteur l'explique dans sa préface. Il a pris part aussi à l'ouvrage français du même auteur, qui n'a paru qu'en 1751.

lange précieux d'érudition sacrée et profane, par lequel ce savant auteur découvre des semences de vérité jusque dans la fable même, et fait voir que les plus anciennes traditions qu'il y avoit parmi les hommes s'accordent en grande partie avec ce que l'Ecriture nous apprend de la création du monde, et avec les idées qu'elle nous donne de la divinité. Vous y trouverez encore une infinité de réflexions sensées sur les preuves de fait, qui sont les plus grandes de toutes pour convaincre de la vérité de la religion, et les plus à portée de tous les esprits. Vous y désirerez peut-être un peu plus d'ordre et d'arrangement dans la manière de développer ses idées; mais un jugement solide, une éruditiou choisie, et une grande profondeur de raison vous dédommageront pleinement de tout ce que vous pourriez y desirer de plus; et peut-être qu'après avoir lu ces deux auteurs, c'est-à-dire, Grotius et Abbadie, vous préférerez celui qui pense plus qu'il ne dit, à celui qui, quoiqu'il pense bien, parle néanmoins encore plus qu'il ne pense.

Je ne vous dirai rien ici des pensées de M. Pascal, ni du livre de M. l'évêque de Meaux; je crois que vous les avez lus l'un et l'autre. Mais quoique vous en avez déjà pris une teinture dans un âge peu avancé, je crois que vous ferez bien de les lire à présent, que votre raison plus formée et votre esprit exercé dans les matières de philosophie, vous mettront beaucoup plus en état de profiter pleinement de cette lecture; et sur-tout d'y prendre ces grandes notions, et ces idées sublimes de la religion, qui sont comme autant de sources de lumières dont vous ferez ensuite l'application de vous-même à tous les objets que l'étude ou le commerce du monde présenteront à votre esprit.

Si votre courage croît avec le travail, comme je l'espère, vous pourrez dans la suite des temps lire aussi quelques-uns des principaux ouvrages des Pères sur la vérité de la religion, tels que le traité de S. Augustin, de la véritable religion, celui de la Cité de Dieu, etc. et sur-tout les apologies de ceux qui ont écrit pour sa défense contre les païens et contre les Juifs, comme S. Justin, Origène, Tertullien, etc. Mais encore une fois, ce sera votre courage et l'ardeur que vous aurez pour l'étude, qui décideront un jour de ces lectures, et il ne faut pas oublier que nous ne parlons ici que de l'ouvrage d'une année.

Pour ce qui est de l'étude de la doctrine que la religion nous enseigne, et qui est l'objet de notre foi ou la règle de notre conduite, c'est l'étude de toute notre vie, mon cher fils. Vous en êtes déjà aussi instruit qu'on le peut être à votre âge, et je vois avec joie que vous travaillez à vous en instruire de plus en plus. Je ne puis donc que vous exhorter à vous y appliquer sans relâche, et à lire pour cela le Catéchisme du Concile de Trente, les ouvrages de M. Nicole, sur le symbole et sur les autres parties de la religion qu'il a traitées, où vous trouverez toujours un accord parfait de la raison et de la foi, de la philosophie et de la religion.

Je ne crois pas avoir besoin de vous recommander la lecture de l'Ecriture sainte. Je prie Dieu. mon cher fils, que vous vous y attachiez toujours avec fidélité pendant tout le cours de votre vie. Je vous conseillerai donc seulement, pour vous mieux remplir de toutes les vérités que l'Ecriture sainte renferme, de vous prescrire un travail que je regretterai toujours de n'avoir pas fait pendant ma jeunesse (1), c'est d'extraire des livres sacrés tous les endroits qui regardent les devoirs de la vie civile et chrétienne, de les ranger par ordre, et d'en faire comme une espèce de corps de morale qui vous soit propre. Il y a des auteurs qui ont travaillé sur l'Ecriture sainte dans cette vue ; mais je ne suis point d'avis que vous vous serviez de leurs ouvrages, si ce n'est peut-être après que vous aurez fait le vôtre, pour voir s'il ne vous sera rien échappé. La grande utilité et le fruit solide de ces sortes de travaux n'est que pour celui qui les fait soi-même, qui se nourrit par là à loisir de toutes les vérités qu'il recueille, et qui les convertit dans sa propre substance.

Je n'ai garde d'exiger de vous que vous fassiez cet ouvrage dans le terme d'une année ; il faudroit pour cela quitter toutes vos autres études. Je serai bien content si vous le commencez et si vous le continuez avec persévérance. C'est un de ces travaux qu'il n'est pas nécessaire d'avoir achevé pour en recueillir le fruit : il est bon même qu'il dure long-temps pour le faire avec plus de réflexion et de sentiment ; et je ne sais s'il n'y a pas au moins autant d'avantage à le faire qu'à l'avoir fait.

Il ne me reste après cela, pour finir ce pre-

(1) Malgré les occupations des charges d'avocat-général, de procureur-général, et de chancelier, que M. d'Aguesseau a exercées, il faisoit une lecture de l'Ecriture sainte tous les jours, et recommandoit ainsi cette lecture encore plus par l'exemple que par les paroles.

mier point qui regarde la religion, que de prier Dieu qu'il continue de répandre sa bénédiction sur l'étude que vous en ferez ; qu'il vous préserve de cet esprit de curiosité qui se perd en voulant approfondir des questions vaines, inutiles, ou même dangereuses ; et qu'il vous inspire ce goût solide de la vérité, qui la cherche avec ardeur mais avec simplicité, et qui s'occupe tout entier des vérités utiles, bien moins pour les connoître que pour les pratiquer.

Je viens maintenant à ce qui regarde le second objet de votre application, c'est-à-dire, l'étude de la jurisprudence.

ÉTUDE DE LA JURISPRUDENCE.

Quoique vous ne soyez pas encore initié dans les mystères de la jurisprudence, vous savez sans doute, mon cher fils, qu'on en distingue trois sortes, dont vous devez apprendre les élémens dans le cours de droit que vous allez commencer : la jurisprudence romaine, la jurisprudence canonique, et la jurisprudence française. Je vous parlerai beaucoup de la première, parce qu'elle doit être votre principal objet dans l'année prochaine ; peu de la seconde, parce qu'il suffira dans cette première année de l'étude du droit que vous en preniez quelques notions générales ; et je ne vous dirai encore rien de la dernière, parce que vous ne pourrez commencer à vous y appliquer que dans la troisième année de votre cours de droit.

ÉTUDE DU DROIT ROMAIN.

Pour vous mettre d'abord au fait de la méthode que je crois que vous devez suivre dans cette étude, il faut supposer ces deux divisions générales du droit, que vous avez bien la mine de savoir sans l'avoir jamais étudié. Les lois qui sont la matière de cette étude peuvent être considérées, ou par rapport à leur source et à leur principe, ou par rapport à leur objet.

Si on les considère par rapport à leur source, ou elles sont fondées sur des règles naturelles, immuables, éternelles ; ou elles n'ont pour principe que la volonté de ceux que Dieu a établis pour gouverner les hommes, et alors on les appelle *arbitraires* ou *positives*.

Je n'entre point ici dans les différentes distinctions que l'on fait ordinairement, ou que l'on peut faire sur ces deux espèces de lois ; vous les trouverez expliquées dans le droit romain, et encore mieux dans les auteurs modernes que je vous indiquerai dans un moment ; il suffit pour entrer dans le plan que je vais vous tracer, de supposer cette première division des lois.

Si on les considère par rapport à leur objet, ou elles ont été faites pour régler l'ordre et l'administration du gouvernement, comme la vocation à la couronne par succession ou par élection, les différentes formes des états républicains, les fonctions des charges et des dignités, les droits du prince, son domaine, ses revenus, les subsides et autres impositions publiques, la punition des crimes, la police, et en général tout ce qui a un rapport direct au bien commun de l'Etat ; ou au contraire les lois ont pour objet de régler les différens engagemens que les hommes contractent entre eux ; l'ordre des successions ; et en un mot tout ce qui regarde les intérêts des particuliers.

La première de ces deux espèces de lois

forme ce qu'on appelle *le Droit public ;* et la seconde, ce qu'on nomme *le Droit privé.*

Je pourrois y en ajouter une troisième, qui appartient en quelque manière au droit public ; c'est ce qu'on appelle *le Droit des gens*, ou, pour parler encore plus correctement (parce que le nom de droit des gens a un autre sens que vous apprendrez dans l'étude du droit romain), le droit entre les nations, *Jus inter gentes*, qui comprend les règles que les nations doivent observer entr'elles, soit dans la guerre, soit dans la paix. Mais comme cette espèce de droit n'a point d'autre force pour être exécutée, que celle que les idées de justice et d'équité naturelle peuvent lui donner, et qu'il n'y a aucune autorité supérieure qui puisse en affermir l'observation entre des princes ou des nations qui ne dépendent point l'une de l'autre, on ne peut lui donner le nom de droit que dans un sens général, et non pas dans l'exacte précision ; parce que, comme vous le verrez ailleurs, la notion exacte du nom de *Droit* renferme toujours l'idée d'une puissance suprême qui puisse contraindre les hommes à s'y soumettre.

Ces premières divisions supposées, je veux vous faire voir, mon cher fils, combien je pense à épargner votre peine et à diminuer votre travail, quoique vous n'ayez peut-être pas cette opinion de moi.

Je vous dispense donc tout d'un coup d'étudier, quant à présent, tout ce qui regarde le droit public et le droit des gens : il est vrai qu'il viendra un temps où j'exigerai peut-être de vous que vous n'étudiez que ces deux espèces de droit ; mais jouissez au moins de ma facilité présente, en attendant que je devienne un père plus rigoureux pour vous.

Je voudrois pouvoir aussi, en reprenant la première division des lois en lois immuables et en lois arbitraires, vous soulager à présent de l'étude des lois arbitraires. Mais quelque bonne volonté que j'aie pour vous, il ne m'est pas possible de vous épargner ou même de différer ce travail; et cela par deux raisons: l'une, que les lois naturelles sont tellement mêlées dans le droit romain avec les lois arbitraires, qu'il n'est pas possible, ni de bien étudier, ni de bien comprendre les premières sans les dernières; l'autre, parce que vous serez obligé de répondre également sur les unes et les autres dans les différens exercices que vous ferez en droit; et que, par la mauvaise méthode de ceux qui professent la jurisprudence, vous aurez beaucoup plus de difficultés à résoudre sur les lois abitraires que sur les lois naturelles.

Mais quoiqu'il y ait une nécessité indispensable d'étudier les unes et les autres en même temps, vous devez vous appliquer à deux choses qu'il ne faut jamais perdre de vue dans toute l'étude de la jurisprudence. La première est de faire toujours dans chaque matière un discernement exact de ce qui appartient au droit naturel; et qui étant fondé sur cette justice originaire et primitive qui est comme le modèle et l'archétype de toutes les lois, doit être également observé dans toutes les nations, et de ce qui au contraire n'appartient qu'au droit positif, parce qu'il n'est appuyé que sur l'autorité du législateur, et qu'on peut le regarder plutôt comme l'ouvrage de l'homme que comme l'ouvrage de la loi. La seconde chose est de distinguer, même dans les matières arbitraires, ce qui peut dériver du droit naturel par des conséquences plus ou moins éloignées, afin de bien pénétrer l'esprit du législateur, et d'être en état de juger entre deux lois arbitraires qui se contredisent, quelle est celle qui mérite la préférence, comme ayant un rapport plus naturel et plus direct avec les lois immuables.

Mais comme rien n'est plus important pour vous et pour tous ceux qui veulent étudier le droit d'une manière supérieure, et capable de former non seulement un juge, mais un législateur, que de s'accoutumer de bonne heure à savoir faire ce discernement ; je crois, mon cher fils, qu'avant de vous jeter dans l'étude de la jurisprudence, il est important que vous lisiez quelques livres qui vous apprennent à remonter jusqu'aux premiers principes des lois ; et qu'il n'est pas même inutile que vous approfondissiez cette question qui a tant exercé autrefois les philosophes politiques, et qui consiste à savoir s'il y a un droit qui soit véritablement fondé sur la nature, dont on puisse démontrer la justice par des principes tirés de la connoissance de l'homme ; ou si vous serez de l'avis d'Horace, soit lorsqu'il dit :

Nec natura potest justo secernere iniquum,
Dividit ut bona diversis, fugienda petendis.
HORAT. *Lib. I. sat. III.*

Ou lorsqu'il n'attribue l'origine de la justice qu'à la crainte que les hommes ont eue d'être vexés par l'injustice :

Jura inventa metu injusti fateare necesse est,
Tempora si fastosque velis evolvere mundi.
Ibid. vers. 110 *et* 111.

Ou enfin lorsqu'il veut que l'intérêt, qui est

ordinairement le père de l'injustice, soit néanmoins l'auteur de la justice et de l'équité.

Atque ipsa utilitas, justi propè mater et æqui.

Vous croyez peut-être, mon cher fils, être sorti des spéculations métaphysiques en quittant l'étude de la philosophie, et vous y retomberez en examinant cette question et toutes celles qui en dépendent, que l'on peut appeler *la Métaphysique de la Jurisprudence*. Je ne vous conseillerois pourtant pas d'y employer votre temps, si cette étude devoit se terminer à une simple spéculation, plus ennuyeuse qu'utile, et plus propre à orner votre esprit qu'à le former véritablement. Mais en approfondissant bien cette matière, vous trouverez que presque tous les principes des lois les plus respectables, c'est-à-dire, de celles qui sont immuables et universelles, en dépendent comme autant de conséquences naturelles qui dérivent de cette justice originale dont Dieu est la source, et dont il a gravé les premières notions dans le fond de notre être. Vous devez donc faire de cette espèce de métaphysique du droit une étude préliminaire à toute autre étude de la jurisprudence, dont elle doit être le fondement; et je vous conseille pour cela de lire d'abord le premier livre du traité de Cicéron, *de Legibus*, où il examine quel est le principe général de toutes les lois. C'est une lecture qui ne vous occupera pas long-temps, et où vous aurez occasion de remarquer ce qu'on a observé sur les Offices du même auteur, qu'à la honte du christianisme il y a bien des chrétiens qui n'ont pas eu des lumières aussi pures et aussi droites qu'un païen, sur les premières idées de la justice naturelle et sur le fondement de tous les devoirs de la société.

Cicéron, qui étoit plus orateur que philosophe, et plus propre à exposer les pensées des autres qu'à penser de lui-même, avoit puisé de grandes notions dans la lecture de Platon, qui semble avoir eu plus de part qu'aucun autre philosophe à ce que l'on peut appeler *la Révélation naturelle ;* c'est-à-dire, à cette manifestation de la vérité que Dieu accorde aux hommes qui savent faire un bon usage de leur raison.

Je souhaiterois donc fort, mon cher fils, que vous puissiez trouver le temps de lire la République et les Lois de Platon, mais sur-tout sa République, ouvrage beaucoup plus sublime et plus parfait que celui des Lois ; ce qui a donné lieu de croire que dans la République il avoit parlé véritablement d'après Socrate, et que dans les Lois il n'avoit parlé que d'après lui-même. Mais je craindrois que cette lecture ne fût peut-être trop longue pour vous dans le temps présent, et qu'elle ne vous obligeât à différer plus long-temps de commencer l'étude du droit romain. Ainsi il suffira que vous lisiez la République de Platon en même temps que vous vous appliquerez à cette étude ; et comme je suppose que vous destinerez une partie de votre temps à étudier à fond les belles-lettres, vous pourrez placer la lecture de ce livre admirable dans les heures que vous donnerez à la littérature ; il réunit deux des principaux objets de vos études présentes, puisque si d'un côté on y découvre les premiers principes des lois développés d'une manière sublime, on y trouve de l'autre le modèle du style le plus parfait : je pourrois ajouter encore (si l'on en excepte quelques opinions singulières) les leçons de la plus pure morale ; en sorte que ce livre peut passer en même temps pour un chef-d'œuvre de législation, d'éloquence et de morale.

Mais comme je compte que la lecture de cet ouvrage ne fera qu'accompagner l'étude que vous ferez du droit romain, je crois qu'il faudra que vous passiez de la lecture du premier livre des Lois de Cicéron, à celle de deux ouvrages modernes qui ne cèdent point à ceux des anciens, au moins pour la force et la solidité des choses, quoiqu'ils leur soient fort inférieurs pour la beauté et le choix des expressions.

L'un est les prolégomènes du livre que Grotius a fait sur le droit que je vous ai dit tout à l'heure qu'on pouvoit appeler *Jus inter gentes*, et que Grotius a intitulé *Jus belli et pacis*. Il donne dans la préface ou prolégomènes de ce livre des idées fort justes et fort précises sur les principes généraux des lois et sur leurs différentes espèces, par des distinctions et des définitions qui m'ont toujours paru beaucoup plus exactes que celles qu'on trouve dans les auteurs du droit romain. Cette préface ne vous occupera pas plus long-temps que le premier livre des Lois de Cicéron, quoiqu'elle mérite d'être méditée attentivement, et même d'être lue plus d'une fois.

L'autre ouvrage moderne qui vous suffiroit presque seul, et que vous ne sauriez trop vous rendre propre, soit par une lecture exacte, ou même par l'extrait que vous ferez bien d'en faire, est le Traité des Lois de M. Domat, qui est à la tête de son grand ouvrage des lois civiles dans leur ordre naturel.

Personne n'a mieux approfondi que cet auteur le véritable principe des lois, et ne l'a expliqué d'une manière plus digne d'un philosophe, d'un jurisconsulte, et d'un chrétien. Après avoir remonté jusqu'au premier principe, il descend jusqu'aux dernières conséquences. Il les développe dans un ordre presque géométrique : toutes les différentes espèces de lois y sont détaillées avec les caractères qui les distinguent. C'est le plan général de la société civile le mieux fait et le plus achevé qui ait jamais paru, et je l'ai toujours regardé comme un ouvrage précieux que j'ai vu croître et presque naître entre mes mains par l'amitié que l'auteur avoit pour moi (1). Vous devez vous estimer heureux, mon cher fils, de trouver cet ouvrage fait avant que vous entriez dans l'étude de la jurisprudence. Vous y apporterez un esprit, non seulement de jurisconsulte, mais de législateur, si vous le lisez avec l'attention qu'il mérite; et vous serez en état, par les principes qu'il vous donnera, de démêler de vous-même dans toutes les lois que vous lirez, ce qui appartient à la justice naturelle et immuable, de ce qui n'est que l'ouvrage d'une volonté positive et abitraire; de ne vous point laisser éblouir par les subtilités qui sont souvent répandues dans les jurisconsultes romains; et de puiser avec sûreté dans ce trésor de la raison humaine et du sens commun, que l'on trouve recueilli dans le Digeste, comme je vous le

(1) M. Domat consultoit sur ses ouvrages M. d'Aguesseau, aussi bien que M. son père, dont il étoit connu et estimé; l'un et l'autre lui communiquoient leurs vues et leurs réflexions, que l'on peut même y reconnoître.

dirai quand il sera temps que vous commenciez à l'étudier.

Quand vous aurez lu le Traité des Lois de M. Domat, vous lirez aussi tout de suite le livre préliminaire qui est à la tête du premier volume, et qui, suivant la méthode des géomètres, sur laquelle cet auteur s'étoit formé, établit d'abord des règles et comme des axiomes généraux qui influent sur toutes les parties de la jurisprudence.

Vous y trouverez donc un abrégé fort utile des maximes générales qui regardent la nature, l'usage et l'interprétation des lois.

Vous y trouverez ensuite deux sortes de définitions générales.

L'une, des personnes qui sont l'objet de la science du droit, et des différentes qualités qui les distinguent, qui les caractérisent, et qui forment ce qu'on appelle *l'état des personnes*.

L'autre, des choses que les lois envisagent par rapport à l'usage des hommes, soit dans les engagemens, soit dans les successions.

C'est à quoi je réduis, mon cher fils, l'étude des préliminaires, ou, si vous le voulez, des prolégomènes de la jurisprudence, principalement par rapport à ce qui est d'un droit naturel et immuable.

Mais il y a une autre espèce de prolégomènes qui vous seroit aussi nécessaire, et dont l'utilité regarde uniquement l'étude des lois positives et arbitraires.

Comme, pour les bien entendre, il faut être instruit du progrès de la législation romaine, de la nature des différentes lois dont le corps du droit est composé, de l'autorité des jurisconsultes dont les réponses ont mérité de devenir des lois, et ont fait donner au recueil de leurs décisions le titre glorieux de *Raison écrite*, des différentes sectes qu'il y a eu parmi eux, et de la diversité de leurs opinions, il est à propos que vous en preniez d'abord une idée et une notion générale ; et vous trouverez presque tout ce qui vous est nécessaire à cet égard dans deux petits ouvrages qui sont dans le *Manuale Juris* de Jacques Godefroy, grand jurisconsulte et grand critique, dont j'aurai occasion de vous parler plus d'une fois dans la suite de vos études.

Le premier de ces ouvrages est intitulé, *Historia seu progressus Juris civilis Romani*, qu'il est bon de lire et relire jusqu'à ce que vous le sachiez exactement.

Le second a pour titre, *Bibliotheca Juris Romani*, qui vous apprendra à connoître tous les matériaux, si l'on peut parler ainsi, dont l'édifice entier du droit romain a été composé, comme les Lois des premiers rois, la Loi des XII tables, l'Edit perpétuel du préteur, les Constitutions ou les rescrits des empereurs, les écrits et les réponses des jurisconsultes, etc.

Si vous vouliez étudier les fragmens qui nous restent de ces anciens monumens de la jurisprudence romaine, vous les trouveriez tous recueillis dans un autre ouvrage du même auteur, qui a pour titre, *Fontes Juris civilis*, et qui renferme beaucoup de critique et d'érudition ; mais comme ces sortes de recherches ont plus de curiosité que d'utilité, il vous suffira quant à présent, mon cher fils, de savoir où elles se trouvent, et je regretterois le temps que vous emploiriez à les étudier, d'autant plus que vous y trouveriez bien des choses que vous ne seriez pas encore en état d'entendre sans beaucoup de peine.

Contentez-vous

Contentez-vous donc de bien savoir son histoire et sa bibliothèque du droit romain, et joignez-y encore l'histoire du même droit, qui a été faite par M. Doujat, professeur; parce qu'elle a encore plus de rapport à la méthode des écoles : c'en sera assez pour le temps présent, d'autant plus que ces premières idées vous seront tant de fois présentées dans l'étude du droit, qu'elles vous deviendront entièrement familières sans les étudier plus à fond, quant à présent.

Vous serez en état après cela de commencer à lire les Institutions de Justinien; et quoique l'ordre n'en soit pas vicieux, vous souhaiterez néanmoins plus d'une fois qu'il eût pu être tracé par M. Domat, au lieu de l'être par Tribonien.

La meilleure méthode, à mon sens, d'apprendre les Instituts, est celle que Justinien même avoit prescrite aux professeurs de son temps, c'est-à-dire, de les apprendre *levi ac simplici viâ*, en se contentant de bien entendre le texte, sans le charger d'abord de beaucoup de commentaires.

Ainsi je voudrois que vous lussiez d'abord le texte des Instituts avec la paraphrase de Théophile, qui en facilite suffisamment l'intelligence, en y joignant seulement les courtes notes de M. Cujas. S'il y a quelques endroits que vous n'entendiez pas encore avec ces secours, vous pourrez consulter l'avocat que vous aurez auprès de vous; mais je vous prie, mon cher fils, de n'y avoir recours que lorsqu'après quelque temps d'une application sérieuse et suffisante, vous désespérerez de bonne foi du succès de votre attention; car je souhaite fort qu'autant qu'il sera possible, vous soyez votre maître à vous-même. L'expérience vous apprendra, et elle vous l'a peut-être déjà appris, quoique vous ne soyez pas bien vieux, qu'on ne sait rien si parfaitement que ce que l'on a appris par le seul effort de son application.

Il faut pourtant que cette règle ait ses bornes, mon cher fils, sur-tout dans le commencement d'une étude nouvelle, avec laquelle on n'est pas encore familiarisé; autrement on s'épuiseroit l'esprit, on pourroit même se rebuter, et on perdroit d'ailleurs un temps qu'on pourroit employer plus utilement. Il suffit d'être de bonne foi sur cela comme sur tout le reste; mais il faut y ajouter encore la précaution de repasser sur les endroits difficiles, avec quelque personne éclairée, quoique l'on croie les avoir bien entendus, afin de voir si l'on ne s'est pas trompé.

Quand vous aurez lu ainsi tous les Instituts de Justinien, sans y chercher autre chose que l'intelligence du texte, vous aurez cet avantage, qu'ayant une teinture générale de tout le corps de la jurisprudence romaine, pour ce qui regarde le droit privé, vous serez en état d'embrasser tout votre objet, et de répondre sur chaque matière aux difficultés que l'on tire souvent d'une matière différente.

Je compte que deux mois bien employés suffiront pour cette première lecture.

Ce sera alors qu'il faudra revenir sur vos pas, et recommencer le même travail, en y joignant le commentaire de feu M. Baudin sur les Instituts, que vous trouverez aisément manuscrit; je n'en ai point vu de plus clair, de plus méthodique, de plus convenable aux exercices des écoles et d'une meilleure latinité.

Vous pourrez aussi consulter sur les endroits les plus difficiles, les notes de Vinnius et celles de La Coste, qui sont, à mon sens, les deux meilleurs commentaires imprimés que nous ayons sur les Instituts.

Vous aurez dans ce temps-là un docteur de droit qui viendra vous exercer sur chaque titre de ce livre, vous expliquer les difficultés les plus considérables, et vous proposer les argumens ordinaires qu'on a accoutumé de faire dans les écoles.

Vous y joindrez aussi des exercices fréquens sur les mêmes matières avec de jeunes gens studieux et de bonnes mœurs, pour acquérir la facilité de parler, et sur-tout de parler le langage des lois ; c'est à quoi vous ne sauriez trop vous attacher, mon cher fils. Chaque profession a sa langue qui lui est propre, et celle des jurisconsultes romains est une des plus pures. Il est d'ailleurs d'une utilité infinie de s'accoutumer à parler en termes propres : c'est une des plus grandes parties de l'élégance du style ; et quand on en a une fois pris l'habitude dans une matière, on la porte aisément dans toutes les autres, et l'on parvient même à ne pouvoir plus s'en passer. Lisez donc pour cela, mon cher fils, et pour bien d'autres choses, lisez continuellement les écrits de M. Cujas, qui a mieux parlé la langue du droit qu'aucun moderne, et peut-être aussi bien qu'aucun ancien. Je tâcherai de vous faire avoir aussi les écrits de M. Boscager, qui a été le maître de mon père, et qui a traité les matières de droit avec une pureté et une élégance singulières.

Je souhaiterois fort que cette seconde étude des Instituts, plus exacte et plus profonde que la première, pût être entièrement achevée dans six mois, à compter du premier janvier prochain, et que vous en eussiez fait, dans le même temps, un petit abrégé pour fixer et pour soulager votre mémoire en le relisant de temps en temps ; je crois que cela ne vous sera ni impossible, ni même fort difficile, en donnant à cette étude trois heures par jour, en y comprenant le temps que vous passerez avec votre répétiteur.

Je suppose donc que vers la S. Jean vous aurez achevé ce travail, et je ne vous demanderai plus alors que deux choses pour finir votre première année du droit civil, jusqu'aux vacations de l'année prochaine.

L'une sera de lire dans le même manuel de Godefroy. dont je vous ai déjà parlé, ce que l'on appelle *Series digestorum et codicis*, c'est-à-dire, la suite et la liaison des titres du digeste et du code : non pour vous convaincre de la bonté de l'ordre de ces deux corps de jurisprudence, ce que je crois qu'on aura de la peine à vous persuader, d'autant plus qu'on y a suivi deux plans différens, dont aucun n'est le naturel ; mais pour vous familiariser insensiblement avec cet ordre, tout défectueux qu'il est, vous donner une légère idée de toutes les matières du droit, et vous mettre en état de trouver aisément les titres et les lois que vous serez obligé de chercher dans le digeste et dans le code ; mais l'habitude fera plus sur cela que tout le reste.

L'autre, qui sera pour vous d'une plus grande utilité, c'est de lire les deux derniers titres du digeste, qui sont comme le supplément des Instituts, et dont l'un traite des règles du droit, et l'autre de la signification des mots. Si ces deux titres tenoient tout ce qu'ils promettent, ils seroient d'une utilité infinie pour ceux qui étudient en droit ; mais, quoiqu'ils ne soient pas aussi parfaits qu'on pourroit le désirer, il est néanmoins très-important de les bien savoir; et si vous y trouvez quelque difficulté, vous pourrez avoir recours aux notes de Denys Godefroy, et quelquefois même, à celles de Jacques Godefroy, sur le titre *de Regulis Juris*, qui sont beaucoup plus savantes, et qu'on a toujours regardées comme un chef-d'œuvre en ce genre.

Vous y joindrez enfin un autre recueil que le même Jacques Godefroy a fait pour servir de supplément au titre *de Regulis Juris*, et qui est dans le même manuel dont je vous ai déjà parlé, sous le titre de *Florilegium rotundiorum Juris sententiarum*, *etc.* (1) On ne sauroit trop se remplir l'esprit de ces notions communes, qui sont comme autant d'oracles de la jurisprudence, et comme le précis de toutes les réflexions des jurisconsultes. Rien même ne fait plus d'honneur à un jeune homme qui fait ses exercices ordinaires en droit, que d'avoir à la main ces sortes de sentences, qui donnent non-seulement de l'ornement, mais du suc et de la substance à toutes ses réponses.

Voilà, mon cher fils, tout ce que je vous propose de faire pendant le cours de l'année académique que vous allez commencer. J'ai peur que vous n'en soyez si las par avance, que vous ne me donniez pas une audience trop favorable sur ce que j'ai à vous dire de l'étude du droit canonique, qu'il faudra pourtant tâcher de commencer avant la fin de cette première année. Mais j'en exigerai si peu sur ce point, que j'es-

---

(1) Il sera aussi très-utile de lire les deux titres *De Verborum significatione*, et *de Regulis Juris*, dans les nouvelles pandectes données par M. Pothier.

père qu'à la fin nous nous séparerons contens l'un de l'autre.

ÉTUDE DU DROIT CANONIQUE.

Cette étude a aussi ses préliminaires ou ses prolégomènes, comme celle du droit civil ; et ils ne sont pas moins nécessaires pour y entrer avec la préparation convenable.

L'étude du droit canonique est, à proprement parler, l'étude des lois de l'Eglise par rapport à sa police et à sa discipline, aux titres et aux fonctions de ses ministres, et à l'ordre de ses jugemens.

Ainsi tout ce que vous aurez vu dans les prolégomènes du droit civil sur l'origine, la nature et les différentes espèces de lois, aura aussi son application au droit ecclésiastique ; en sorte qu'il sera vrai de dire en ce sens, comme dans beaucoup d'autres qui s'offriront à vous dans la suite, qu'en étudiant le droit civil, vous aurez appris sans y penser le droit canonique.

Mais outre ces premières notions générales, qui sont commmunes à l'une et à l'autre jurisprudence, vous aurez encore à étudier deux sortes de prolégomènes qui sont propres à l'étude des canons ; l'une qui est toute de droit, quoique les exemples puissent servir à l'illustrer, l'autre qui est entièrement de fait.

La première consiste à bien approfondir la nature des lois ecclésiastiques, et toutes les différences qui sont entre ces lois et les lois civiles ou temporelles, soit par rapport à leur matière, soit par rapport à leur objet, soit enfin par rapport aux peines qui affermissent l'autorité des unes et des autres. C'est ce qui vous conduit naturellement à la grande et importante question de la distinction des deux puissances, c'est-à-dire, de la puissance spirituelle et de la puissance temporelle, qui est ce que l'on appelle d'un autre nom, *le sacerdoce et l'empire.*

Vous ferez quelque jour, mon cher fils, une étude suivie et approfondie de cette grande matière, qui, suivant toutes les apparences, pourra devenir un des principaux objets de vos fonctions, si vous vous rendez digne de remplir celles du public.

Mais en attendant que vous puissiez étudier à fond cette matière, il est nécessaire que vous vous en formiez au moins une juste idée, avant que de vous engager dans l'étude du droit canonique, où vous pourriez prendre de très-mauvais principes sur les bornes des deux puissances, si vous en lisiez le texte et les interprètes sans précaution, et sans avoir dans l'esprit quelques maximes générales qui sont absolument nécessaires pour en faire un juste discernement.

La lecture du Traité des lois de M. Domat vous en aura donné d'abord une première notion; mais comme il n'a touché ce point qu'en passant, quoiqu'avec beaucoup de justesse, vous ferez bien d'y joindre deux choses qui vous suffiront quant à présent.

L'une est la lecture du traité de M. Le Vayer, *de l'autorité des Rois dans l'administration de l'Eglise* (1); traité qui dans son genre ne le cède guère à celui de M. Domat sur les lois, et qui est même écrit avec encore plus de

(1) Ce traité a été imprimé d'abord sous le nom de M. Talon : mais il est de M. Le Vayer.

clarté et d'agrément dans la diction. Vous pourrez en passer la première partie, qui est historique, mais superficielle et peu exacte sur certains faits, pour vous attacher d'abord à la seconde, qui est toute de droit, et où vous trouverez des idées simples, naturelles, mesurées avec toute la sagesse possible, et véritablement capables de concilier deux puissances souvent ennemies, qui ne le seroient jamais si elles entendoient parfaitement, non seulement leurs droits, mais leurs véritables intérêts. Je me garderai bien de vous dire que j'en ai un extrait tout fait, parce qu'il faut, s'il vous plaît, que vous ayez aussi la peine d'en faire un; l'utilité de ces sortes d'extraits, comme je vous l'ai déjà dit ailleurs, étant de les faire soi-même.

L'autre est la lecture de quelques écrits de M. Le Merre sur la même matière, où vous trouverez aussi beaucoup de sagesse et de solidité; et c'est par-là que vous pourrez commencer à faire connoissance avec un homme d'un mérite supérieur, qui seul est le plus capable de vous conduire dans l'étude du droit ecclésiastique, que tout ce que je pourrois vous en dire.

Quand vous aurez bien compris la véritable nature de la puissance spirituelle et des lois canoniques, vous passerez à la seconde espèce de prolégomènes, qui ne consiste qu'en faits, et qui est entièrement semblable à celle que vous aurez vue dans Jacques Godefroy sur le droit romain.

Vous comprenez assez par là, mon cher fils, que je veux vous parler de l'histoire du droit canonique, que l'on peut diviser en deux parties, dont la première comprend l'ancien droit, c'est-à-dire l'histoire des collections anciennes des canons qui ont eu cours dans l'Eglise jusqu'à la collection d'Isidore exclusivement ; et la seconde regarde le nouveau droit, c'est-à-dire les nouvelles collections des canons, et des décrétales des papes, dont la dernière forme, avec le décret de Gratien, ce que l'on appelle le corps du droit canonique ; recueil beaucoup plus imparfait que ceux du droit civil, et qui ne contient presque que ce qu'il y a de moins bon dans les dispositions canoniques ; en sorte qu'il pourroit être plus justement appelé le corps de droit du Pape, que le corps de droit de l'Eglise.

Il faut cependant l'étudier, mon cher fils, soit parce que c'est le principal et presque le seul objet des études qui se font dans les écoles canoniques, soit parce que l'ignorance d'une longue suite de siècles a donné une espèce d'autorité à ce recueil, dans les choses néanmoins qui ne sont pas contraires aux maximes de ce royaume, et aux libertés de l'Eglise gallicane.

Mais pour y bien entrer, et être en état d'en porter un jugement équitable, il faut en savoir l'histoire, qui contribue beaucoup à donner une juste idée de son autorité.

Vous pourrez lire pour cela la dissertation de M. Florent, savant professeur en droit, qui a pour titre, *De origine et arte Juris Canonici ;* les préfaces de la Bibliothèque du droit canonique de M. Justel, et les six premiers chapitres du troisième livre de M. de Marca, *de Concordiá sacerdotii et imperii.* Vous pourrez parcourir aussi ce qui en est dit dans les prénotions canoniques de M. Donjat, et qui est encore plus accommodé à la méthode ordinaire des écoles. Il n'est pas inutile de lire aussi la même histoire dans plusieurs auteurs différens, soit parce que chacun d'eux y joint des réflexions qui lui sont propres, soit parce que, comme cette science consiste uniquement en faits et en observations critiques, dont il faut que les principales demeurent toujours dans la mémoire, il est nécessaire de les lire et relire plus d'une fois, et vous le ferez plus agréablement en changeant d'auteur, et en renouvelant par là votre attention.

L'essentiel, pour vous rendre absolument maître de ces prénotions canoniques, sera d'en faire vous-même un abrégé tiré de tous les auteurs que je viens de vous marquer, et je me garderai bien de vous donner le mien, mon cher fils, vous en savez la raison.

Quand vous vous serez ainsi préparé à l'étude du droit canonique, vous commencerez à y entrer par la lecture des paratitles des décrétales du professeur dont vous prendrez les leçons, parce que c'est sur cela que vous serez examiné; mais vous y joindrez deux autres ouvrages pour vous instruire plus exactement des élémens du droit canonique. Le premier est le traité de Duaren, *de sacris Ecclesiæ Ministeriis*, qui est une espèce d'abrégé de ce droit, et dont la principale utilité sera de vous apprendre à bien parler latin dans cette jurisprudence, dont le style ordinaire est bien éloigné de la pureté et de la propreté de celui des jurisconsultes romains et de plusieurs interprètes modernes.

Le second est l'institution de M. l'abbé Fleury au droit ecclésiastique. Quoique cet ouvrage ne soit pas aussi parfait qu'il pourroit l'être, il vous sera néanmoins avantageux de le lire, parce que l'auteur a soin de rapporter le droit canonique romain à nos usages, et que les notions qu'il donne ont bien plus de rapport à la pureté des anciennes règles ecclésiastiques que les autres institutions composées, pour la plupart, par des auteurs dont toute la science étoit renfermée dans le cercle étroit et dangereux du corps du droit canonique.

De toutes les institutions de ce genre, celles dont on fait le plus de cas, et qui semblent avoir acquis une espèce d'autorité dans les écoles, sont celles de *Lancelot* ; vous pouvez les parcourir, mon cher fils ; mais j'aimerois encore miex que vous lussiez celles de M. Baudin, qui a pris tout ce qu'il y a de bon dans Lancelot, et qui y a joint une expression beaucoup plus pure et plus correcte.

En voilà plus qu'il n'en faut, mon cher fils, pour vous occuper sur l'une et sur l'autre jurisprudence, pendant le cours de votre première année académique ; je compte même que ce que je viens de vous conseiller sur le droit canonique vous conduira jusqu'au premier janvier de l'année 1718, et je serai bien content si vous n'y employez pas plus de temps.

Il ne me reste, avant que de passer à une autre matière, que de vous marquer comment vous pourrez concilier ces deux études, et les faire marcher presque de front.

Je vous ai déjà dit que je croyois que vous deviez vous attacher uniquement au droit romain jusqu'à la Saint-Jean de l'année prochaine ; alors, comme j'espère que vous vous serez rendu maître des Instituts de Justinien, et que vous n'aurez plus à lire que ce que je vous ai marqué à la suite de cette étude, qui ne doit pas vous occuper plus d'une heure, ou une heure et demie par jour ; vous pourrez employer une heure et demie, ou deux heures, à la lecture du droit canonique, et vous mettre en état d'avoir achevé tout ce que je viens de vous proposer, dans les derniers six mois de l'année 1717, pour vous disposer à subir le premier examen, et à soutenir votre première thèse dans les deux premiers mois de l'année 1718.

IIe INSTRUCTION.

ÉTUDE DE L'HISTOIRE.

Il y a long-temps, mon cher fils, que je vous ai promis de vous parler de l'histoire, qui est le troisième objet de vos études présentes, et je crains que si vous ne m'accusez pas d'être un débiteur de mauvaise foi, après un si long retardement, vous ne me regardiez du moins comme un débiteur peu solvable.

Vous ne vous tromperiez peut-être pas même dans ce jugement ; car, comme il faut que vous profitiez de mes fautes, je ne rougirai point de vous avouer que je me suis toujours repenti de n'avoir pas étudié l'histoire avec autant de suite et d'exactitude que j'aurois dû le faire. Je ne saurois même trouver une excuse suffisante dans les emplois pénibles et laborieux dont j'ai été chargé de bonne heure (1) ; ils m'auroient laissé encore assez de temps, si j'avois su le mettre à profit, pour acquérir une science dont on sent toujours de plus en plus l'utilité à me-

(1) M. d'Aguesseau avoit été reçu dans la charge d'avocat-général à vingt-deux ans, et à trente-deux ans dans celle de procureur-général.

sure qu'on avance en âge et en connoissance. Mais d'un côté, les charmes des belles-lettres qui ont été pour moi une espèce de débauche d'esprit, et de l'autre le goût de la philosophie et des sciences de raisonnement ont souvent usurpé chez moi une préférence injuste sur une étude qui, lorsqu'elle est faite avec les réflexions nécessaires, joint à la douceur des belles-lettres l'utilité de la philosophie, je veux dire de la philosophie morale, la plus digne de l'homme, et sur-tout de l'homme public.

Evitez, mon cher fils, de tomber dans le même inconvénient, et fuyez comme le chant des sirènes les discours séducteurs de ces philosophes abstraits, et souvent encore plus oisifs qui, sensibles au bonheur de leur indépendance, et sourds à la voix de la société, vous diront que l'homme raisonnable ne doit s'occuper que du vrai considéré en lui-même, qui peut seul perfectionner notre intelligence, et qui suffit seul pour la remplir; que si nous voulons connoître l'homme, c'est à la philosophie qu'il appartient de nous le montrer dans les idées primitives et originales dont l'histoire ne nous présente que des copies imparfaites et des portraits défigurés; que nous n'y voyons que ce que les hommes ont fait, au lieu que l'étude de la philosophie nous découvre d'un coup-d'œil non seulement tout ce qu'ils peuvent, mais tout ce qu'ils doivent faire; et qu'enfin, il y a plus de vérité dans un seul principe de métaphysique ou de morale bien médité et bien approfondi, que dans tous les livres historiques.

Tels furent à-peu-près les discours que me tint un jour le P. Malebranche, lorsqu'après avoir conçu quelque bonne opinion de moi, par les entretiens que j'avois souvent avec lui sur la métaphysique, il la perdit presqu'en un moment, à la vue d'un Thucydide qu'il trouva entre mes mains, non sans une espèce de scandale philosophique.

Mais quoi qu'en puisse dire ou penser le père Malebranche et ses semblables, outre les usages infinis que l'homme public sait tirer de l'histoire pour les lois, pour les mœurs, pour les exemples, je ne craindrai point de vous dire aujourd'hui, mon cher fils, bien revenu des erreurs de ma jeunesse, que l'histoire est vraiment une seconde philosophie, qui mérite mieux qu'Homère l'éloge qu'Horace a donné à ce poète, c'est-à-dire,

> Quæ quid sit pulchrum, quid turpe, quid utile, quid non,
> Pleniùs ac meliùs Chrysippo et Crantore dicit.
> *Epist. Lib.* 1. *Epist.* 2.

La métaphysique et la morale forment à la vérité les premiers traits, et elles posent les fondemens de la connoissance du cœur humain; mais elles ne nous montrent au plus que les causes, au lieu que l'histoire nous découvre les effets; et tel est le caractère de la plupart des hommes, que comme les exemples les affectent davantage, et font plus d'impression sur eux que les préceptes, ils connoissent aussi plus facilement les causes par les effets, que les effets par les causes.

Entre les causes mêmes, la métaphysique et la morale ne nous découvrent que les plus simples et les plus générales, c'est-à-dire, celles qui sont plus agréables dans la spéculation qu'utiles dans la pratique; il n'y a que l'histoire qui nous instruise des causes particulières, et qui nous développe les ressorts secrets et souvent imperceptibles qui remuent les volontés les hommes, et qui par là donnent la guerre ou la paix, forment ou rompent les engagemens qui lient les nations entr'elles, ébranlent ou affermissent les empires. C'est par cette connoissance que l'homme apprend véritablement à vivre avec les hommes; il est né pour la société, et la connoissance de soi-même, qui ne lui suffit que dans la solitude, doit emprunter le secours de la connoissance des autres hommes, pour se soutenir dans le tourbillon du monde et des affaires. Ainsi l'utilité de l'histoire n'a pas plus besoin d'être prouvée que l'utilité de la connoissance des hommes, qui s'acquiert en grande partie par l'étude de ce qui est arrivé dans les différentes sociétés entre lesquelles la providence a partagé l'univers.

Sans cela la métaphysique, ou la morale purement philosophique, ne peuvent produire que de vertueux solitaires, ou des savans occupés à satisfaire leur curiosité, et inutiles à leur patrie, ou des esprits spéculatifs, qui ne connoissant que l'homme en général, et non pas l'homme en particulier, veulent gouverner le monde par intelligence plus que par expérience, et conduire les affaires par des systèmes abstraits qui supposent les hommes tels qu'ils devroient être, plutôt que par des vérités pratiques qui les supposent tels qu'ils sont. De là vient que toutes les méditations du plus grand philosophe que la Grèce, ou plutôt que la nature ait produit avant la prédication de l'Evangile, se sont terminées à enfanter une république dont l'idée, quoique sublime, a été justement regardée comme une belle spéculation; et de la vient aussi que le plus sage et le plus vertueux des Romains a mérité le reproche que Cicéron lui fait d'avoir voulu conduire les citoyens de Rome comme s'il eût vécu dans la république de Platon, et non dans celle de Romulus.

Ce n'est pas après tout que, déserteur et transfuge de la philosophie, je veuille vous en dégoûter aujourd'hui pour vous livrer servilement à l'histoire.

Il faut rendre à la philosophie l'honneur qu'elle mérite et la justice qui lui est due; c'est elle qui prépare notre esprit aux autres connoissances, qui le dirige dans ses opérations, qui lui apprend à mettre toutes choses dans leur place, et qui lui donne non seulement les principes généraux, mais l'art et la méthode de s'en servir et de faire usage de ceux mêmes qu'elle ne lui donne pas.

Vous avez donc très-bien fait, mon cher fils, de vous disposer à l'étude de l'histoire par celle de la philosophie. Vous y joignez à présent celle de la jurisprudence, qui n'y est guère moins nécessaire; et, ce qui me fait beaucoup plus de plaisir, vous y serez encore mieux préparé par la connoissance de la religion, dont je rends grâces à Dieu de vous voir instruit par principes.

La véritable nature de l'homme y est dévoilée bien plus clairement que dans la philosophie la plus sublime; nous y découvrons le principe de ce mélange et de cette contrariété étonnante de passions et de vertus, de bassesse et de grandeur, de foiblesse et de force, de légèreté et de profondeur, d'irréligion et de superstition, de crimes atroces et d'actions héroïques, qu'on trouve par-tout dans l'histoire, et souvent dans le même homme, en sorte qu'il y a eu peu de ceux mêmes qui y brillent avec le plus d'éclat, dont on ne puisse dire ce que Tite-Live a dit d'Annibal : *Ingentes animi virtutes ingentia vitia æquabant* (1) ; et que rien n'est plus rare que les deux extrêmes opposés, c'est-à-dire, la vertu sans vices et le vice sans vertus, ou, ce qui est presque la même chose, l'homme entièrement bon et l'homme souverainement mauvais. Principe fécond dont un politique moderne s'est servi si utilement pour expliquer la véritable cause d'une grande partie des événemens qui nous surprennent dans l'histoire.

Si nous sommes affligés d'y voir souvent la vertu méprisée et le vice honoré, la religion nous apprend à soutenir cette espèce de scandale sans en être troublés ; elle nous montre une providence toujours attentive et toujours juste, soit qu'elle ne semble occupée pour un temps qu'à éprouver et à purifier la vertu ; soit qu'elle fasse éclater enfin le châtiment du vice ; exerçant successivement sa justice contre les nations, faisant servir la malice des hommes à l'accomplissement de ses desseins, et punissant les Assyriens par les Perses, les Perses par les Grecs, les Grecs par les Romains, les Romains par les Goths, les Huns et toutes les autres nations du Nord, qui ont enfin accablé cette grande monarchie, à laquelle ses oracles et ses poètes avoient tant de fois promis une durée éternelle (2).

Je regarde donc l'étude de l'histoire comme

---

(1) *Lib.* XXI, *n.* 4.

(2) *His ergo nec metas rerum, nec tempora pono :*
Imperium sine fine dedi.

VIRG.

l'étude de la providence, où l'on voit que Dieu se joue des sceptres et des couronnes, qu'il abaisse l'un, qu'il élève l'autre, et qu'il tient dans sa main, comme parle l'Ecriture, cette coupe mystérieuse pleine du vin de sa fureur, dont il faut que tous les pécheurs de la terre boivent à leur tour (1).

Ouvrez les livres saints, mon cher fils, et sur-tout ceux des prophètes; cette providence cachée à présent sous le voile des événemens, qui en sont comme le chiffre et le langage muet, y est clairement développée par la voix de Dieu même, expliquant aux hommes l'ordre, les motifs, le tissu et l'enchaînement des révolutions qu'il veut faire éclater sur la terre. Si Dieu ne parle pas toujours, il agit toujours en Dieu. Sa conduite peut être plus ou moins manifestée au dehors, mais au fond elle est toujours la même; elle se montre par-tout à quiconque a des yeux pour la reconnoître, et comme la contemplation des choses naturelles nous élève par degré jusqu'à la première cause physique qui influe en tout, et sans laquelle tous les autres êtres sont stériles et impuissans; ainsi l'étude des événemens humains nous ramène à la première cause morale de tout ce qui arrive parmi les hommes : en sorte que ceux qui ne trouvent pas Dieu dans l'histoire, et qui ne lisent pas sa grandeur, sa puissance, sa justice dans les caractères éclatans qu'elle en trace à des yeux éclairés, sont aussi inexcusables que ceux dont parle saint Paul, qui,

---

(1) *Hunc humiliat, et hunc exaltat; quia calix in manu Domini vini meri plenus mixto, et inclinavit ex hoc in hoc; ,.... bibent omnes peccatores terræ.* Ps. 74.

à la vue de l'univers, de l'ordre, du concert et de la proportion de toutes ses parties, s'arrêtoient à la créature sans remonter au créateur.

C'est ainsi, mon cher fils, que l'étude de l'histoire, fondée sur les principes de la vraie philosophie, c'est-à-dire, de la religion, nourrit la vertu, élève l'homme au-dessus des choses de la terre, au-dessus de lui même, lui inspire le mépris de la fortune, fortifie son courage, le rend capable des plus grandes résolutions, et le remplit enfin de cette magnanimité solide et véritable qui fait non seulement le héros, mais le héros chrétien.

Je n'avois pas dessein de m'étendre si longtemps sur ces généralités; mais je vous parle de l'abondance du cœur, mon cher fils, et le cœur d'un père qui parle à un fils qu'il aime ne connoît point de mesure. Je reviens maintenant de ces réflexions générales sur l'utilité de l'histoire, à ce que je dois vous dire sur la manière de l'étudier.

Je la réduis à six points.

1.° Les préliminaires de l'histoire.

2.° Ce qu'il faut lire.

3.° L'ordre dans lequel cette lecture doit être faite.

4.° Les secours, et, si l'on peut parler ainsi, les accompagnemens qu'il faut y joindre.

5.° Ce qu'il est important de remarquer en lisant l'histoire.

6.° La manière de faire les extraits ou les collections qui contiennent les remarques qu'on a faites, et qui nous facilitent l'usage d'un trésor qu'il seroit peu utile d'amasser, si l'on n'y joignoit les moyens de pouvoir s'en servir aisément, et d'avoir, pour ainsi dire, son bien en argent comptant.

PREMIER POINT.

Préliminaires de l'Histoire.

Je passerai légèrement sur les deux principaux préliminaires de l'histoire, parce que vous m'avez déjà prévenu sur cette matière, et que pendant que je m'arrête vous avez continué de marcher.

Vous comprendrez sans doute, mon cher fils, que par ces deux préliminaires de l'histoire, je veux parler de la chronologie et de la géographie, et je ne ferois que vous dire ce que vous savez déjà, si je voulois m'étendre ici sur l'utilité de ces deux sciences. Votre propre expérience vous l'a fait assez sentir de vous-même, et vous savez qu'on doit les regarder comme les deux clefs de l'histoire, sans lesquelles on s'égare d'autant plus que l'on y fait plus de chemin (1).

Je me réduis donc à vous marquer ici ce que je vous conseille de faire pour empêcher que les connoissances que vous avez déjà acquises sur ces deux matières, et celles que vous acquerrez dans la suite, ne s'effacent insensiblement.

Ces connoissances, quelque utiles qu'elles soient, sont néanmoins (si l'on en excepte les principes généraux de la chronologie) du nombre de celles qui ne pouvant être fixées et comme enchaînées par le raisonnement, ne sauroient

---

(1) I.er Préliminaire de l'histoire, la chronologie.

être confiées qu'au dépôt fragile de la mémoire, dont il n'y a personne qui n'éprouve l'infidélité, sur-tout dans ce qui dépend d'un détail presque infini de dates et de noms propres, qui n'ont entr'eux aucune liaison naturelle et nécessaire.

Je crois donc que, pour prévenir cette infidélité dont la jeunesse a de la peine à se défier, mais dont un âge plus avancé s'aperçoit quelquefois trop tard quand il n'est plus temps d'y remédier, vous devez faire deux choses, l'une sur la chronologie, et l'autre sur la géographie.

Je voudrois, à l'égard de la chronologie, que vous vous fissiez à vous-même des tables des époques de l'histoire de chaque peuple, comparées les unes avec les autres. J'y remarquerois non seulement les époques principales et fondamentales, comme celles de l'établissement ou de la fondation des monarchies et des républiques, mais celles des principaux changemens et des plus grands événemens qui y soient arrivés, comme, dans l'histoire grecque, l'expédition de Darius, celle de Xerxès, la guerre du Péloponèse, les révolutions arrivées entre les Athéniens et les Lacédémoniens sur le commandement de la Grèce, les conquêtes d'Alexandre, le partage de ses royaumes entre ses généraux, la défaite de Persée, l'assujettissement de la Grèce à l'empire des Romains; et de même, dans l'histoire romaine, l'exil des Tarquins, l'établissement des consuls et de la république, la création des décemvirs et la loi des XII tables, l'institution des tribuns militaires, le consulat partagé entre les patriciens et les plébéiens, la prise de Rome par les Gaulois, les trois guerres puniques, la défaite d'Antiochus, celle de Mithridate, les guerres civiles, la conjuration de Catilina, le premier et le second triumvirat, la destruction de la république, l'établissement du pouvoir d'abord presque monarchique, et ensuite plus que monarchique, etc. Il est inutile de s'étendre davantage sur ces exemples, en voilà plus qu'il n'en faut pour faire comprendre ma pensée. Vous me direz que cela a été déjà fait par un grand nombre d'auteurs; j'en conviens avec vous, et je pourrois vous répondre que c'est par cette raison même qu'il vous sera plus aisé de le faire; mais ce que d'autres ont fait ne deviendra véritablement votre bien que quand vous l'aurez fait vous-même. Des tables déjà faites seront un spectacle agréable à vos yeux, parce qu'elles vous représenteront en abrégé, et comme dans une espèce de mappe-monde chronologique, toute la suite des principales époques rangées avec ordre selon leur temps. Elles vous seront même fort utiles, en les consultant souvent pendant que vous lirez les différentes histoires. Mais la liberté ou la négligence de la mémoire ont besoin d'être dominées par quelque chose de plus fort, et il n'y a que la plume qui puisse les fixer et vous en rendre le maître. Se contenter de lire les choses de cette nature, c'est écrire sur le sable; les arranger soi-même et les digérer par écrit, selon son goût et sa méthode particulière, c'est graver sur l'airain; le travail en est plus grand, je l'avoue, mais outre que le fruit en est aussi infiniment grand, vous reconnoîtrez un jour que vous aurez gagné même du côté du travail, parce que vous ne serez plus obligé de revenir sur vos pas, et de recommencer à vous instruire de nouveau, ce qui arrive presque toujours à ceux qui se contentent d'une simple lecture, et qui ne se donnent pas la peine d'arrêter par l'écriture des notions qui nous fuient et qui nous échappent malgré nous, si nous ne savons pas les fixer.

Il seroit difficile de vous proposer rien de semblable sur la géographie (1), parce qu'on n'a presque pas besoin de secours pour en retenir les généralités, et que d'ailleurs elle n'est véritablement utile que par un détail qu'il n'est pas possible d'abréger.

Je m'imagine donc qu'un seul moyen de fixer ce détail et de se le rendre familier presque sans peine et sans efforts, c'est de l'orner, de l'embellir, et d'y joindre des idées accessoires qui le fassent entrer avec elles dans l'esprit d'une manière agréable et instructive en même temps. Notre mémoire ne reçoit rien plus volontiers, et ne conserve rien avec plus de fidélité, que ce qui lui a causé de la satisfaction en l'apprenant; et elle se venge au contraire, par un prompt oubli, de la peine qu'elle a eue à apprendre des choses que leur sécheresse et leur aridité lui rend désagréables : tel est le détail ingrat et stérile de la géographie, qui, lorsqu'on le détache de toute autre chose, n'est, à proprement parler, que le plan et comme le squelette du monde connu. Il faut donc lui donner de la chair et de la couleur, si l'on veut le faire passer dans notre mémoire sous une forme plus gracieuse qui l'invite à le conserver fidèlement; c'est ce que vous ferez, mon cher fils, par la lecture des voyages qui, soit par une description plus exacte de divers pays, soit

(1) II.e Préliminaire de l'histoire, la géographie.

par les curiosités naturelles ou par les antiquités que les voyageurs y observent, soit par l'histoire abrégée des différens peuples qui les ont habités, soit par le détail des lois, des mœurs, du gouvernement qui y sont en usage, donnent, pour parler ainsi, du corps à la géographie, et y ajoutent des images et des singularités qui la fixent dans notre esprit.

Mais pour bien faire cette lecture, il faut avoir toujours sous les yeux les meilleures cartes du pays dont vous lirez la description (attention que vous devez avoir aussi en lisant quelque histoire que ce puisse être); et pour donner aux voyages un ordre et un arrangement qui lie toutes vos idées, et qui vous donne une plus grande facilité pour les conserver, je voudrois qu'autant qu'il est possible vous fissiez cette lecture dans un ordre à-peu-près semblable à celui des géographes; en sorte que s'il est question de l'Europe, par exemple, vous prissiez d'abord les voyages qui ont été faits dans les royaumes du nord, comme l'Angleterre, le Danemarck, la Suède, etc.; vous descendiez ensuite aux pays qui sont entre le nord et le midi, comme la France, l'Allemagne et la Hongrie, etc., pour finir cette suite de voyages par les royaumes du midi, tels que l'Espagne, l'Italie, la Turquie en Europe, etc. Ce que je dis de cette portion du monde peut s'appliquer également à toutes les autres.

On voyage soi-même en quelque manière par cette méthode, et l'on voyage de suite. On va de proche en proche, et l'on fait entrer plus aisément dans son esprit les limites et les frontières des différens états; ce qui n'est pas une des moindres utilités de la géographie. On est aussi plus en état de comparer les mœurs et les

les opinions de différens peuples, dont on voit plusieurs s'égarer dans leurs idées à la honte de l'esprit humain qui se perd lorsqu'il est abandonné à lui-même, et qu'il n'est pas conduit par la lumière de la véritable religion.

Je regarde donc cette méthode comme la meilleure de toutes, soit pour imprimer la géographie plus aisément et plus fortement dans notre mémoire, soit pour toutes les autres utilités que l'on peut tirer de la lecture des voyages. Mais l'importance n'est pas assez grande néanmoins pour vous imposer sur cela une contrainte et une espèce de servitude qui gêne votre goût, et qui refroidisse en vous une curiosité utile dans ce qui a rapport aux études, parce qu'elle en est comme le sel et l'assaisonnement. Ainsi, pourvu que la lecture des voyages vous promène successivement dans toutes les parties de la géographie, et vous fasse faire le tour du monde entier, je serai bien content, quand même vous ne suivriez pas exactement cet ordre, que je vous propose non comme absolument nécessaire, mais comme le meilleur et comme celui que je prendrois pour moi.

Je prétends encore moins exiger de vous, mon cher fils, que vous lisiez tous les voyages, ou même la plus grande partie de ceux qui ont été donnés au public. Ce seroit vous engager à perdre un temps que vous pouvez mieux employer : il faut donc se fixer aux meilleurs voyageurs, sans vous amuser inutilement à lire ceux qui ont moins de réputation, ou qui passent même pour être peu sincères ; et entre les voyageurs les plus estimés, vous contenter d'un ou deux pour chaque pays : un plus grand nombre de guides ne serviroit peut-être qu'à vous égarer ; et vous devez d'ailleurs considérer cette lecture comme un amusement plutôt que comme une étude et une occupation principale

Outre ces deux préliminaires de l'histoire, où nous voyons l'ordre des temps et la situation des lieux, qui sont comme les scènes différentes de tous les événemens qui sont arrivés sur le grand théâtre de l'univers, il n'est pas moins utile pour bien lire les historiens, et il est même encore plus nécessaire de connoître le plan de cette grande société que la nature ou plutôt Dieu même (car la nature est un nom vague et vide de sens) a formée, soit entre tous les hommes en général, soit entre les citoyens de chaque nation en particulier.

Je regarde donc comme un troisième (1) préliminaire qui doit précéder la lecture de l'histoire, l'étude des principaux auteurs qui ont traité des fondemens de la société civile, du gouvernement en général, et du droit des gens.

Ce que vous avez déjà lu à cet égard par rapport à l'étude du droit civil, comme la République de Platon, le traité de Cicéron *de Legibus*, et le Traité des Lois de M. Domat, est un commencement et comme l'ébauche de ce travail.

Je voudrois à présent que vous y joignissiez la lecture des Politiques d'Aristote, ouvrage moins beau dans la spéculation que la République de Platon, mais peut-être plus utile dans la pratique, parce qu'il a travaillé sur le vrai; au lieu que l'idée de la République de Platon est, pour ainsi dire, un portrait d'imagination.

(1) III.e Préliminaire de l'histoire, l'étude des principaux auteurs qui ont traité des fondemens de la société civile, du gouvernement en général et du droit des gens.

Vous serez affligé, en lisant les Politiques d'Aristote, de ce qu'un ouvrage si solide est demeuré imparfait; et en effet, suivant l'idée que j'en ai conçue à votre âge, les anciens ne nous ont guère laissé d'ouvrages plus remplis de principes sur la société humaine, et sur le gouvernement en général.

Parmi les modernes, les savans du Nord estiment beaucoup le gros traité de Puffendorff, *de Jure naturali, gentium et civili.* Je souhaite que vous ayez plus de courage que je n'en ai eu, mon cher fils; mais je vous avoue, peut-être à ma confusion, que je n'ai jamais pu achever la lecture de cet ouvrage. L'auteur est profond à la vérité; mais il écrit à la mode des Péripatéticiens, qui obscurcissent souvent ce qu'ils veulent définir par des termes abstraits et des expresions techniques, plus propres à donner la facilité de discourir long-temps sur une matière qu'à la faire bien entendre.

Après cela je ne veux pourtant point vous prévenir, il vaut mieux que vous en jugiez par vous-même; en tout cas si vous aviez le même malheur que votre père, et que l'ennui commençât à vous gagner en faisant cette lecture, vous pourriez vous contenter de lire l'abrégé que Barbeyrac nous a donné de l'ouvrage de Puffendorff, à qui il a peut-être fait plus d'honneur en l'abrégeant, qu'il ne lui en a fait en le traduisant, quoique cependant sa traduction soit assez estimée; on peut même tirer plus d'avantage sur cette matière d'un pareil abrégé que d'un long traité, parce qu'il est bon de commencer par mettre l'esprit sur les voies, et, si j'ose le dire, en train de penser, en lui montrant les principes généraux qui doivent le conduire, avant que de le faire entrer dans une longue carrière dont l'étendue pourroit le rebuter.

Je vous parlerai bien différemment, mon cher fils, du livre de Grotius *de Jure belli et pacis*. Vous y trouverez des idées moins abstraites, mais plus nobles, plus élevées, et plus appliquées aux faits et aux événemens que la dialectique, j'ai presque dit la scholastique de Puffendorff : car il a traité la politique à-peu-près comme les auteurs scholastiques traitent la théologie. C'étoit aussi (je veux dire Grotius) un génie d'un ordre fort supérieur. Il seroit à souhaiter qu'il eût quelquefois un peu plus appuyé et développé ses raisonnemens.

Puffendorff pèche par un excès de longueur, et Grotius, en certains endroits, par un excès de précision. Mais ce défaut, beaucoup plus aisé à supporter que le premier, devient quelquefois un principe de perfection pour le lecteur qu'il instruit par ce qu'il lui présente, et qu'il engage à travailler encore de lui-même sur ce qu'il n'a fait que lui indiquer.

Vous verrez d'ailleurs dans Grotius un recueil précieux d'un grand nombre d'exemples de ce que les nations ont observé entr'elles, comme fondées snr le droit des gens, c'est-à-dire, sur cette convention tacite des peuples de différens pays, dont on peut dire avec un de nos jurisconsultes : *Magnæ autoritatis hoc jus habetur, quod in tantùm probatum est, ut non fuerit necesse scripto id comprehendere.* Vous sentirez de vous-même, mon cher fils, de quel poids sont ces exemples dans une matière où ils tiennent lieu de lois, parce qu'il n'y a point d'autorité supérieure qui puisse en imposer d'une autre nature aux différentes nations. Ainsi, au lieu que vous autres jurisconsultes vous dites ordinairement : *Legibus, non exemplis judicandum est;* ici tout au contraire il faut dire : *Exemplis, non Legibus judicandum est*, parce que ce sont ces exemples qui prouvent les règles reconnues par tous les états.

SECOND POINT.

Ce qu'il faut lire.

Je passe à présent, mon cher fils, des préliminaires de l'histoire à l'histoire même ; et le premier objet qui se présente d'abord à examiner, suivant l'ordre que je me suis prescrit, est ce qu'il faut lire ; mais c'est ici que je dois vous dire comme la sibylle de l'Enéide :

Nunc animis opus, Æneа, nunc pectore firmo.
VIRG. *Æneid. lib.* 6.

Si je voulois entrer dans un détail exact de ce que vous devez lire sur l'histoire de chaque nation, j'entreprendrois un ouvrage qui seroit certainement au-dessus de mes forces, et qui pourroit même vous rebuter par sa longueur ; d'ailleurs il vaut mieux faire ces sortes de plans par parties, et à mesure que vous serez sur le point de commencer l'histoire d'un royaume ou d'un peuple particulier. Alors je ne rougirai point d'emprunter pour vous, chez les savans qui se sont le plus appliqués à cette histoire, les richesses qui me manquent, ou de vous envoyer à eux pour en recevoir les lumières que je ne pourrai vous donner ; et je vous indiquerai au moins les guides que vous ferez bien de suivre, si je ne suis pas en état de vous montrer moi-même le chemin.

Je me renferme donc à présent dans un petit nombre de notions ou de réflexions générales sur ce qu'il faut lire en étudiant l'histoire, plutôt pour distinguer les principaux objets et pour dégrossir la matière en la séparant comme par masses, que pour la traiter véritablement.

Ceux qui étudient l'histoire se partagent ordinairement en deux routes différentes, dont l'une est la voie large, par laquelle le plus grand nombre passe, l'autre est la voie étroite, qui n'est fréquentée que par un petit nombre de personnes.

Les uns ne voulant prendre qu'une teinture générale de l'histoire, soit pour amuser leur loisir, soit pour être en état d'en discourir, et pour ne pas paroître l'ignorer, plutôt que pour la savoir en effet, se contentent de lire des abrégés ou des histoires générales souvent écrites par des auteurs modernes et peu exacts ; mais c'en est assez pour l'usage qu'ils veulent en faire.

Les autres, qui ne forment que le petit nombre, remontant jusqu'à la source, lisent les originaux, comparent les auteurs contemporains, y joignent la lecture des actes et des principaux monumens historiques, ne perdent jamais de vue la chronologie et la géographie la plus exacte ; en un mot, étudient en critiques qui veulent tout voir, tout examiner avant que de porter leur jugement, et deviennent en effet véritablement savans dans l'histoire.

Entre ces deux extrémités, vous trouverez sans doute, mon cher fils, que la première pèche par le défaut, et la seconde par l'excès ; trop peu dans l'une pour votre instruction, et peut-être trop dans l'autre par rapport au reste de vos occupations. Ainsi vous choisirez apparemment le milieu, comme la route la plus sûre et la plus convenable ; et c'est aussi mon sentiment.

Mais pour mieux développer ma pensée, je ferai ici quelques distinctions qui serviront à la mettre dans tout son jour.

1.° Quoique l'on puisse profiter dans la lecture des histoires de toutes les nations, c'est cependant à celle de notre pays que nous devons principalement nous attacher. Les unes sont pour nous l'agréable et l'utile, l'autre est l'essentiel et le nécessaire ; nécessaire pour tout homme éclairé qui ne veut pas vivre comme un étranger dans sa patrie : encore plus nécessaire pour un homme destiné à servir la république, qui ne sauroit la bien servir sans la connoître parfaitement, ni la connoître parfaitement, sans une étude exacte et suivie de l'histoire prise dans ses sources, et autorisée par les monumens qui nous en restent.

Suivant cette première distinction, vous pouvez vous contenter de lire un ou deux des meilleurs historiens des autres nations. Mais vous ne sauriez trop approfondir l'histoire de la France, non seulement par la lecture des historiens contemporains, mais encore par celle des actes publics. Et que l'étendue de ce projet ne vous effraie point : ce n'est pas ici l'ouvrage d'un jour, c'est l'étude de toute votre vie.

2.° Comme il est impossible de bien savoir l'histoire de la France sans savoir celle des nations voisines avec lesquelles elle a toujours eu des guerres à soutenir, ou des alliances à faire, ou un commerce à entretenir, ou des traités à faire observer : tout homme qui veut acquérir une connoissance exacte et parfaite de notre histoire, doit aussi lire les historiens contemporains de ces nations, et les actes publics qu'on en a conservés, principalement sur tous les faits qui ont rapport à l'histoire de France ; et cette étude est d'autant plus nécessaire, que l'on trouve souvent dans ces historiens des faits de notre histoire qui ont échappé à nos auteurs, dont la plupart se sentent de la barbarie, et presque tous de la négligence de leur siècle ; ou qui y sont beaucoup mieux développés que dans nos propres annales ; en sorte qu'il y en a plusieurs que l'on peut regarder comme des écrivains de l'histoire de France, autant que comme des historiens de leur pays.

3.° Outre l'histoire de notre patrie, et celles qui y sont tellement mêlées, qu'on doit les en regarder au moins comme l'accessoire, si elles n'en font pas une partie principale, il y en a trois autres qui, par leur importance, par le nombre de grands exemples dont elles sont remplies, par le génie, l'éloquence et la beauté du style, ou la profonde sagesse de ceux qui les ont écrites, méritent aussi une étude particulière.

Vous concevez aisément à ces caractères, mon cher fils, que je veux vous parler de l'histoire sacrée, de l'histoire grecque et de l'histoire romaine.

La première est l'histoire de la religion, et c'est en quelque manière la connoissance de la religion même, puisque la meilleure méthode pour l'apprendre soi-même, et pour la faire bien connoître aux autres, est de l'étudier et de la démontrer par les faits. S'il n'est pas honorable d'ignorer les autres histoires, c'est une espèce de crime de ne pas savoir celle qui nous apprend à connoître Dieu et son église, le plus grand de tous ses ouvrages, enfin à nous connoître nous-mêmes.

Elle a deux objets principaux : ce qui a précédé la naissance de Jésus-Christ et ce qui l'a suivie. Je m'étendrai un peu plus sur le premier, parce que c'est celui qui doit naturellement ouvrir la carrière de vos études historiques.

Deux livres renferment une histoire si précieuse, l'histoire sainte et l'histoire de Josephe. Il n'y a rien à retrancher d'une lecture si nécessaire, et on est encore fâché de n'avoir pas plus à lire, et d'avoir perdu plusieurs livres sur l'histoire des anciens peuples.

On peut réparer en partie cette perte, soit par l'histoire grecque et romaine, soit par les fragmens de quelques anciens auteurs que Josephe, qu'Eusèbe et Syncelle nous ont conservés. Vous pourrez les y chercher, et ce seroit un temps bien employé ; mais peut-être les lirez-vous avec plus de fruit dans un auteur qui les a mis en ordre dans son ouvrage chronologique, et qui en a tiré des lumières pour l'intelligence de l'histoire sainte. C'est Usserius, que vous connoissez déjà, mon cher fils (1).

Je ne vous dirai encore rien de la seconde partie de l'histoire sacrée, qu'on appelle ordinairement *l'histoire ecclésiastique*, histoire dont l'étude a aussi ses préliminaires particuliers, et qui est d'ailleurs un champ si vaste et si important à bien cultiver par rapport à vous, que cette matière mérite un discours séparé. Mais vous

---

(1) Ces antiquités se trouvent encore recueillies et mises en ordre dans deux ouvrages imprimés depuis cette instruction, qui sont l'Histoire des Juifs et des peuples voisins, par *Prideaux*, et l'Histoire ancienne par M. *Rollin*.

avez assez de pays à parcourir avant que d'entrer dans cette carrière, pour me donner tout loisir de penser, et de digérer mes pensées sur cette partie de l'histoire.

Je reviens donc à la seconde espèce d'histoire qui mérite d'être approfondie presque autant que celle de notre patrie. C'est l'histoire grecque, dont l'étude remplira deux de vos principaux objets ; l'histoire et les belles-lettres. Elle est renfermée dans un petit nombre d'originaux qui méritent d'être lus par ceux mêmes qui n'ont qu'une curiosité médiocre pour l'histoire, et qui ne cherchent qu'à orner leur esprit et à perfectionner leur style.

Quelle lecture en effet peut être plus agréable à ceux qui ont été nourris dans le commerce des Muses, que celle d'Hérodote, de Xénophon, de Thucydide, de Diodore de Sicile, de Plutarque ? Je me souviens encore avec plaisir des jours délicieux que j'ai passés dans cette douce occupation, et dont je pourrois dire :

Fulsere verè candidi mihi soles.

Ces jours heureux luisent pour vous à présent ; jouissez-en, mon cher fils, et tâchez d'en profiter mieux que je n'ai fait.

Je ne pourrois que vous répéter les mêmes choses sur l'histoire romaine, c'est-à-dire, sur l'histoire de cette république vertueuse dont vous savez que Tite-Live a dit avec tant de raison, *nulla unquàm respublica nec major, nec sanctior, nec bonis exemplis ditior fuit, nec in quam tam serò avaritia, luxuriaque immigraverint, nec ubi tantus ac tamdiù paupertati ac parcimoniæ honor fuerit.*

Bien loin de trouver trop de livres à lire sur

cette histoire, vous vous plaindrez encore ici d'être réduit à ue si petit nombre d'excellens originaux. Vous regretterez plus d'une fois la perte irréparable que l'histoire et l'éloquence ont faite d'une grande partie des livres de Salluste, de Tite-Live et de Tacite, de l'histoire eutière de Trogue-Pompée, des Commentaires de Sylla, de tant d'autres ouvrages précieux dont il ne nous reste que les titres; et vous serez peut-être tenté de savoir plus mauvais gré aux barbares qui ont ravagé l'Italie, de nous avoir dérobé ces anciens monumens de l'histoire romaine, que d'avoir pris Rome même et détruit les restes de l'empire romain.

En voilà assez quant à présent, mon cher fils, sur ce qu'il faut lire en étudiant l'histoire; je passe à ce qui n'est guère moins important, je veux dire à l'ordre dans lequel la lecture doit en être faite.

TROISIÈME POINT.

L'ordre dans lequel il faut lire l'Histoire.

Il est d'abord certain, et le bon ordre le demande évidemment, que l'histoire considérée en général comme dans un seul tableau et sous un seul point de vue, doit précéder l'étude du détail des différentes histoires envisagées séparément par rapport à chaque pays.

Vous devez donc commencer par prendre une idée générale et une première teinture de l'histoire de tous les peuples, en lisant de suite une histoire universelle, à-peu-près comme dans la géographie la connoissance du globe précède l'étude des quatre parties du monde, et celle de chaque partie en général, le détail des différens pays qu'elle renferme.

C'est dans cette première lecture de l'histoire universelle que vous pourrez vous faire à vous-même les tables dont je vous ai déjà parlé, qui comprendront les principales époques de chaque histoire comparées les unes avec les autres : la difficulté est de trouver une bonne histoire universelle.

Vous avez dans les annales d'Usserius tout ce qu'on peut lire de meilleur pour le temps qui a précédé la naissance de Jésus-Christ; mais vous n'aurez pas le même secours pour les temps postérieurs. Le *Rationarium* du père Petau est bon en lui-même ; mais il a le défaut d'être si court et si abrégé, qu'il ne donne pas assez de prise à la mémoire, et qu'il échappe presque à mesure qu'on le lit.

D'autres auteurs qui ont fait des histoires universelles, ont péché par un excès contraire. Un de ceux dont on estime plus le travail pour l'histoire moderne, est Vignier; mais c'est une lecture bien longue et bien ennuyeuse. Je crois donc qu'après tout vous ne ferez peut-être pas mal de vous contenter d'abord de la lecture du père Petau pour les temps qui ont suivi la naissance de Jésus-Christ. Le soin que vous aurez de vous en faire des tables fixera votre mémoire, et fera que vous aurez dans la tête au moins le plan, et ce qu'on appelle dans la perspective l'ichnographie de l'histoire universelle. J'entre d'autant plus volontiers dans cette pensée, que vous suppléerez dans la suite au défaut des histoires universelles de toute la terre par les histoires générales de chaque pays ; et c'est là qu'il faut se hâter d'arriver, parce qu'il n'y a que le détail de l'histoire qui soit véritablement utile.

Je voudrois donc lire d'abord tout de suite les annales d'Usserius pour les temps qui ont précédé la naissance de Jésus-Christ, et le *Rationarium temporum* du père Petau pour les temps postérieurs, en faisant un extrait de l'un et de l'autre par forme de tables, comme je vous l'ai déjà dit.

Après cela vous entrerez dans l'étude des histoires particulières; mais commencerez-vous cette étude par les derniers temps ou par les plus reculés ? J'ai connu quelques esprits singuliers qui vouloient que l'on étudiât l'histoire en rétrogradant, c'est-à-dire, en remontant de notre âge jusqu'aux siècles les plus éloignés; de même que dans certaines généalogies on remonte du fils au père, du père à l'aïeul, et ainsi de suite jusqu'à la tige commune, au lieu qu'ordinairement on descend de la tige commune jusqu'au dernier rejeton; ou, comme dans la géographie, on s'attache d'abord à connoître son pays pour passer ensuite de proche en proche aux terres plus éloignées de nous; autrement, disent les partisans de cette opinion, on est obligé d'ignorer pendant long-temps ce qu'il y a de plus nécessaire dans l'histoire et d'un plus grand usage pour nous; on est comme étranger dans sa patrie pendant que l'on voyage dans une terre étrangère, et l'on passe une grande partie de ses jours à vivre avec les morts, avant que d'être parvenu à pouvoir converser avec les vivans.

Mais il y a quelque chose de si bizarre dans un ordre où l'on voit mourir les hommes avant que de les avoir vu naître, et les affaires finir avant que de les avoir vu commencer; il seroit même si difficile de se former, par cet ordre renversé, une suite et un enchaînement des faits historiques, que je doute fort, mon cher fils, que les raisons, quoique spécieuses, des défenseurs de cette méthode, fassent une grande impression sur votre esprit.

Elle peut néanmoins devenir plus soutenable lorsque, sans vouloir l'appliquer à chaque histoire particulière, on s'en servira seulement par rapport à l'ordre qu'on mettra dans l'étude des histoires de différens pays. Ainsi, pour m'expliquer plus clairement, on peut douter s'il ne seroit pas plus utile pour vous de vous attacher d'abord à l'histoire romaine, dont vous avez besoin par rapport à l'étude des lois, et à l'histoire de France, qui vous est la plus nécessaire de toutes, que de suivre scrupuleusement l'ordre des temps, et de commencer vos lectures historiques, comme quelques généalogistes des maisons souveraines, par *Adam*, pour finir par l'empereur Charles VI et le roi Louis XV. Le premier parti a une utilité présente; le second a pour lui l'avantage d'un ordre plus naturel et d'un système plus suivi. Je ne laisse cependant pas d'être touché pour vous de l'inconvénient d'ignorer pendant long-temps ce qui s'est passé dans votre pays, et de manquer des notions nécessaires pour étudier ou même pour traiter certaines questions de droit public, qui peuvent se présenter dans les différens emplois auxquels vous pouvez être appelé dans la suite. Je voudrois donc essayer de concilier, s'il étoit possible, l'ordre naturel des choses avec l'ordre de votre convenance particulière; et pour cela, en même temps que vous étudierez à fond l'histoire ancienne suivant l'ordre des temps, en commençant par celle des Juifs; ou même avant que de la commencer, et pendant que vous achèverez votre droit, ou que vous

vous occuperez des préliminaires de l'histoire, vous pourriez lire une histoire de France générale, comme celle de Mézerai ou celle du père Daniel : deux historiens que je ne prétends pas égaler à Salluste et à Tite-Live, mais dont on peut dire ce que Quintilien a dit de ces deux anciens auteurs (1), *Pares magis quàm similes.* Mézerai a beaucoup plus de génie, le caractère et le style d'un historien ; on sent de la force, du nerf et de la supériorité dans sa manière d'écrire. Si sa diction n'est pas pure, il sait au moins penser noblement. Ses réflexions sont courtes et sensées, ses expressions quelquefois grossières, mais énergiques, et son histoire est semée de traits qui pourroient faire honneur aux meilleurs historiens de l'antiquité. Le père Daniel écrit d'une manière différente. Son style sent le dissertateur plutôt que l'historien. Mézerai pense plus qu'il ne dit, et le père Daniel dit plus qu'il ne fournit à penser : mais d'un autre côté, celui-ci a beaucoup plus d'ordre, d'arrangement, de clarté dans la suite des faits. Il a débrouillé mieux que personne le chaos de la première race ; sa composition, ou, pour parler en termes de peinture, son ordonnance est beaucoup meilleure que celle de Mézerai ; et puisque j'ai commencé une fois à me servir de cette image, le père Daniel est un Poussin pour la partie de la composition, mais il pèche comme ce peintre par la couleur ; au lieu que Mézerai est un Rubens qui frappe les yeux par la force des traits et la vivacité du coloris, mais qui est quelquefois confus dans sa disposition.

Tel est à-peu-près le caractère de ces deux

(1) *Inst. Orat. lib. X, cap. I.*

historiens. Vous choisirez entre les deux celui qui vous plaira le plus, et peut-être feriez-vous bien de lire l'un et l'autre, règne par règne : vous trouveriez souvent dans l'un ce qui manque dans l'autre, et vous prendriez par là une assez grande teinture de notre histoire pour être au fait des principaux événemens, et en état d'approfondir davantage ceux dont vous pourriez avoir besoin, par rapport aux questions que vous aurez à discuter, en attendant que le temps soit venu de faire une étude plus profonde de toute l'histoire de France.

De cette première observation sur l'ordre qu'on peut mettre entre les histoires des différens peuples, il est naturel de passer à l'ordre qu'il faut suivre dans la lecture de chaque histoire particulière, comme dans l'histoire sacrée, dans l'histoire grecque, dans l'histoire romaine et dans l'histoire de France. Je m'attache principalement à ces quatre espèces d'histoires, parce que ce sont celles que vous devez le plus approfondir ; et si vous avez un jour le courage d'aller plus loin, et de faire le même travail sur les histoires de tous les états voisins de la France, la même méthode pourra vous servir également pour les unes et pour les autres.

Le meilleur et le plus naturel de tous les ordres est sans doute l'ordre chronologique. Mais pour le suivre plus exactement, et acquérir une connoissance plus parfaite de l'histoire, il est bon de diviser chaque histoire particulière en différentes époques ; et c'est ce que vous aurez fait par vos tables.

Ce fondement supposé, lorsqu'il y a plusieurs historiens qui ont écrit la même histoire, en tout ou en partie, et qui méritent d'être lus également, je voudrois lire d'abord tout ce qui sera dans l'histoire générale, qui vous servira comme de guide depuis une époque jusqu'à l'autre ; prendre ensuite successivement les auteurs originaux et les actes sur le même intervalle de temps, et remarquer avec attention en quoi l'un diffère de l'autre ; dont il sera bon même de faire quelques notes abrégées, au moins sur les endroits essentiels, et suivre ainsi la même méthode d'époque en époque.

Des comparaisons qui se font ainsi de proche en proche, et dans le temps que l'esprit est encore plein de ce qu'il vient de lire, sont non seulement plus faciles, mais infiniment plus utiles que celles qui se font d'un ouvrage entier, avec un autre ouvrage entier dont la fin fait souvent oublier le commencement, ou du moins dont elle obscurcit les images et diminue la première impression.

Rien n'est plus propre d'ailleurs à graver profondément les faits historiques dans notre mémoire : et quelque peu qu'on en eût, il seroit presque impossible que lisant de suite des faits renfermés dans un intervalle de temps assez court (car c'est une des raisons pour lesquelles je crois qu'il est bon de multiplier les époques), et les lisant d'abord dans une histoire générale où ils sont marqués suivant l'ordre chronologique, et ensuite dans les historiens originaux du même temps, les principaux événemens ne demeurassent pas imprimés dans la mémoire.

Il y a enfin une dernière utilité dans cette méthode, que je toucherai ici en passant, quoiqu'elle appartienne encore plus à l'étude des belles-lettres ; c'est que dans ces comparaisons d'auteurs partagés ainsi par époques, vous ne remarquerez pas seulement ce qui regarde la vérité et le détail des faits historiques, mais vous vous attacherez aussi, quand les auteurs le mériteront, à comparer leur style, à juger de la beauté de leur narration, de leurs descriptions, de leurs portraits, de leurs harangues, et des traits de morale répandus dans leur histoire. Tout cela se fait sans peine, et presque de soi-même, quand on a l'esprit encore rempli de la lecture qu'on vient de faire : ainsi, quand vous aurez lu Tite-Live, par exemple, depuis l'époque de la loi des XII tables jusqu'à l'institution des tribuns militaires, si vous prenez Denis d'Halicarnasse sur le même temps, vous y trouverez le discours de la mère de Coriolan à son fils, que vous aurez déjà lu dans Tite-Live; et si vous lisez ensuite la vie de Coriolan dans Plutarque, vous y verrez encore le même discours. Votre esprit se plaira de lui-même à comparer les différentes manières dont trois grands historiens ont traité le même sujet, et vous établissant juge entre eux, vous distribuerez à chacun le rang qu'il mérite, sans vous détourner presque de votre chemin pour faire cette comparaison. La mémoire fraîche de ce qu'on vient de lire se joint à l'objet présent que l'on a entre les mains; on en sent les différences; on en distingue le caractère; et c'est par cette comparaison assidue ou, pour ainsi dire, habituelle des différentes beautés, que se forme le goût et le discernement du vrai mérite, plus facilement et plus parfaitement que par toute autre voie.

Ce que je vous propose de faire, mon cher fils, en coupant ainsi les historiens par parties, afin de pouvoir aussi les comparer par parties, vous seroit peut-être difficile à faire par vous-même, parce que, pour le bien faire, il faudroit que vous eussiez plus de connoissance des auteurs et des temps dont ils ont écrit l'histoire ; mais heureusement pour vous, ce travail est déjà fait, et c'est ce qu'il y a de meilleur dans la méthode de Whéar, auteur anglais, que je vous ai conseillé de lire.

Vous y trouverez non seulement les historiens suivis, mais les pièces ou les morceaux détachés, comme les vies des grands hommes, et les histoires de faits singuliers, rangés suivant l'ordre des temps. Vous n'aurez qu'à le suivre pour l'ancienne histoire sur laquelle son travail me parait assez exact ; je doute qu'on doive en porter le même jugement pour ce qui regarde l'histoire moderne ; mais vous pourrez y suppléer par le moyen des auteurs qui ont traité des histoires de leur pays par forme de bibliothèque historique ; vous aurez sur tout un secours inestimable dans celle que le père Lelong fait imprimer actuellement pour l'histoire de France (1) ; et enfin les avis des savans que vous consulterez, vous mettront en état d'avoir une route certaine et comme une carte fidèle pour vous conduire dans votre voyage historique.

QUATRIÈME POINT.

Les secours et les accompagnemens de l'Histoire.

Le quatrième point sur lequel je me suis engagé à vous entretenir, mon cher fils, regarde

---

(1) L'auteur de cette instruction s'est fort intéressé à la publication et à la suite de cet ouvrage.

les secours et les accompagnemens qu'il faut joindre à la lecture de l'histoire.

J'en distingue quatre principaux.

Le premier est la lecture des voyages et des descriptions des pays, sur quoi je me suis déjà assez expliqué par rapport à l'étude de la géographie; et si je vous en parle encore en cet endroit, c'est parce que l'histoire ne se sert pas moins avantageusement de ce secours que la géographie, et qu'on peut le regarder comme un bien qui appartient en commun à ces deux sciences, dont l'une y prend ce qui regarde la position, l'étendue, la division des pays; et l'autre y profite de tout ce qu'on y lit des lois, des mœurs et du gouvernement des peuples qui les habitent; pourvu cependant que l'on ne s'attache qu'à ceux des auteurs de ce genre qui sont connus pour exacts, en laissant ceux qui sont soupçonnés d'avoir travaillé d'après leur imagination plutôt que d'après leur mémoire, et d'avoir été plus occupés à faire un récit amusant de leurs aventures, qu'à instruire par une rélation véritable de ce qu'ils ont appris dans leurs voyages.

Le second secours que l'on peut chercher dans l'étude de l'histoire se trouve dans celle des médailles et des inscriptions; étude qui n'est pas seulement un objet de curiosité pour ceux qui ont le goût des antiquités, mais qui est souvent très-utile pour éclaircir des points de chronologie, pour redresser les historiens et les ramener à la vérité originale que l'airain ou la pierre nous ont conservée, pour nous apprendre des faits qui ne se trouvent pas quelquefois dans les histoires les plus exactes; pour nous instruire enfin de plusieurs choses curieuses et singulières sur les usages des anciens. Ainsi, quand vous aurez lu la vie d'un empereur romain, il sera bon que vous parcouriez la suite des médailles de son temps dans les recueils que les antiquaires en ont faits ; vous pourrez même vous divertir à les aller voir dans les cabinets des curieux, parce que la vue des originaux affecte davantage, et qu'on y respire un air d'antiquité qui fait plaisir à ceux qui aiment à voir le vrai dans sa pureté, au lieu que les copies le défigurent souvent et l'altèrent presque toujours. Mais vous devez regarder l'étude des médailles et des autres anciens monumens, plutôt comme un délassement que comme une occupation principale ; sans quoi vous courriez risque d'y perdre beaucoup de temps ; et vous auriez d'autant plus sujet d'y avoir regret, que cette étude poussée trop loin fait dégénérer la gravité de l'histoire dans une multitude de petits faits, ou dans un nombre infini de minuties qui ne méritent pas la place qu'elles occuperoient dans votre mémoire, dont je fais trop de cas pour vouloir la remplir seulement, et non pas la meubler précieusement.

Un troisième secours qu'il ne faut pas aussi négliger, quoique je fusse fâché de vous y voir employer un temps considérable, est celui des généalogies ; elles servent quelquefois à démêler les faits historiques ; elles préviennent l'équivoque et la confusion des noms propres ; elles ont même leur utilité par rapport à la connoissance des intérêts des princes ; enfin elles aident la mémoire, et de même que les époques de la chronologie et les divisions de la géographie, elles forment une espèce de mémoire locale, par la liaison que les faits ont avec les personnes comme avec les temps et les lieux, qni sert à arranger les événemens et à les fixer dans notre esprit. Mais dans cette vue il suffit de s'attacher aux généalogies des prinees et des maisons distinguées qui ont figuré dans l'histoire. Le reste est moins un secours qu'un pesant fardeau pour la mémoire, dont elle ne peut se charger qu'avec une grande perte de temps, et dont elle cherche souvent à se soulager aux dépens de l'honneur des familles, comme pour se payer par le plaisir de la médisance, de tout l'ennui qu'une étude si sèche et si aride lui a coûté.

J'estime donc heaucoup plus le quatrième secours dont il me reste à vous parler, je veux dire celui des dissertations qui ont été faites par de savans hommes sur les mœurs, le gouvernement, la milice, les antiquités des peuples dont vous étudierez l'histoire, comme des Grecs, des Romains, et des royaumes ou des républiques qui se sont formés des débris de l'empire romain.

Ce seroit une entreprise téméraire et presque insensée, de vouloir lire toutes ces dissertations qui sont sans nombre, et je n'ai garde de vous proposer de lire tous les ouvrages de cette nature que Gronovius et Grœvius ont recueillis dans près de trente volumes *in-fol.* qui ne regardent cependant que l'histoire grecque et l'histoire romaine, et qui ne comprennent pas encore tout ce qui s'est fait sur cette matière.

Il faut se réduire à un objet moins étendu, par un choix éclairé, et par un juste discernement, non seulement entre les différens auteurs, mais entre les matières différentes.

Je dis entre les matières différentes; car tout ce que des savans oisifs, qui n'avoient souvent d'autres règles dans leurs recherches et dans leurs travaux que l'attrait de leur goût et de leur curiosité, ont regardé comme digne d'exercer leur plume, ne mérite pas pour cela de partager le temps d'un homme destiné à servir le public ; il est presque également dangereux de tout lire et de ne rien lire. Le juste milieu entre ces deux extrémités est de s'attacher principalement à ce qui est important, et dont nous pouvons faire usage dans le genre de vie auquel nous nous destinons ; ainsi ce qui regarde les habillemens des Grecs et des Romains, leurs festins, leurs jeux, leurs spectacles, les exercices du corps, les bains, les cérémonies, les funérailles, et d'autres choses semblables, peut bien quelquefois servir d'amusement et de délassement à votre esprit ; on peut même en tirer une sorte d'utilité par rapport à l'intelligence des poètes et des anciens auteurs ; mais ce qui mérite véritablement d'être étudié avec plus de suite et d'exactitude, c'est tout ce qui regarde le gouvernement et l'ordre public, comme les traités de Meursius sur les républiques grecques, de Samuel Petit sur les lois d'Athènes, de Sigonius, *de Jure civium Romanorum*, *de Senatu*, *de Judiciis* ; celui de Gruchius, *de Comitiis*, de Manuce et d'Antoine Augustin, *de Legibus*. Il n'est pas encore temps, mon cher fils, de vous en donner un dénombrement exact. En voilà assez pour en tracer une première idée, et il en est de même pour ce qui regarde l'histoire moderne, à laquelle il est très-utile de joindre la lecture des auteurs qui ont traité de tout ce qui a rapport au gouvernement des différens états dont on lit l'histoire. Ces sortes de dissertations ouvrent l'esprit d'un jeune homme, lui donnent des connoissances, et presque une expérience anticipée qui le rend attentif, dans la lecture des histoires, à une infinité de choses qu'il n'auroit pas remarquées, ou sur lesquelles il auroit passé légèrement, s'il n'y avoit été préparé par la lecture de ces dissertations. Il arrive souvent que la plupart des lectures de la jeunesse, quoique faites avec goût et avec application, sont presque inutiles, ou ne sont pas du moins aussi utiles qu'elles le devroient être ; parce que, faute de notions suffisantes, on ignore ce qu'il faut remarquer, et qu'on ne sent pas la conséquenc d'une partie des choses qu'on lit.

Mon sentiment seroit donc qu'avant que de commencer la lecture des historiens originaux de chaque nation dont vous approfondirez l'histoire, vous lussiez quelques-unes des dissertations que les meilleurs auteurs ont faites sur les lois et sur le gouvernement de cette nation. Quand vous en aurez l'esprit bien rempli, rien de tout ce que vous lirez dans les historiens et dans les actes qui sont la source de ces dissertations ne pourra vous échapper ; et joignant ainsi vos propres réflexions à celles des auteurs dont vous aurez lu les dissertations, vous serez en état de faire un excellent usage de l'histoire pour y acquérir la science du droit public, qui doit être un des principaux objets de toutes vos études.

Outre tous ces secours que vous trouverez dans les livres, et pour lesquels vous n'aurez besoin que de votre propre courage et de votre application personnelle, il y en a un qui se répand sur tout ce que je vous ai dit jusqu'à présent, et que vous ne pourrez trouver que dans la conversation des savans qui se sont appliqués à l'étude de l'histoire. Vous retirerez,

mon

mon cher fils, une très-grande utilité du commerce que vous aurez avec eux; non seulement vous y apprendrez souvent ce qui vous aura échappé dans vos lectures particulières, où il n'est pas aisé de tout embrasser; mais tout ce que vous aurez déjà appris par vous-même vous deviendra beaucoup plus propre, lorsque vous en aurez conféré avec des personnes instruites et versées depuis long-temps dans l'étude de l'histoire; vous avez déjà fait l'expérience de ce que je vous dis dans vos études précédentes, et vous avez reconnu sans doute que vous ne saviez rien plus parfaitement, que rien ne vous étoit plus familier et plus dans vos mains, que les choses dont vous aviez conféré avec vos maîtres ou avec d'autres personnes. La lecture est en quelque manière un corps mort et inanimé; la conversation avec des gens habiles et d'un jugement solide le ranime et lui donne de la vie et du mouvement; elle a je ne sais quoi de sensible et d'intéressant qui entre bien plus avant dans notre ame; et si la lecture trace les premiers traits des choses que la mémoire doit conserver, on peut dire que la conversation ou la conférence est comme le burin qui les y grave profondément, et qui les y imprime en caractères ineffaçables. On y trouve d'ailleurs l'avantage de redresser ses idées ou de les perfectionner, de les confirmer, du moins de s'en assurer la stabilité, et de se mettre en état d'en avoir la jouissance paisible et tranquille.

Je voudrois donc, mon cher fils, afin de mettre autant qu'il est possible de l'ordre et de la méthode en toutes choses, que vous consultassiez les savans dans deux temps différens sur chaque histoire particulière; c'est-à-dire, avant que de commencer à l'étudier en détail, lorsque vous en aurez pris une idée générale ; et après que vous l'aurez achevée, ou plutôt à mesure que vous en aurez lu une partie assez considérable pour pouvoir en raisonner avec ceux qui la savent parfaitement. La première consultation aura pour vous l'avantage de vous diriger dans vos études, de vous en faire connoître les difficultés et les points principaux qui méritent votre attention. La seconde, encore plus utile, vous servira, comme je viens de vous le dire, à imprimer plus avant les faits dans votre esprit, à vous enrichir des lieux fugitifs que vous n'aurez pu découvrir, à épurer votre critique ; en un mot, à former votre jugement par le secours de ceux qui ont plus d'âge, plus de lumière et plus d'expérience que vous.

CINQUIÈME POINT.

Ce qu'il est important de remarquer en lisant l'Histoire.

Je pourrois après cela me dispenser de traiter avec vous le cinquième point que je me suis proposé d'examiner, parce que si vous êtes fidèle à suivre la méthode que je viens de vous tracer sur les quatre premiers points, vous saurez de vous-même ce qui regarde ce cinquième article, je veux dire, ce qu'il faut remarquer en lisant l'histoire, et ce que vous ferez bien d'en extraire.

Mais comme, après tout, c'est l'article le plus important, et par lequel on peut recueillir une plus grande utilité de la lecture de l'histoire, je ne laisserai pas de vous indiquer ici les principales vues que l'on peut avoir sur ce sujet, et j'abandonnerai le reste à votre goût pour la science, et à votre amour pour le travail.

Jean Bodin, digne magistrat, savant auteur, et ce que j'estime encore plus, très-bon citoyen, a traité cette matière comme beaucoup d'autres, dans la méthode qu'il a faite pour la lecture de l'histoire; et je vous dirai en passant que c'est un livre qui mérite que vous le lisiez comme un des meilleurs, et peut-être même, à tout prendre, le meilleur de tous ceux qui ont été faits sur ce sujet.

Vous y trouverez un chapitre où il examine dans un grand détail quelles sont les choses qu'il faut remarquer en lisant l'histoire; le plan qu'il en forme est beau et bien ordonné; mais il est si vaste, que quand même vous auriez le courage d'entreprendre de le suivre, je ne sais si je devrois vous conseiller de le faire.

Dans le temps que les magistrats se levoient à quatre heures du matin, qu'ils dînoient à dix, et soupoient à six, qu'ils vivoient renfermés dans le cercle étroit de leur famille et d'un petit nombre d'amis qui avoient les mêmes mœurs et les mêmes inclinations qu'eux; que tout ce que les fonctions publiques leur laissoient de loisir, ils l'employoient à l'étude, qui faisoit en même temps et leur unique occupation et leurs plus grandes délices; un jeune homme destiné à la magistrature pouvoit n'être pas effrayé d'un plan aussi immense que celui de Bodin. Nos pères trouvoient le moyen d'étendre leurs jours et de prolonger leur vie par le bon usage qu'ils en faisoient, au lieu que nous l'abrégeons par la profusion et le dérangement de notre temps. Rien n'étoit plus commun alors, que de voir non seulement des magistrats savans, mais des magistrats auteurs, qui enrichissoient le public du fruit de leurs veilles, et qui, après avoir employé une partie de la journée à rendre justice aux hommes de leur âge, en consacroient le reste à instruire les siècles à venir. Mais cet heureux temps n'est plus. Les mœurs sont entièrement changées; la fragilité des hommes les soumet à la tyrannie de la coutume; la forme même de traiter les affaires est différente, les occupations de la vie et les devoirs de la société se sont tellement multipliés, que ceux qui sont destinés à vivre dans le tumulte des affaires sont forcés, malgré leur goût pour l'étude et leur ardeur pour s'instruire, de laisser aux savans de profession une grande partie du terrein que les magistrats partageoient autrefois avec eux. Il est même de la sagesse et du devoir d'un homme dévoué au service du public de se réduire au nécessaire et à l'utile, pour ne pas s'exposer à perdre l'un et l'autre en s'attachant à ce qui n'est que d'ornement, et pour ainsi dire, de luxe dans les sciences. Il ajoute par là à l'essentiel tout ce qu'il refuse au superflu; et il vaut beaucoup mieux pour lui ignorer certaines choses étrangères à sa profession, pour approfondir solidement celles qui regardent son état, que d'être superficiel sur tout pour vouloir tout savoir.

Après cette espèce de digression où je me suis laissé aller par le souvenir du passé et la triste comparaison du temps présent, ne craignez pourtant rien, mon cher fils, et ne vous pressez pas de m'accuser d'être trop avare pour vous, et de vouloir vous réduire dans des bornes trop étroites. Vous allez voir que je vous en laisse encore assez.

Voici donc, mon cher fils, le plan que je

crois que vous pouvez vous proposer sur les remarques que vous ferez dans la lecture des historiens.

Tout ce qui mérite d'y entrer peut se réduire à trois points, parce qu'il n'y a que trois ordres de choses qui soient l'objet de toutes les sciences.

Les choses divines.

Les choses naturelles.

Les choses humaines.

On peut néanmoins y ajouter un quatrième objet, qui comprend ce qui appartient à la critique et à la philologie, dont les observations tombent moins sur les choses en elles-mêmes que sur le temps, le génie, le style de ceux qui nous les apprennent, et sur la manière de les exprimer.

Les choses divines renferment tout ce qui appartient à la religion ou qui en est l'accessoire, et l'on peut les reduire à cinq points principaux.

1.° La croyance et la doctrine.

2.° Le culte et les cérémonies.

3.° Les personnes consacrées au service divin, leurs dignités, leurs fonctions, leurs prérogatives, leurs immunités.

4.° Les biens et les droits utiles qui leur sont attribués.

5.° La discipline et la police, qui comprennent le gouvernement, les lois, les jugemens, les peines, la concorde du sacerdoce et de l'empire, ou la distinction et la conciliation des deux puissances entre lesquelles Dieu a partagé le gouvernement des hommes, c'est-à-dire, de la puissance temporelle et de l'autorité spirituelle.

Voilà, mon cher fils, un champ bien vaste

et une moisson abondante de remarques que je vous ouvre ; mais pour la réduire à de justes bornes, il faut distinguer d'abord ce qui regarde les fausses religions, ou les différentes sectes qui se sont séparées de l'Eglise, de ce qui est digne de remarque par rapport à la véritable religion et à l'Eglise catholique.

Sur les fausses religions, il seroit fort inutile que vous prissiez la peine de compiler tout ce que vous trouverez sur ce sujet dans l'histoire, et d'entreprendre de faire un recueil complet des extravagances de l'esprit humain lorsqu'il est abandonné à lui-même et privé des lumières de la véritable religion. Il n'y a pas d'apparence que vous vous croyiez destiné à ce genre d'ouvrage, qui a même été fait par plusieurs Pères de l'Eglise, et principalement par les anciens apologistes de la religion chrétienne ; c'est déjà un premier article que vous retrancherez de votre travail.

Je vous dirai presque la même chose, mon cher fils, sur les sectes qui sont sorties du sein de l'Eglise catholique.

Vous prendriez une peine doublement inutile si vous vouliez extraire tout ce qui regarde le dogme et le culte des hérétiques ; soit parce que vous n'êtes pas destiné à vous occuper aux matières de controverse, soit parce que vous en apprendrez beaucoup plus sur ces matières dans quelques livres choisis, que vous ne feriez par tout ce que vous pourriez recueillir vous-même en lisant les différentes histoires.

Vous pourrez trouver quelquefois, en lisant l'histoire, des maximes reconnues même dans les fausses religions, des règles anciennes conservées dans les sectes mêmes qui sont séparées de la communion de l'Eglise, dont on peut tirer des conséquences utiles, et qui peuvent par cette raison mériter vos remarques; mais sans trop en charger vos extraits, ni vous engager à cet égard dans un grand travail.

A l'égard de ce qui concerne la véritable religion, le premier des cinq points que j'ai distingués sur les choses divines a rapport à l'étude de la religion, qui fait la première partie du plan de vos études, et (1) à celle de l'histoire de l'Eglise, qui pourra faire la matière d'un mémoire séparé.

Par rapport au second point, c'est-à-dire, le culte et les cérémonies, je ne désirerois point que vous vous chargeassiez de beaucoup de remarques sur cette matière, si ce n'est par rapport à ce qui regarde le mélange de la puissance temporelle, et de l'autorité ecclésiastique sur ce point; mais c'est ce qui appartient plus aux questions de discipline et de jurisdiction, qu'à l'étude du culte et des cérémonies.

Les trois derniers points, je veux dire les personnes ecclésiastiques, les biens ecclésiastiques, la discipline ecclésiastique, sont ceux qui doivent être présentement les principaux objets de votre attention. L'étude du droit canonique, des libertés de l'Eglise gallicane, et des maximes du royaume, vous ouvrira plus l'esprit sur ce que vous devez remarquer à cet égard, que tout ce que je pourrois vous en dire aujourd'hui; et lorsque vous aurez conçu une juste idée de la qualité des personnes consacrées à Dieu, de la condition des biens ecclésiastiques, du gouvernement et de la discipline de l'Eglise, de la nature des deux puis-

---

(1) *Voyez* la première instruction.

sances, des matières qui appartiennent à l'une privativement à l'autre, ou qui leur sont communes, et que par cette raison on appelle *mixtes*, des moyens qui sont en usage dans ce royaume et ailleurs, pour entretenir une concorde désirable et une parfaite harmonie entre le sacerdoce et l'empire, pour prévenir ou pour réprimer les entreprises que l'un peut faire sur l'autre, vous sentirez de vous-même, mon cher fils, ce qui mérite d'entrer dans vos recueils sur une matière si importante.

Les choses naturelles, second objet des remarques que l'on peut faire en lisant l'histoire, sont peut-être plus propres à orner et à amuser l'esprit d'un magistrat, qu'à le former ou à le perfectionner. Si on les prend superficiellement, on n'en tire presque aucun fruit; si l'on veut les étudier exactement, c'est une science à laquelle toute la vie peut à peine suffire, et qui demande presque un homme entier: vos collections d'ailleurs, et sur-tout ce que vous pourriez tirer de la lecture des historiens, ne pourroient jamais égaler les recherches de ceux qui ont fait des livres sur ces matières, ou qui les ont traitées dans les journaux des académies de physique qui peuvent vous fournir dans de certains momens un délassement agréable.

Vous pouvez donc vous dispenser de recueillir ce que vous trouverez de singulier dans l'histoire, ou sur l'astronomie, ou sur la physique, ou sur les mathématiques, et en général sur ce qui regarde l'histoire naturelle, dont les historiens parlent souvent, même d'une manière assez imparfaite; la vie est si courte et l'étude si longue, qu'il faut savoir se borner aux deux grands objets dont je vous parlerai bientôt, c'est-à-dire, à ce qui peut former les vertus de l'homme privé et celles de l'homme public : je ne prétends pourtant pas imposer des lois trop austères à votre curiosité ; mais comme les Italiens disent avec beaucoup de raison, que *le bien n'a point de plus grand ennemi que le mieux*, je crains aussi que le superflu dans les recueils ne nuise chez vous au nécessaire et à l'utile.

Le troisième ordre des choses que j'ai distinguées d'abord, je veux dire les choses humaines, demande plus d'explication.

C'est ici, mon cher fils, que je dois approfondir davantage la distinction que je vous ai marquée en passant, de l'homme considéré en lui-même, et de l'homme considéré dans l'ordre de la société.

Ces deux personnes, que l'on peut distinguer dans chaque homme, se trouvent dans vous comme dans tous les autres ; vous êtes homme, vous êtes citoyen ; vous y ajouterez, selon toutes les apparences, le caractère de l'homme public ; et c'est à ces trois vues que doit se rapporter toute étude bien faite, et sur-tout celle de l'histoire.

L'homme considéré en lui-même, est encore plus l'objet de la philosophie que celui de l'histoire. L'historien commence où le philosophe finit, et il envisage l'homme principalement dans l'ordre de la société. La religion réunit ces deux objets, en apprenant à l'homme à se connoître lui-même, et à connoître ce qu'il doit aux autres, suivant la place qu'il occupe dans la société.

La lecture des historiens peut cependant vous fournir des exemples et des réflexions solides sur les qualités de l'esprit et du cœur, qui rendent l'homme heureux ou malheureux, en le considérant en général et sous le premier point de vue. Lorsque vous y trouverez des choses de ce genre, vous ferez bien de vous les approprier, et d'en faire votre bien particulier, en les consignant dans le dépôt de vos recueils.

Mais après tout, le grand objet de l'histoire est l'homme considéré dans la qualité de citoyen, et dans celle d'homme public. C'est donc sur cette double idée que vous devez principalement travailler, et pour cela envisager d'abord l'une et l'autre dans un plan général qui puisse exciter votre attention et diriger toutes vos remarques. Je me contenterai de l'ébaucher ici: ce sera à vous de le perfectionner.

Lorsqu'on considère l'ordre général de la société, l'on peut, ou comparer les nations les unes avec les autres, examiner les rapports qui les unissent ou qui les séparent, ou s'attacher à chaque nation prise en particulier.

La première vue forme ce qui s'appelle *le Droit des gens*; la seconde nous présente l'image du droit public, qui est propre à chaque nation.

Mais cette seconde idée a besoin d'une nouvelle division pour former un plan lumineux et complet.

Car, ou l'on envisage chaque nation comme un tout, ou on la considère dans les parties qui forment ce tout par rapport à l'ordre public; et ces parties sont:

Ou les diverses conditions des hommes qui sont reconnues dans une nation, et qui établissent des différences dans leur état;

Ou les différens ordres que l'on y distingue, où les corps, les compagnies, les communautés qui y sont admises;

Ou enfin, les particuliers considérés comme membres de l'état.

Il ne sera peut-être pas inutile de faire ici quelques réflexions sur chacun de ces articles, qui sont comme le terme et la fin de toutes les réflexions que vous ferez en lisant l'histoire.

J'ai dit d'abord, mon cher fils, que de la première manière d'envisager la société humaine, c'est-à-dire de la considération des rapports d'union ou de contrariété qui sont entre les diverses nations, naissoit le droit des gens.

Grotius l'a réduit aux deux principaux objets auxquels presque tous les autres se rapportent, en donnant à son livre, qui, à proprement parler, est un traité du droit des gens, le titre de traité du *Droit de la guerre et de la paix*. Lorsque vous aurez bien lu ce traité, mon cher fils (et c'est pour cela que je l'ai mis au nombre des préliminaires de l'histoire), vous serez pleinement au fait de tout ce qui doit être remarqué sur ce po nt dans la lecture des historiens; et ce qui doit vous y rendre plus attentif (je crois vous l'avoir dit aussi en passant), c'est qu'au lieu que dans la jurisprudence ordinaire, c'est par le droit que l'on doit juger du fait; ici, tout au contraire, c'est presque toujours le fait qui sert à faire observer le droit. Le commun des hommes défère aux exemples plus qu'aux raisonnemens. Mais c'est principalement entre les souverains et les états indépendans les uns des autres, qu'il ne suffit pas de montrer ce qui doit se faire, sans montrer aussi ce qui s'est fait. Ceux qui craindroient de s'abaisser en cédant à la raison rougissent moins de céder à l'exemple, qui renferme toujours une excuse pour leur condescendance; et ce que la force des armes fait entre les souverains pendant la guerre, l'autorité des exemples le fait assez souvent entr'eux pendant la paix.

Vous ne sauriez donc être trop exact à recueillir tout ce qui regarde les différentes distinctions des nations comparées les unes aux autres, les questions de rang et de préséance entre les souverains où les républiques, les prérogatives et les priviléges dont certains peuples sont en possession par rapport à d'autres peuples, la forme des traités, le caractère des ambassadeurs, des envoyés et des agens ; les différentes manières de déclarer la guerre, les lois que les armes mêmes respectent, le droit que la victoire ou la conquête donne au conquérant sur les personnes et sur les choses, les règles établies pour le commerce d'une nation avec un autre peuple, celles que la guerre suspend, et celles qui s'observent au milieu de la guerre ; enfin tout ce qui peut servir d'exemple ou de préjugé dans cette partie importante du droit public, et qui est une de celles qui intéressent davantage la curiosité de tout homme raisonnable.

Je vous ai dit en second lieu, mon cher fils, que si l'on passoit de la considération des différens peuples comparés les uns aux autres, à la vue de chaque peuple considéré séparément, on pouvoit alors l'envisager d'abord comme un tout ; et c'est ce qui vous fournira la matière de deux sortes de remarques.

Les unes sur le caractère, le génie et les mœurs de chaque nation, qui ne méritent néanmoins d'être observés avec soin que par rapport à notre nation et à celles qui nous environnent.

Les autres par rapport aux différentes formes de gouvernement dont vous aurez pris une idée générale par la lecture des traités que je vous ai indiqués en parlant des préliminaires de l'histoire : vous y aurez vu (pour réunir ici, comme dans un tableau, tout ce qui doit être le sujet de vos remarques sur une matière si importante), vous y aurez vu, dis-je, que toutes les formes de gouvernement se réduisent à deux principales ; le gouvernement d'un seul, et le gouvernement de plusieurs, c'est-à-dire, la monarchie et la république. Mais comme ces deux formes sont souvent mêlées et comme tempérées l'une par l'autre, ce sont ces divers tempéramens, et ces combinaisons de différentes espèces de gouvernement, qu'un esprit qui cherche à s'instruire à fond doit observer attentivement dans la lecture de l'histoire. Il y a d'ailleurs des différences importantes dans la manière de déférer ou de transmettre la suprême puissance, qui méritent aussi d'être remarquées avec exactitude.

Ainsi la distinction des monarchies en royaumes électifs, en royaumes héréditaires et en royaumes patrimoniaux, c'est-à-dire, dont on peut disposer librement (s'il est vrai qu'il y en ait encore qui soient véritablement de cette nature), et la subdivision des royaumes héréditaires en monarchies affectées aux mâles, et en monarchies transmissibles aux femelles au défaut des mâles, vous rendront attentif à tout ce que vous trouverez dans l'histoire sur l'élection, sur la succession ou sur la disposition des monarques.

Elle vous apprendra que la plupart des monarchies de l'Europe ont toujours été tempérées, soit par un reste des anciennes mœurs des Germains et des Gaulois qui, dans le sein même de la barbarie, avoient presque tous un gouvernement modéré ; soit parce que les sciences et la politesse, qui ont établi depuis longtemps leur demeure en Europe, y ont aussi adouci la rigueur du gouvernement, en rendant les hommes plus susceptibles de respect pour la raison et pour les lois ; soit enfin par un effet de la religion chrétienne, qui enseigne la modération à tous les hommes, et qui apprend aux peuples à révérer dans les rois l'image de Dieu, et aux rois à exprimer cette image par leur bonté.

Comme les monarchies sont tempérées en Europe, les républiques le sont aussi. On ne voit guère de démocratie, d'oligarchie ou d'aristocratie (pour se servir ici des termes de l'art), qui soient entièrement pures et sans mélange d'aucune des deux autres formes de république. Plusieurs auteurs ont même pensé qu'une république ne peut pas être bien constituée si elle n'est composée des trois différentes espèces du gouvernement républicain, et que c'est parce que la république romaine avoit cet avantage, qu'elle s'est soutenue sans altération pendant plusieurs siècles ; en sorte que la dissolution d'un corps si bien composé n'est arrivée que parce que l'équilibre, ou, si vous le voulez, l'harmonie des trois espèces de république dont il étoit formé a été rompue, et que l'une des espèces a pris le dessus sur les deux autres.

Par ces idées générales que je ne fais que vous montrer, mon cher fils, vous comprendrez aisément ce que vous devez remarquer à cet égard en lisant l'histoire.

Tout ce qui regarde la nature et la constitution essentielle de chaque espèce de gouvernement, sa composition, et, si je puis parler ainsi, sa température ou sa mixtion, les causes des différentes révolutions qui y sont arrivées, et des changemens d'une espèce de gouvernement, en un autre, en un mot la naissance, le progrès, le dernier période de la grandeur d'un état, son affoiblissement, sa décadence, sa destruction, est un objet vraiment digne de l'attention de l'esprit humain, encore plus de ceux qui sont destinés à servir la république. Ce sera donc le premier objet de vos remarques par rapport à chaque nation considérée comme ne faisant qu'un seul tout.

Le second, qui est une suite du premier, ce sont les lois, et les usages observés comme des lois dans chaque pays.

Vous m'apprendriez, si je ne le savois pas, mon cher fils, vous qui êtes à présent un grand jurisconsulte, que le droit se divise en droit public et en droit privé; vous savez la définition et la différence de l'un et de l'autre. Ce seroit une peine infinie et un travail souvent inutile, de vouloir entrer dans le détail des lois de chaque peuple qui ne regarde que le droit privé, et l'histoire même ne vous les fourniroit pas exactement. Il est bon d'avoir les livres où ces lois sont recueillies, pour les consulter dans les occasions où l'on peut en avoir besoin. Mais il y a bien des choses qu'il faut placer dans sa bibliothèque et qu'il seroit superflu de vouloir mettre dans sa tête. Ainsi je retranche d'abord de vos remarques tout ce qui ne regarde que le droit privé de chaque nation, à moins que vous ne trouviez quelquefois, en lisant l'histoire, des lois ou des usages de cette nature qui vous paroissent dignes de servir d'exemple ou de préjugé pour appuyer ou pour perfectionner quelques points de notre jurisprudence; auquel cas vous ferez bien de les remarquer.

Vous vous renfermerez donc, mon cher fils, dans le droit public ; et quoique celui de votre pays mérite beaucoup plus d'attention, vous ne négligerez pas néanmoins ce que vous trouverez dans l'histoire sur le droit public des autres nations. Deux raisons principales vous en feront sentir l'utilité.

L'une, que cette connoissance donne beaucoup plus d'étendue à l'esprit que celle du droit public qui nous est propre. La comparaison des différentes règles que chaque nation a établies dans l'ordre public le met en état de juger, sans préventions pour son pays et sans une admiration imprudente pour d'autres nations, de ce qui est le meilleur, pour en faire usage avec un esprit de législateur plutôt que de jurisconsulte, et avec une sagesse qui prévoit tous les inconvéniens dans les réglemens nouveaux qu'on propose, et dans ce qui peut avoir rapport au gouvernement.

L'autre que, faute de cette connoissance du droit public des autres nations, ou du moins de celles qui nous environnent, on prend souvent de fausses mesures en traitant avec elles; on tente vainement des choses qui ne peuvent réussir, on aliène, on révolte, ou l'on indispose au moins leurs esprits ; et quoique la connoissance de leurs intérêts présens et de leurs dispositions actuelles soit encore plus nécessaire, il est cependant fort utile d'être instruit de leur gouvernement, de leurs maximes dominantes, et de tout ce qui compose leur droit public, sur-tout dans les états républicains, où l'on s'écarte moins aisément des règles générales, et où l'on s'attache plus à certains principes suivis et uniformes, qui y sont regardés comme essentiels pour leur conservation.

Ce droit public, soit qu'il nous soit propre, ou que ce soit pour nous un droit étranger, se divise en deux espèces, dont l'une est le droit public temporel ou profane, parce qu'il ne regarde que les choses de la terre, et ne tend qu'à procurer une félicité présente; l'autre est le droit public spirituel ou sacré, parce qu'il a pour objet les choses célestes, c'est-à-dire, la religion, et pour terme la béatitude éternelle, ce qui n'empêche pas que le souverain n'y exerce son autorité, soit comme roi dans les matières mixtes, soit comme protecteur de l'Eglise dans les matières purement spirituelles.

Je ne vous parlerai plus ici de cette seconde espèce de droit public, parce que je m'en suis assez expliqué avec vous en traitant des choses divines par rapport à notre objet présent, c'est-à-dire, à ce que vous devez remarquer en lisant l'histoire.

La première, c'est-à-dire, le droit public temporel, comprend,

1.° La législation ou le pouvoir de faire des lois, et les lois mêmes;

2.° L'exercice de la puissance publique dans l'administration de l'état;

3.° Les secours nécessaires au gouvernement;

4.° Les prérogatives, les honneurs, les priviléges des rois, ou de ceux qui gouvernent les états, soit par rapport à leurs personnes, ou par rapport à leurs biens.

Sur le premier point, vous devez remarquer en lisant l'histoire, non seulement à qui le pouvoir de faire des lois appartient dans chaque nation, mais encore plus de quelle forme les lois y sont revêtues, comment elles doivent y être publiées, à qui il est réservé ou permis de les interpréter, ou d'en dispenser, ou d'y déroger.

Sur le second point, qui regarde l'exercice de la puissance publique, comme le prince ou ceux qui tiennent les rênes du gouvernement ne peuvent faire tout par eux-mêmes, c'est ici que nous devons placer tout ce qui concerne les différens dépositaires de leur autorité, qui parmi nous portent le nom général d'officiers, de quelque ordre qu'ils soient; parce que l'office n'est autre chose qu'une portion de la seigneurie ou de la puissance publique confiée par celui qui gouverne à un certain nombre de ses sujets, pour le bien de tous les autres. Cette partie du droit public est une de celles qui vous seront les plus importantes dans la profession qu'il y a lieu de croire que vous enbrasserez; et c'est dans cette vue que je vous conseille d'observer avec soin, principalement dans l'histoire de France, tout ce que vous y trouverez par rapport aux fonctions et aux prérogatives des principaux officiers qui sont établis, soit en particulier, soit en corps, soit pour ce qui regarde la justice et la police, soit pour ce qui appartient à la milice et à ce qui en dépend, dont il faut connoître les droits pour pouvoir distinguer les objets qui les concernent de ceux qui regardent les officiers de justice. Vous joindrez enfin à ce second point ce qui regarde les conseils des rois ou des républiques, parce que cela appartient aussi à l'exercice et à la sage administration de la puissance publique.

A l'égard du troisième point, je veux dire des secours du gouvernement, je ne parlerai point ici des traités et des alliances avec les puissances temporelles, parce que cela regarde aussi le droit des gens dont j'ai fait un article séparé.

Je réduis donc ce que j'appelle les secours du gouvernement à trois ou quatre genres différens.

Le premier est celui des armes, secours que la corruption du cœur humain a rendu également nécessaire à ceux qui gouvernent, et pour se faire craindre de leurs ennemis, et pour n'avoir rien à craindre dans leurs états.

Mais comme votre génie me paroît trop pacifique pour aimer la gerre, je crois que vous pouvez vous épargner la peine de compter, comme a fait M. de Thou dans son histoire, tous les boulets de canon que l'on a tirés dans chaque siége ; c'est-à-dire, d'entrer dans tous les détails de la guerre, qui sont plus propres à faire un bon général d'armée qu'à former un grand magistrat, et qui vous seroient d'autant plus inutiles, que tout ce qui peut vous regarder dans la guerre, regarde aussi le droit des gens dont je vous ai parlé dans un autre endroit.

Le second genre de secours nécessaire au gouvernement, est la terreur des peines et des châtimens, par laquelle le prince fait une espèce de guerre domestique et continuelle aux ennemis de la paix et de la sûreté intérieure de l'état. C'est en quoi consiste principalement ce que les jurisconsultes romains appellent *meum imperium, et jus gladii.*

L'étude de la jurisprudence ancienne et moderne vous en apprendra plus sur ce sujet que la lecture de l'histoire. Mais cependant vous ferez bien d'y remarquer les choses les plus importantes qui regardent l'ordre judiciaire, surtout dans les matières criminelles, et principalement pour les crimes d'état ; la qualité des juges, la forme des jugemens, la nature des peines, et les exemples éclatans de sévérité ou de clémence qui sont répandus dans l'histoire.

On peut regarder aussi comme un troisième genre de secours pour le gouvernement tout ce qui contribue à augmenter l'abondance dans un état, et à y multiplier, ou les richesses naturelles, ou celles que l'industrie ajoute à la nature.

Ainsi d'un côté, tout ce qui regarde les lois et les maximes générales des nations bien policées, sur la culture des terres, sur les priviléges de ceux qui s'y attachent, sur les moyens de prévenir la disette ou d'y remédier; et de l'autre, tout ce qui concerne les règles fondamentales du commerce intérieur ou extérieur, de la monnaie ou du change, qui en sont comme les deux bras, mérite une attention très-sérieuse dans la lecture de l'histoire, et doit tenir une place importante dans l'ordre de vos remarques.

Enfin le dernier genre de secours dont tout gouvernement a besoin, est un revenu et des fonds suffisans pour en supporter les charges, et faire respecter la suprême puissance au dedans et au dehors.

Ce secours est de deux sortes, au moins en France et dans tous les états voisins de ce royaume; il consiste, ou dans un domaine fixe et dans les droits seigneuriaux, ou dans des impositions ordinaires ou extraordinaires.

Vous devez donc remarquer en premier lieu ce qui regarde le domaine des rois, et ses prérogatives, comme son inaliénabilité et son imprescriptibilité.

Vous ne devez pas donner moins d'attention à ce qui regarde les impositions, sur lesquelles vous aurez seulement à recueillir dans l'histoire de France les différentes époques de chaque genre d'imposition, et tout ce qui peut en faire connoître l'origine et le progrès ; les anciennes formes qu'il falloit observer, soit pour établir de nouvelles levées, soit pour les exiger, soit pour en rendre compte et en montrer l'emploi ; enfin l'établissement des divers tribunaux érigés successivement dans le royaume pour connoître de ces différentes matières.

Sur le dernier article de ceux qui regardent le gouvernement en général, c'est-à-dire, sur les prérogatives, les honneurs et les distinctions des rois, ou de ceux qui gouvernent, vous aurez à observer ce qui regarde les cérémonies, comme les entrées, les sacres des rois et des reines, les assemblées de plusieurs rois, etc., principalement par rapport au rang et aux questions de préséance, sans vous jeter néanmoins dans un trop grand détail, ni vouloir faire des recueils sur ce sujet, tels qu'un maître des cérémonies ou un des membres de la congrégation des rits pourroit en faire.

Jusqu'ici, mon cher fils, nous n'avons envisagé dans l'ordre de la société que les nations comparées les unes avec les autres, ce qui forme le droit des gens, ou chaque nation considérée comme un tout, ce qui nous a conduits à parler du gouvernement en général et de ses différentes parties. Il faut maintenant, pour achever ce plan abrégé du droit public, et en même temps de vos remarques historiques, entrer dans un plus grand détail, qui comprend quatre objets que je vous ai déjà marqués.

Les différentes conditions des hommes forment le premier ; et je n'entends parler ici que de celles qui constituent leur état, ou qui sont du moins une source de distinctions générales dans l'ordre politique

Telle est la distinction des libres et des esclaves, ou des serfs, nom plus connu et plus usité dans nos mœurs ; celle des séculiers et des ecclésiastiques, des nobles et des roturiers ; et entre les nobles, de ceux qui le sont par la naissance, et de ceux qui le deviennent par privilége. La noblesse même a ses degrés, soit par l'ancienne différence des simples gentilshommes et des seigneurs des grands fiefs, de l'écuyer, du chevalier, du baron ; soit par les dignités, comme les pairies. L'ordre ecclésiastique a aussi ses distinctions et ses degrés. La roture même ou l'ignobilité n'est pas entièrement uniforme, puisqu'elle admet aussi une distinction entre les habitans de la campagne, qui n'étoient presque autrefois que des serfs affranchis, souvent même de véritables serfs, et auxquels seuls le nom de *roturier* convient dans son ancienne signification (1) ; et entre les habitans des villes qui jouissent du droit de bourgeoisie, auxquels nos rois ont accordé différens priviléges.

Toutes ces différences dans les conditions des hommes appartiennent à l'ordre public, et méritent que vous observiez dans l'histoire ce qui s'y présente de plus important sur cette matière.

Les qualités communes à plusieurs sujets forment ce que l'on appelle *ordre*, qui est le second des quatre principaux objets que je vous ai déjà dit plus haut que vous pouviez envisager dans chaque nation prise en détail.

Ainsi les nobles du royaume forment l'ordre de la noblesse qui, lorsqu'on la considère dans cette vue générale, ne connoît aucune distinc-

---

(1) L'opinion la plus commune est que le nom de *roturier* vient de *ruptarii*, qui signifioit ceux qui travailloient à fouir ou rompre la terre.

tion des degrés différens; au lieu qu'en Allemagne ces degrés forment autant d'ordres ou de classes différentes.

Ainsi les ecclésiastiques forment pareillement l'ordre du clergé sans distinction de degrés, au moins en France, ainsi que celui de la noblesse.

Anciennement il n'y avoit que deux ordres dans ce royaume qui eussent entrée aux assemblées générales : les seigneurs qui représentoient la noblesse, et les prélats qui représentoient le clergé.

A l'égard des citoyens non nobles, quoique leur condition soit assez marquée dans la seconde race de nos rois, et qu'on en trouve plusieurs vestiges dans les Capitulaires de Charlemagne et de ses successeurs, il y a lieu de croire que dans la confusion et le désordre qui fut fatal à cette seconde race, la plus grande partie du peuple retomba presque en servitude; en sorte qu'on revint aux anciennes mœurs des Gaulois, *apud quos*, comme dit César dans ses Commentaires, *plebs propè servorum loco habebatur*. Mais nos rois ayant commencé à accorder des lettres de commune ou de bourgeoisie aux habitans de plusieurs villes pour se les attacher, les seigneurs qui se piquèrent de générosité, en accordèrent de même dans l'étendue de leurs seigneuries; les manumissions ou les affranchissemens devinrent aussi communs dans la campagne; et comme les rois pouvoient tirer beaucoup plus de secours d'argent des roturiers que des nobles, et qu'il leur étoit avantageux de pouvoir les leur opposer pour diminuer leurs forces, qui donnoient alors de l'ombrage à la puissance royale, ils travaillèrent à les rendre de plus en plus indépendans de l'autorité des seigneurs. Ainsi l'état des non nobles étant devenu plus considérable, prétendit avoir part aux assemblées des ordres du royaume. Nos rois ne rejetèrent pas, ou favorisèrent même cette prétention; et c'est ainsi que se forma insensiblement un troisième ordre : les députés des villes furent admis dans les assemblées des états, où ils représentoient le corps des habitans de chaque ville; et c'est ce qui s'appelle proprement le *tiers-état*.

J'ai fait ici cette digression, mon cher fils, pour vous faire sentir combien il est important de bien observer ces différens progrès du droit ou des mœurs, en lisant l'histoire, pour y démêler l'origine des différens ordres, leurs distinctions, leurs priviléges, leurs obligations, leurs juges; en un mot tout ce qui constitue ou qui caractérise leur état.

Je passe maintenant des diverses conditions des hommes et des différens ordres qu'on distingue dans une nation, à cette union ou cet assemblage, qui étant autorisé par le souverain, forme un seul corps de plusieurs membres; car il faut bien remarquer que ces différens ordres que je viens de vous expliquer, le clergé, la noblesse, le tiers-état, ne sont pas regardés comme des corps, tant qu'ils ne sont pas assemblés légitimement. Jusque-là ce ne sont encore que des ordres qui ont seulement une disposition prochaine à se réunir, et comme une aptitude naturelle, ou plutôt civile, à devenir un corps, par l'uniformité de leur état.

De tous les corps auxquels la puissance souveraine peut donner l'être, il n'y en a point de plus auguste que les assemblées des états-généraux parmi nous, ou ce qui en tient lieu dans les pays étrangers. Toute la nation y est représentée; et il est très-utile pour bien entendre

tendre notre histoire et celles des autres pays, d'observer exactement, dans la lecture des historiens, les temps et les occasions de ces sortes d'assemblées ; qui sont ceux qui doivent y être appelés ; la manière de les choisir ; l'ordre de leurs séances et de leurs délibérations ; le poids de leurs résolutions ; jusqu'à quel point elles peuvent engager le gouvernement, selon la différente constitution des empires ; la manière de les dissoudre, et de répondre à leurs demandes.

Ce que les états-généraux sont par rapport à un royaume entier, les états particuliers le sont par rapport à une seule province ; et par conséquent ils sont susceptibles des mêmes remarques.

Je mettrai aussi dans la même classe les assemblées d'un seul ordre en particulier, comme les conciles nationaux ou provinciaux, les assemblées générales du clergé, les assemblées des communes de Provence, qui se tiennent tous les ans ; et s'il y a ailleurs quelque chose de semblable.

En faisant vos observations sur ces assemblées passagères, ou sur ces corps qui ne subsistent pas toujours, vous ne serez pas moins attentif, mon cher fils, aux compagnies ou aux corps fixes et perpétuels qui sont établis soit pour rendre la justice, soit pour l'administration des villes, soit pour faire fleurir les sciences et les arts, soit enfin pour le culte de Dieu et pour la perfection du christianisme. Vous trouverez là une ample matière de remarques sur l'origine des parlemens ou des autres compagnies de justice ou de finance, des corps de ville, des universités, des académies, des ordres et des communautés séculières ou régulières ; sur le pouvoir, les fonctions, les droits, la police et la discipline de ces différens corps; sur leur utilité et les différens avantages qu'ils procurent à l'état.

Je ne dois pas oublier de vous dire, mon cher fils, que c'est principalement dans la lecture de l'histoire de France que vous serez chargé de ce détail de remarques. Il seroit trop long, et peut-être d'une médiocre utilité pour vous, d'apporter la même exactitude à l'étude des autres histoires, dans laquelle il vous suffira de vous arrêter aux grands objets, sans tomber dans le défaut que Térence appelle si bien *obscuram diligentiam*. Une trop grande et trop scrupuleuse exactitude abat l'esprit au lieu de l'élever, et ne produit qu'une confusion d'idées entassées les unes sur les autres, qui demanderoient un nouveau travail pour les débrouiller.

Délassons-nous à présent, mon cher fils, d'un détail peut-être trop long, mais que j'ai cru nécessaire pour vous tracer le plan du droit public, en passant à un objet beaucoup plus agréable, et qui est le dernier de ceux que j'ai distingués dans chaque nation considérée en détail, c'est-à-dire, au citoyen. Nous ne le regarderons ici que par rapport à sa conduite personnelle, en ne considérant sa condition, l'ordre ou le corps dont il peut être membre, qu'en tant que ces qualités peuvent devenir la matière de ses vices ou de ses vertus. Si cet objet de vos remarques n'est pas aussi utile que les autres pour acquérir la science du droit public, il le sera beaucoup plus par rapport à la morale, à l'étude et à la pratique même de la vertu. Tout le reste peut bien former en vous le savant et l'habile homme; mais j'ai assez bonne opinion de vous, mon cher fils, pour être persuadé que vous ferez encore plus de cas de ce qui peut former l'homme de bien, le bon citoyen, le vertueux magistrat. Attachez-vous donc sur-tout à remarquer les exemples des vertus qui peuvent être à votre portée ; c'est-à-dire, les exemples de sagesse, de modération, de simplicité, de modestie, de désintéressement, de générosité, de grandeur d'ame, de fermeté dans l'administration de la justice, de fidélité pour le prince, d'amour pour la patrie, de mépris pour la fortune, pour la gloire même, qui ne doit point être préférée au devoir et à la justice dont l'amour doit vous conduire. Ce sont ces qualités qui doivent animer votre courage, et vous faire éprouver ce que vous avez lu dans Salluste : *Memoriâ rerum à majoribus gestarum vehementissimè animum ad virtutem accendi ; et eam flammam egregiis viris in pectore crescere, neque priùs sedari, quàm virtus eorum famam atque gloriam adæquaverit* (1).

Allumez continuellement cette ardeur et cette soif des vertus dans votre ame, mon cher fils, par la lecture de l'histoire, et sur-tout par celle des vies des hommes illustres, dont les auteurs semblables à ces peintres qui ne s'attachent qu'au portrait (c'est la comparaison de Plutarque) (2), se sont appliqués à exprimer jusqu'aux moindres traits de la physionomie, c'est-à-dire, du caractère de ceux dont ils ont écrit la vie. Je ne sais si je me trompe, mais il me semble qu'on se sent toujours plus vertueux, ou du moins plus amateur de la vertu

(1) SALLUST. *Bello Jugurt., in exordio.*
(2) PLUTARC., *in Cimone.*

et plus ennemi du vice, quand on sort de la lecture des vies d'Aristide, de Dion, de Phocion, de Caton d'Utique et de ces autres héros de la probité, dont les vertus (si l'on peut cependant se servir de ce nom en parlant de ceux qui ne connoissoient pas la seule fin où nous devons tendre, et qui doit être l'unique motif de nos actions) font souvent honte à plusieurs de ceux qui vivent dans le sein du christianisme. Etudiez donc avec soin, mon cher fils, et recueillez précieusement leurs portraits, que les plus grands maîtres dans l'art de l'histoire ont tracés avec des caractères et des couleurs inimitables; portraits, comme le dit si bien Tacite (1), l'un des plus grands peintres de l'antiquité, plus utiles et plus estimables que ceux que le marbre ou le bronze nous ont conservés; pourvu que nous travaillions à les exprimer et à les faire revivre dans nos mœurs: *Ut vultus hominum, ità simulacra vultûs imbecilla ac mortalia sunt: Forma mentis æterna, quam tenere et exprimere non per alienam materiam et artem, sed tuis ipse moribus possis.*

Ce n'est pas tout encore, mon cher fils; le vice nous instruit quelquefois, dans l'histoire, autant que la vertu même, et il peut faire sur vous l'effet que le législateur de Lacédémone vouloit produire lorsqu'il approuvoit que les pères fissent sentir à leurs enfans la bassesse et la honte de l'ivrognerie, en leur montrant comme en spectacle leurs esclaves ivres pour leur inspirer l'horreur de cet état. La vue du mal couvert souvent sous des dehors agréables est un écueil dangereux pour la vertu; l'his-

(1) *In vitâ Agric.* n. 46.

toire, en le peignant sous ses traits véritables et dans sa difformité, nous le montre d'une manière innocente; c'est par elle que, sans participer à la malice des hommes, ou sans être exposés à en devenir la dupe, nous apprenons à être également, suivant l'expression de l'Ecriture, *simples dans le bien, et prudens à l'égard du mal* (1). Etudiez donc dans l'histoire les différens degrés et les suites pernicieuses du vice; soit pour le haïr et le mépriser encore plus, soit pour savoir vous en défier. Joignez-y enfin l'étude de ce mélange de vices et de vertus, qui est le caractère le plus ordinaire des hommes, comme je vous l'ai déjà dit. Vous acquerrez par là l'utile, l'inestimable science de connoître les hommes, qui est le plus grand fruit de l'histoire et le plus digne prix de vos travaux. Car, comme l'a fort bien dit Tacite que je viens de vous citer, le temps change successivement le nom des acteurs qui paroissent sur la scène du monde; mais les caractères et les mœurs demeurent les mêmes : *Et magis alii homines, quàm alii mores* (2).

C'est pour cela qu'outre les caractères particuliers de certains hommes distingués par la vertu, ou par le vice, ou par le mélange et l'assortiment bizarre de l'une et de l'autre, il est très-important de remarquer encore dans l'histoire les caractères généraux des différentes conditions. Ainsi tout ce qui peut apprendre à bien connoître le génie et le caractère ordinaire de ceux qui vivent à la cour ou dans la profession des armes, des magistrats, des différens

---

(1) *Rom. XVI.* 19.

(2) *Histor. lib. II.* n. 95.

corps et du peuple, mérite pour le moins autant votre attention que les traits qui ne marquent que le caractère d'un homme en particulier : ce sont des copies dont les originaux subsistent et vivent toujours, et des caractères communs qui sont moins susceptibles de variété et d'inégalité que ceux des particuliers.

On reconnoît tous les jours dans le commerce du monde ce que l'on a déjà lu dans l'histoire ; et l'expérience se joignant à l'étude et aux réflexions, achève bien plus aisément d'y ajouter les traits singuliers qui peuvent manquer à ces portraits.

Vous plaindrez-vous encore après cela, mon cher fils, du peu d'étendue que je donne à vos remarques ? Mais plutôt ne vous plaindrez-vous pas au contraire de ce que je vous jette dans une autre extrémité ? Je crois cependant avoir gardé à-peu-près le juste milieu, et il me semble que je ne vous ai rien proposé qui ne soit utile et presque propre à votre état. Mais d'ailleurs, je vous l'ai déjà dit et je dois vous le répéter encore, ce n'est pas ici l'ouvrage d'un jour ; c'est à proprement parler, le plan d'étude de toute votre vie.

J'oubliois presque un quatrième et dernier objet de vos remarques, après vous avoir parlé de ce qui regarde les choses divines, naturelles et humaines. Je pourrois même l'oublier entièrement, parce que je n'ai rien à vous dire sur ce dernier objet, si ce n'est de suivre votre attrait, et de vous laisser conduire par votre goût.

Je veux parler, mon cher fils, de la critique et de la philologie, qui, dans le sens le plus étendu que l'on donne quelquefois à ce nom, comprend même la critique. Elle a trois objets principaux.

La critique proprement dite est le jugement des auteurs, de leur âge, de l'authenticité, de l'autorité de leurs écrits, des dates et autres notes chronologiques, de la vérité et de l'exactitude des faits qu'ils racontent.

Le second regarde le détail des mœurs et des antiquités de chaque nation, que l'on peut appeler les aménités de l'histoire, et dont je vous ai parlé sous un autre nom, en traitant des secours ou des accompagnemens de l'histoire.

Le troisième, qui sera peut-être encore plus de votre goût que les deux premiers, consiste dans l'examen des beautés et des ornemens du langage, soit par rapport à la narration et aux descriptions, soit par rapport à l'éloquence qui brille principalement dans les harangues que les historiens mettent dans la bouche de leurs principaux acteurs, soit enfin par rapport aux traits de morale ou de politique qui y sont répandus.

Je me suis déjà assez expliqué sur le second point qui fait partie des accompagnemens de l'histoire, pour vous faire connoître ce que vous devez remarquer sur ce point dans la lecture des historiens.

A l'égard du premier, qui regarde la pure critique, si vous me demandez mon sentiment, je vous conseillerai de vous en reposer sur les meilleurs auteurs qui en ont traité *ex professo*, et de les prendre seulement comme des guides quand vous en aurez besoin dans le cours de votre marche, sans vouloir parcourir vous-même tout le pays qu'ils ont été obligés de battre avant que de se fixer à une route certaine : ce travail seroit, ou inutile si vous le faisiez imparfaitement, ou trop long et trop pénible si vous y apportiez toute l'exactitude nécessaire. D'ailleurs, s'il se présente dans la suite de votre vie des occasions particulières où la nécessité des affaires demande que vous approfondissiez un point de critique essentiel pour bien décider la question que vous aurez à traiter, vous pourrez le faire aisément avec toutes les notions et les connoissances que vous aurez acquises.

Si vous me demandez encore, mon cher fils, ce que je pense sur le troisième point, c'est-à-dire sur ce qu'on appelle les lumières et les ornemens du discours, je vous dirai que je crois qu'il faut aussi être très-sobre sur ces sortes de remarques.

Premièrement, parce qu'il est assez rare que des morceaux détachés conservent la même grâce et le même prix hors de leur place qu'ils ont dans la suite et dans le tissu du discours de l'historien.

Secondement, parce que ces sortes d'extraits ne peuvent guère se faire que sur un petit nombre d'excellens originaux, qu'il vaut mieux se rendre familiers par une lecture assidue et faite avec goût, que d'en copier des passages avec une exactitude que je ne vous conseille pas d'envier aux Allemands. L'un vous remplit du génie de ces grands hommes, qui vaut beaucoup mieux pour vous que leurs passages, quelque beaux qu'ils soient; l'autre ne vous donne qu'un ample recueil de morceaux décousus, qui pouvoit être utile lorsque les citations étoient à la mode, mais qui à présent charge plus le papier qu'il n'enrichit véritablement l'esprit.

Je laisse néanmoins sur cela, mon cher fils, comme je vous l'ai dit d'abord, une libre carrière à votre inclination et à votre goût, la matière étant du nombre de celles où chacun peut abonder dans son sens, et où ce qui convient à l'un ne convient pas toujours à l'autre.

SIXIÈME POINT.

Manière de faire des extraits ou des collections.

Je serai aussi court, mon cher fils, sur le sixième point qui me reste à traiter avec vous, c'est-à-dire, sur la manière de faire des recueils ou des collections en lisant l'histoire.

Je vous dirai d'abord sur ce point ce que je viens de vous dire sur un autre sujet : Faites ce que vous voudrez, mon cher fils ; la meilleure manière de faire des extraits sera pour vous celle que vous aimerez le mieux, parce que ce sera celle qui aidera davantage votre mémoire.

Pour vous dire néanmoins quelque chose de plus précis, je crois que vous devez tâcher de réunir deux choses dans l'ordre que vous vous proposerez pour faire vos extraits.

La promptitude et la diligence dans le temps que vous les ferez.

La facilité à retrouver dans la suite ce que vous aurez recueilli, et à vous en servir.

Vous pouvez pour cela prendre deux méthodes différentes.

La première est de suivre le plan que je vous ai proposé (que je ne vous donne néanmoins que comme un canevas auquel non seulement je consens, mais je serai fort aise que vous ajoutiez tout ce qui pourra le perfectionner), et de mettre chacun des différens articles de ce plan pris en détail sur une feuille de papier ou sur un cahier, et d'écrire au dessous tout ce que vous remarquerez sur chaque article.

Quoiqu'il y eût bien des subdivisions à faire à l'ordre des temps ou à celui des matières, si vous vouliez composer un traité suivi de toutes vos observations sur chaque article, cependant cette distinction des articles différens formera toujours un premier arrangement qui ne sera pas fort embarrassant dans le temps que vous écrirez vos remarques, et qui suffira peut-être pour vous les faire retrouver assez aisément lorsque vous serez obligé d'en faire usage.

La seconde méthode, que je trouve encore plus courte et plus simple, est d'écrire tout de suite les choses qui vous paroîtront mériter d'être extraites, et de marquer à côté de chaque extrait, sur une grande marge, la matière à laquelle il doit être rapporté.

Dans le temps que l'on fait ses recueils, il n'est pas possible de trouver une méthode plus facile ; et pour peu que l'on ait essayé de vouloir d'abord arranger ses recueils par matières, en les faisant sur des feuilles de papier ou sur des cartes séparées, on a bientôt éprouvé l'embarras inséparable de cette méthode lorsque les recueils commencent à grossir. Il faut avoir toujours présens les différens titres qu'on a déjà employés, pour y rapporter exactement ce qui regarde la même matière ; et ce qui est encore plus importun, il faut avoir toujours devant soi une multitude de feuilles ou de cartes détachées; et le cabinet d'un homme de lettres devient bientôt, ou l'antre de la Sybille dont les feuilles *turbata volant rapidis ludibria ventis* (1), ou la boutique confuse et dérangée d'un cartier.

Vous retomberiez même insensiblement dans

(1) *Æneid. lib.* 6.

cet inconvénient en suivant la première méthode, parce qu'il se trouveroit des articles si chargés de remarques, que vous ne pourriez presque vous dispenser d'y faire des subdivisions, qui peu à peu vous jetteroient dans la même confusion.

Ce qui paroît manquer à la seconde méthode, qui est la facilité de retrouver tout ce qu'on a extrait sur la même matière, se peut aisément suppléer, ou par une table exacte de tous les sommaires qu'on a mis à la marge de chaque extrait, et que l'on fait ranger par ordre alphabétique ; ou, ce qui vaudroit encore mieux, en faisant copier de suite tous les passages qui ont le même titre ou le même sommaire, en sorte que par-là, en épargnant un temps plus précieux que l'argent, vous trouverez vos extraits rangés par ordre de matières.

Il y a d'ailleurs cet avantage dans cette méthode, qu'elle réunit l'ordre des temps à celui des matières. On est quelquefois bien aise de repasser les faits les plus remarquables d'une histoire particulière, et de se remettre dans la suite des temps dont elle raconte les événemens. On n'a pour cela qu'à relire son extrait historique ; et si l'on veut voir les mêmes choses rangées par matières, le second extrait en donne la facilité.

Telle est donc la méthode qui me paroît la plus simple et la plus utile. Mais encore une fois, mon cher fils, suivez sur cela votre goût, et consultez sur toutes choses votre commodité particulière ; car, comme je vous l'ai déjà dit, la méthode qui vous plaira le plus sera aussi la meilleure pour vous.

Voilà, mon cher fils, ce que j'avois à vous dire quant à présent sur l'histoire : vous êtes à portée par ces réflexions générales de connoître les avantages d'une étude si nécessaire, et j'espère que vous en éviterez de vous-même les inconvéniens. Vous les sentirez aisément pour peu que vous fréquentiez ceux qui se sont tellement attachés à cette étude qu'ils ont négligé toutes les autres. Ils tombent dans un excès directement opposé à celui des esprits qui ne font cas que de la philosophie. Ceux-ci veulent juger de ce qui s'est fait par ce qui doit se faire; et ceux-là veulent toujours décider de ce qui doit se faire par ce qui s'est fait. Les uns sont, si j'ose le dire, la dupe des raisonnemens, et les autres le sont des faits qu'ils prennent pour la raison même. Leur esprit devient tellement historique, qu'ils ne sont presque plus capables de raisonner par principe. S'agit-il de former un jugement, ils racontent un fait; et au lieu de la décision que vous leur demandez, ils vous donnent une histoire et souvent un conte; en sorte que, contens de pouvoir répéter beaucoup de faits, et ne travaillant qu'à enrichir leur mémoire, ils semblent n'être plus que des dictionnaires animés et des répertoires parlans.

Comme il n'y a presque point de matière sur laquelle on ne trouve des faits ou des exemples contraires, et qu'ils négligent l'étude des principes qui apprennent l'usage qu'on doit en faire, il ne résulte souvent de tout leur savoir qu'une confusion et une indécision universelles, parce que les faits se combattent, pour ainsi dire, dans leur tête, où ils ne produisent que des doutes, et ne forment que des nuages.

Enfin, si le ciel leur a fait le dangereux présent d'une trop heureuse mémoire, c'est un miroir où tout se peint en détail, et jusqu'aux moindres objets. Le superflu et le frivole prennent la place de l'essentiel et du solide, ou du moins le chargent et l'offusquent tellement, qu'il faut traverser une mer de bagatelles pour arriver jusqu'à la terre ferme.

De là vient que souvent il n'y a nul ordre dans leurs écrits ; ils ont perdu l habitude de la pensée, ils n'ont plus que celle de la réminiscence. Leur mémoire les presse et les suffoque en quelque manière, et ils sont dans une espèce de nécessité de se prêter à ses fantaisies : elle les conduit plutôt qu'ils ne se conduisent eux-mêmes ; et comme s'ils étoient opprimés sous le poids de leur mémoire, ils ne cherchent qu'à se soulager de ce fardeau, en jetant au hasard sur le papier des faits qu'ils ne peuvent ni contenir ni digérer.

Omne supervacuum pleno de pectore manat.
HORAT. *De Arte poet.*

Les principes que vous avez déjà imprimés dans votre esprit, mon cher fils, et ceux que vous y ajouterez dans la suite, me font espérer que vous ne tomberez pas dans ces défauts : vous ne séparerez point deux choses qui doivent toujours marcher de concert et se prêter un secours mutuel, *la raison et l'exemple*. Vous éviterez également, et le mépris des philosophes pour la science des faits, et le dégoût ou l'incapacité que ceux qui ne s'attachent qu'aux faits contractent souvent pour tout ce qui est de pur raisonnement. Ainsi, pour finir par où j'ai commencé, sachant réunir et vous approprier les avantages de deux sciences également nécessaires à l'homme public, la vraie et solide philosophie dirigera chez vous l'étude de l'histoire, et l'étude de l'histoire perfectionnera la philosophie.

C'est au moins le fruit que je souhaite, mon cher fils, que vous tiriez de cette espèce de conversation que j'ai avec vous par écrit, dont je pourrois dire ce que l'orateur Antoine dit de lui-même dans Cicéron (1) : *Docebo vos, Discipuli, id quod ipse non didici ;* ou tout au plus, à l'exemple d'Horace :

Fungar vice cotis, acutum.
Reddere quæ ferrum valet, exsors ipsa secandi.
HORAT. *De Arte poet.*

---

(1) *De Orat. lib. II.* n. 7.

FRAGMENT

D'UNE III.e INSTRUCTION

SUR L'ÉTUDE DES BELLES-LETTRES.

APRÈS vous avoir parlé de l'histoire, mon cher fils, il ne me reste plus qu'un article à traiter avec vous pour achever le plan de vos études présentes : c'est celui des belles-lettres. Il me semble qu'en passant à cette matière, je me sens touché du même sentiment qu'un voyageur qui, après s'être rassasié pendant long-temps de la vue de divers pays, où souvent même il a trouvé de plus belles choses, et plus dignes de sa curiosité, que dans le lieu de sa naissance, goûte néanmoins un secret plaisir en arrivant dans sa patrie, et s'estime heureux de pouvoir respirer enfin son air natal.

On aime à revoir les lieux qu'on a habités dans son enfance. Une ancienne habitude y fait trouver des charmes qu'on ne goûte point ailleurs, et c'est ce que j'éprouve aujourd'hui en rentrant avec vous comme dans ma patrie, c'est-à-dire, dans la république des lettres, où je suis né, où j'ai été élevé, et où j'ai passé les plus belles années de ma vie.

Je crois rajeunir en quelque manière ; je crois voir renaître ces jours précieux, ces jours irréparables de la jeunesse ; et si l'on a écrit que Scipion et Lélius, lorsqu'ils pouvoient s'échapper, ou, pour me servir des termes mêmes de

Cicéron, s'envoler de la ville à la campagne, sembloient y retrouver non-seulement leur jeunesse, mais leur enfance : *incredibiliter repuerascere solitos* (1) ; dois-je rougir, mon cher fils, de retourner avec vous à cet âge, non en ramassant sur le bord de la mer ces coquilles et ces autres jeux de la nature qui amusoient le loisir du vainqueur de Carthage et de Numance ; mais dans la compagnie des Muses, et en recueillant quelques étincelles de ce feu divin dont étoient remplies ces grandes lumières de l'éloquence et de la poésie, ces arbitres du bon goût et de la plus saine critique, qui nous serviront de guides et de modèles dans tout ce que j'ai à vous dire sur ce sujet.

Ne croyez pourtant pas, mon cher fils, qu'après m'être excusé devant vous d'avoir eu peut-être trop de passion pour les belles-lettres, je veuille retomber dans mes anciennes habitudes auxquelles je me suis vanté avec vous d'avoir renoncé ; et ne me regardez pas comme un relaps qui, après avoir donné pendant quelque temps une préférence feinte à la vérité et à la solidité de l'histoire, retourne bientôt au frivole, et à ses premières erreurs qu'il n'avoit jamais bien sincèrement abjurées.

Je donnerai toujours à l'histoire, après la religion et la jurisprudence, le premier rang dans vos études : je la regarderai toujours comme une occupation principale pour vous ; et quelque prévenu que je sois en faveur des belles-lettres, elles ne passeront jamais dans mon esprit que pour l'accessoire et l'ornement des sciences plus solides ; mais un ornement qui ne

(1) *De Orat. lib. II.* n. 6.

doit pas aussi être regardé comme un superflu, et qui peut même être mis au rang du nécessaire, pour vous apprendre à faire usage de vos autres connoissances, et à les mettre à profit dans les différens emplois auxquels vous serez destiné. Comme la parole, quoique moins estimable que la pensée, n'est cependant guère moins nécessaire à l'homme considéré dans l'ordre de la société; ainsi l'art de bien parler, quoiqu'en un sens d'un ordre inférieur à l'art de bien penser, est presque aussi nécessaire à l'homme public qui n'a qu'un mérite imparfait, et qui ne jouit, pour ainsi dire, que de la moitié de lui-même quand il n'est savant que pour lui, et qu'il ne sait pas rendre sa science utile aux autres hommes par le talent de la leur faire entendre, goûter, respecter. Je pourrai développer encore plus cette pensée dans la suite de ce discours, et il vaut mieux vous donner à présent une idée générale de ce qui doit être la matière des réflexions que je ferai avec vous sur l'étude des belles-lettres.

Je les réduits à trois points principaux, qui comprennent tout ce qui regarde cette matière. Il semble même qu'on pourroit n'en distinguer que deux. En effet, tout se réduit ou à lire ce que les autres ont écrit, ou à écrire des choses dignes d'être lues : *Aut scripta legere, aut scribere legenda.* Mais comme dans les lectures que l'on fait, il ne suffit pas d'entendre, et qu'il faut savoir juger (en quoi consiste même la plus grande utilité de la lecture), je distingue trois différens degrés dans l'étude des belles-lettres, l'intelligence, le jugement ou la critique, et la composition; à-peu-près comme j'ai ouï dire que l'on faisoit dans la musique, où, de la connoissance des tons et des notes, l'on passe à celle des accords, et enfin aux règles de la composition.

Je n'ai que très-peu de choses à vous dire sur le premier point, mon cher fils. Toutes vos études jusqu'à la rhétorique, ont eu principalement pour objet de vous mettre en état d'entendre les auteurs qui règnent, pour parler ainsi, dans l'empire des belles-lettres, c'est-à-dire, les grecs et les latins. Tout ce que vous avez appris depuis ce temps-là vous a encore perfectionné dans le don de l'intelligence.

La clef de la science est entre vos mains, et j'espère qu'elle n'y sera ni oisive ni inutile. Je n'examinerai donc ici qu'une seule chose avec vous, qui consiste à savoir si vous devez porter plus loin l'étude des langues, et jusqu'où elle doit aller.

Entre les langues anciennes, je ne vois que l'hébreu qui puisse faire la matière d'un doute raisonnable.

D'un côté, le goût de la plus auguste et de la plus vénérable antiquité, le secours que l'on peut tirer de cette langue pour l'intelligence des livres divins; secours sans lequel il est presque impossible d'y voir aussi clair qu'il est permis à l'humanité de l'espérer, et sans lequel, même (pour nous rapprocher de notre objet présent) on ne sauroit bien sentir la force, la magnificence, le sublime des auteurs sacrés, dont plusieurs sont presque autant au dessus des profanes par la hauteur de leur éloquence que par la grandeur de leur objet. Voilà sans doute de grandes raisons pour vous porter à dévorer les difficultés de la langue hébraïque.

D'un autre côté, la nature de la profession à laquelle vous êtes destiné, et qui n'exige point de vous cette connoissance profonde de l'Ecriture sainte, qui est souvent plus propre à remplir l'esprit qu'à nourrir le cœur, et sans laquelle on peut très-bien faire son salut; la multitude de choses plus nécessaires que vous avez à apprendre; les différentes occupations dont vous serez chargé; les distractions même inévitables auxquelles vous serez souvent exposé, et qui vous dérobant malgré vous une partie de votre temps, augmenteront le prix de celui qu'elles vous laisseront, sont aussi des raisons considérables qui peuvent vous détourner de cette étude, quand même elle seroit de votre goût.

Si vous me demandez après cela ce que j'en pense, je vous répondrai que je crois vous l'avoir déjà dit, en vous marquant qu'elle n'est point absolument nécessaire. Je la mets donc au nombre des choses sur lesquelles le goût personnel doit décider. A mon égard, le peu que je sais de la langue hébraïque (1) m'a souvent fait regretter de ne m'y être pas assez attaché dans ma jeunesse, pour m'en rendre le maître, au moins par rapport à l'intelligence de l'Ecriture sainte; car j'aurois grand regret d'avoir employé mon temps à me mettre en état de lire les livres des rabbins, c'est-à-dire, à acheter bien cher le droit de les mépriser, droit que l'ignorance nous donne aussi sûrement, et à meilleur marché.

Mais après tout, mon goût personnel, et

---

(1) M. d'Aguesseau, pendant son séjour à Fresnes, cultiva beaucoup cette langue, et même les autres langues orientales, dont il faisoit usage pour l'intelligence de l'Ecriture sainte. Cette instruction peut avoir été écrite avant ce temps, où il comptoit encore pour peu tout ce qu'il avoit acquis de science dans ces langues.

un certain esprit de critique littérale que je suis bien éloigné de regarder comme une perfection en moi, ne font point une raison décisive pour vous. Je reviens encore ici, comme je l'ai fait plus d'une fois en vous parlant de l'histoire, à une règle aisée à pratiquer, qui est de suivre votre goût; et je finis ce que j'ai à vous dire sur ce sujet, par ces belles paroles : *Faites ce que vous voudrez.*

J'y ajouterai seulement que si vous voulez apprendre cette langue, c'est-à-dire, l'hébreu, vous ferez bien de profiter de l'âge où vous êtes, et da la facilité présente de votre mémoire, pour vous initier dans ses mystères, avant qu'un âge plus avancé vous ait dégoûté de ce qui n'est que science de mots, et vous en ait rendu peut-être l'acquisition plus difficile.

Pour ce qui est des langues modernes, il y en a deux sur-tout, je veux dire, l'italien et l'espagnol, qu'il ne vous sera pas permis d'ignorer; soit à cause de la facilité que vous aurez à les apprendre, soit par rapport au grand nombre d'ouvrages qu'on y trouve dans tous les genres, et principalement dans l'histoire.

Le génie des Italiens et des Espagnols est plus propre à ce genre d'écrire que le nôtre, soit parce qu'ils sont plus capables que nous d'une solide et continuelle réflexion sur les choses humaines; soit parce que la constitution de leur gouvernement, et les différentes révolutions qui y sont arrivées, les ont rendus, et sur-tout les Italiens, plus profonds dans la politique, qui est l'ame de l'histoire. Ainsi, faute de savoir deux langues qui ne vous coûteront pas un mois de travail, vous seriez privé du plaisir et de l'avantage de lire des historiens qui égalent les anciens, ou qui du moins ne leur sont guère inférieurs; ou vous ne goûteriez qu'une partie de ce plaisir et de cet avantage en ne lisant que des traductions.

La poésie a aussi ses héros, principalement en Italie, dont il semble que les Muses aient préféré le séjour à celui des autres pays : il n'y a au moins que la France qui puisse disputer le prix aux Italiens; encore faut-il que nous leur cédions des genres entiers, comme le poème épique, l'églogue, je dirois aussi le lyrique, si je ne craignois d'offenser les mânes de Malherbe et de Racan. Ils ont, à la vérité, leurs défauts, et de grands défauts. Nos auteurs sont souvent froids, et les Italiens ont trop de feu, aussi-bien que les Espagnols. Nous manquons de fécondité d'esprit, et ils en ont trop; nous péchons par le défaut, et ils pèchent par l'excès, en sorte que, pour former un poète parfait, il faudroit le faire naître en Italie, le faire voyager en Espagne, le fixer en France, pour le perfectionner en le tempérant, et en retranchant seulement les superfluités d'une nature trop vive et trop abondante; je voudrois bien pouvoir hasarder ici l'expression de *luxuriante*. Mais malgré ces défauts, ce seroit abuser de la critique, et tomber dans le caractère que Socrate appelle quelque part la misologie à l'exemple de la misanthropie, que de vouloir fermer les yeux aux beautés d'un auteur, parce qu'on ne peut s'empêcher de les ouvrir sur ses défauts. Telle est la condition des ouvrages humains, parce que telle est aussi la condition des hommes, on n'y trouve aucun bien pur et sans mélange; mais le bon esprit consiste à connoître le mauvais pour l'éviter, et à profiter du bon pour l'imiter; et au lieu de dire ce que Justin a dit des Scythes (1) : *Plus in illis proficit vitiorum ignoratio quam cognitio virtutis*, je dirois volontiers par rapport à ces auteurs : *Non minùs proficit exploratio vitiorum quàm cognitio virtutum.* C'est ce qui forme véritablement le goût; c'est ce qui épure la critique. Je trouve d'ailleurs dans cette étude des défauts de nation, et pour ainsi dire, de climat, où un degré de soleil de plus change le style aussi-bien que l'accent et la déclamation; quelque chose qui étend l'esprit; qui le met en état de comparer les meilleures productions de chaque pays; qui le conduit ainsi et l'élève jusqu'à la connoissance de ce vrai et de ce beau universel qui a une proportion si juste et une si parfaite harmonie avec la nature de notre esprit, qu'il produit toujours sûrement son effet, et qu'il frappe tous les hommes malgré la différence de leur nation, de leurs mœurs, de leurs préjugés, en sorte que, pour se servir encore des termes de Platon, on pourroit le regarder comme l'idée primitive et originale, comme l'archétype de tout ce qui plaît dans les ouvrages d'esprit, et c'est, à mon sens, une des plus grandes utilités que l'on puisse tirer de la connoissance de plusieurs langues.

Je ne vous parle point des orateurs italiens et espagnols, soit parce que je n'ai pas beaucoup lu de ceux qui n'ont été qu'orateurs, soit parce que le peu que j'en ai lu me donne lieu de croire que nous pourrions aisément leur tenir tête sur cet article. Mais cela n'empêche pas que, pour les raisons que je viens de vous expliquer, il ne soit bon d'en lire quelques-uns; ce

(1) JUSTIN. *Hist. lib. II.*

qui ne peut se faire avec quelque utilité sans les lire dans leur langue même. Je ne vous parle point non plus de la langue portugaise, qui n'exige pas un article séparé, parce que ce sera un jeu pour vous de l'apprendre quand vous saurez une fois l'espagnol.

Au reste, mon cher fils, je ne voudrois point que l'étude de ces langues vous dérobât une partie considérable de votre temps, ni qu'elle devînt pour vous une occupation principale. Cette étude doit être placée dans des temps ou dans des heures presque perdues, dans lesquelles on ne peut pas en faire aisément de plus importantes. J'y destinerois, par exemple, quelques parties des temps de vacations, et de ceux que l'on passe à la campagne dans le cours de l'année. Je commencerois par l'italien, parce que c'est la langue la plus utile après le grec, le latin et le français, et j'y donnerois une année. C'est beaucoup plus qu'il n'en faut, en ne prenant qu'une portion des temps que je viens de vous marquer pour vous mettre en état d'entendre facilement et les historiens, et les orateurs, et même les poètes ; à la réserve du Dante, qui demanderoit peut-être une étude particulière. L'année suivante je m'attacherois à l'espagnol. Ainsi, sans interrompre vos autres occupations, vous vous seriez familiarisé sans peine avec deux langues nouvelles, et vous vous trouveriez en état de profiter de leurs richesses.

Pour achever ce qui regarde le premier point de ceux que j'ai distingués d'abord, c'est-à-dire, l'intelligence, je devrois peut-être vous parler ici des grammairiens, des dictionnaires, des commentateurs et des ouvrages de critique. Mais à l'égard des trois premiers, c'est un secours qui est du nombre des choses qu'on entend assez sans qu'il soit besoin de les dire, et qui ne demandent que deux précautions.

La première, d'user sobrement de ce secours, et de chercher autant qu'il est possible l'intelligence des auteurs dans les auteurs mêmes, plutôt que dans leurs commentateurs.

La seconde, de savoir choisir les meilleurs, pour ne point se jeter dans la mer des interprètes, et dans la triste occupation de compiler, comme dit Horace, *crispini scrinia lippi* (1).

A l'égard des ouvrages de critique, comme cela appartient encore plus au jugement qu'à la simple intelligence, je me réserve de vous en dire un mot en parlant du second point, auquel je passe à présent.

On juge d'un ouvrage de belles-lettres, ou par lumière et par la connoissance des règles, ou par sentiment et par goût. Mais on n'en juge jamais bien que lorsqu'on peut joindre l'un à l'autre. Un savant dont la tête est remplie des préceptes de la rhétorique, de la poétique, ou de l'art historique, et qui ne juge du mérite des auteurs que par l'application méthodique des règles spéculatives, est souvent sujet à se tromper; et un ouvrage froid, dans lequel cependant toutes les lois de l'art auront été exactement observées, pourra quelquefois lui paroître plus estimable qu'une pièce moins régulière, mais où la nature l'emporte sur l'art; qui a ses imperfections et ses irrégularités, mais tellement compensées, ou plutôt effacées par la noblesse des pensées, la grandeur du

(1) *Sat. lib. I, sat. I.*

sentiment,

sentiment, et le sublime de l'auteur, qu'on peut dire que ses fautes contre les règles de la composition sont comme absorbées dans sa gloire (1).

REMARQUES (2)

SUR LE DISCOURS

QUI A POUR TITRE:

De l'Imitation par rapport à la Tragédie.

L'AUTEUR y établit d'abord cette proposition générale, qui est le fondement de toute sa dissertation, qu'*il n'y a rien qui plaise tant, ni si généralement à tous les hommes, que l'imitation.*

Il semble par ces paroles, et encore plus par la suite de l'ouvrage, qu'on veuille y réduire tout ce qui nous charme dans la tragédie au seul plaisir que la justesse de l'imitation fait naître dans notre ame. Aristote l'a dit; mais il y a long-temps que ces opinions ont perdu le caractère d'infaillibilité que les philosophes et même des théologiens leur avoient attribué.

Nimiùm patienter utrique
Ne dicam stultè.
HORAT. *De Art. poet.*

---

(1) Cette instruction n'a pas été finie: mais on trouvera dans l'ouvrage suivant une partie de ce qu'elle devoit renfermer.

(2) Ces remarques ont été faites par M. le chancelier d'Aguesseau pendant son séjour à Fresnes, sur un discours composé par M. de Valincourt.

J'ai donc assez bonne opinion de l'auteur du discours pour le croire destiné à faire voir aux hommes qu'on peut surpasser Aristote, même dans la poétique, et s'il a autant de courage pour l'entreprendre que je lui connois de talens pour l'exécuter; la première chose que je lui conseillerois de changer dans son ouvrage est le titre qu'il lui donne. Pourquoi se borner à la seule imitation? La matière ne seroit-elle pas plus digne de lui, et bien plus intéressante pour les gens de lettres, s'il se proposoit de traiter en général *des causes du plaisir qu'une tragédie parfaite excite dans l'ame des spectateurs!*

Peut-on réduire toutes ces causes au seul goût que les hommes ont naturelllement pour l'imitation? Je ne saurois croire que ce soit là le vrai sentiment de l'auteur, et Aristote même me fournit dans sa poétique de quoi combattre son opinion, par l'idée qu'il y donne de la tragédie et des différentes parties qui n'en forment qu'un seul tout.

Qu'est-ce que la tragédie, selon ce philosophe? Semblable en ce point à tout autre genre de poésie, c'est une imitation de la nature. Mais, selon lui, on peut distinguer trois choses dans toute imitation, de quelque espèce qu'elle soit. Ce qu'on imite est la première; la seconde est la manière d'imiter; et la troisième consiste dans les secours ou dans les instrumens de l'imitation.

Ainsi, dans la peinture, ce que le peintre imite est en général tout ce qui est corporel et sensible. La manière d'imiter consiste dans l'art de former des traits et des contours sur la toile, ou sur toute autre espèce de table rase; et les instrumens ou les secours de l'imitation, sont les couleurs qu'il emploie. De même dans la tragédie, l'objet de l'imitation ou ce que le poète imite, est en général une action humaine, grave, illustre, intéressante ; la mesure et l'harmonie des vers, à quoi il faut joindre la force et la grâce de la déclamation, sont la manière d'imiter ; la décoration ou l'appareil extérieur du spectacle et la musique, lorsqu'elle y est jointe, sont les instrumens ou les secours de l'imitation. Si Aristote s'est servi heureusement de cette division pour expliquer les règles de la tragédie, elle n'est pas moins utile, soit pour faire voir qu'elle excite dans le spectateur d'autres plaisirs que celui qui naît de l'imitation, soit pour indiquer les véritables sources de ces plaisirs, que je voudrois voir rassemblées dans le discours dont il s'agit, et rendues sensibles au lecteur, par ces images, ces grâces et cette douceur de style qui sont si naturelles à l'auteur.

Je m'attache d'abord à ce que le poète imite, ou à l'objet de son imitation, qui comprend trois choses, selon Aristote, le fait ou l'événement considéré en lui-même, les mœurs ou le caractère des personnages, leurs pensées ou leurs sentimens ; et me mettant à la place du spectateur, je m'interroge moi-même sur les divers mouvemens qu'excite la représentation d'une belle tragédie.

Quel est le premier et peut-être le plus foible sentiment dont il est affecté ? C'est celui qu'Aristote attribue à l'imitation, quoiqu'il naisse beaucoup plus de l'action imitée. C'est donc le plaisir d'apprendre qui s'offre le premier. C'est la satisfaction de voir le spectacle d'un événement singulier et d'une révolution surprenante. Le simple récit d'un fait de cette nature exciteroit agréablement mon attention, la représentation l'attache encore plus. Mais quelle est la cause de ce plaisir? Vient-il seulement, comme l'auteur du discours le dit par rapport à l'imitation, de ce qu'un tel événement me présente une occasion de juger, ce que je ne fais jamais sans une secrète satisfaction? Je conviens que cette raison peut y entrer pour quelque chose; mais n'y en a-t-il pas une plus simple, et qui convient plus généralement au commun des hommes? C'est que rien ne leur est plus agréable que ce qui satisfait leur curiosité et qui fixe sans effort leur inquiétude naturelle.

Il en est à-peu-près de notre esprit comme de notre corps; Dieu a attaché un sentiment plus agréable au mouvement de l'un et de l'autre qu'à leur repos: il étoit de sa sagesse d'en user ainsi, parce que le mouvement leur est bien plus utile pour leur perfection. Notre corps tombe dans une espèce de langueur et d'abattement, nous ne le sentons presque plus, et à peine croyons-nous vivre lorsqu'il demeure trop long-temps dans une entière inaction: il en est de même à proportion pour notre ame, et encore plus que pour notre corps; elle n'est par sa nature qu'une pensée et une volonté toujours agissante; son repos n'est, à proprement parler, qu'un moindre mouvement. Notre corps peut subsister sans aucune action extérieure; mais l'action est tellement de l'essence de notre ame, qu'elle cesseroit absolument d'être si elle cessoit d'agir. Lorsqu'il n'y a point de nouvel objet qui la frappe, elle se replie, pour ainsi dire, sur elle-même; et elle se nourrit de sa propre substance. Mais comme elle n'aime pas à vivre à ses dépens, ou, pour parler sans métaphore, comme elle se lasse bientôt de la multiplicité vague et confuse de ses propres pensées qui l'épuise plutôt qu'elle ne la remplit, elle est avide de se répandre au dehors ; et l'on diroit qu'elle est toujours aux fenêtres pour y chercher un objet nouveau qui arrête et qui détermine ses regards, ou pour y trouver au moins le plaisir de ne plus se voir elle-même.

Hoc se quisque modo semper fugit.
LUCRET.

Quand le poète tragique ne feroit que nous tirer de cette situation importune, il nous plairoit toujours, parce que la cessation d'un mal est un bien ; mais il y joint un plaisir plus réel et plus positif par un objet nouveau dont le spectacle, flatteur pour notre curiosité, n'est pas moins agréable à notre paresse, parce qu'elle ne fait aucun effort pour en jouir. Il n'y a presque point de tragédie qui ne satisfasse d'abord ces différentes dispositions de notre ame ; et c'est peut-être en partie par cette raison que l'on voit plusieurs pièces de théâtre avoir un succès surprenant dans les premières représentations, tomber bientôt après, et échouer enfin dans l'opinion publique, parce que notre esprit n'étant plus soutenu par la nouveauté et la singularité de l'événement, remarque bien plus les défauts qui se trouvent, ou dans la conduite de la pièce, ou dans les mœurs, ou dans l'expression.

Après le plaisir d'apprendre et d'amuser la curiosité et l'inquiétude de notre esprit, sans alarmer sa paresse naturelle, se présente celui de sentir, ou, pour parler avec plus de précision, celui d'éprouver une émotion douce et agréable.

L'homme se plaît, il est vrai, à être occupé d'un objet qui ne lui fait acheter par aucune contention pénible l'agrément d'en jouir ; mais il aime infiniment plus ce qui excite dans son ame des passions séduisantes, dont l'impression le charme par un trouble passager qui se fait sentir sans se faire craindre. Nous voulons être parfaits, et c'est ce qui forme en nous le désir d'apprendre*, outre la satisfaction que nous trouvons à fixer par un objet nouveau l'agitation de nos pensées; mais nous désirons encore plus d'être heureux, et nous regardons le plaisir du sentiment comme ce qui nous met en possession d'une félicité présente et d'un bonheur actuel. Je pourrois m'étendre beaucoup plus sur cette matière; mais on m'accuseroit peut-être de compiler ici les écrits du P. Malebranche, que l'auteur du discours appelleroit volontiers

Crispini scrinia,
HORAT. *Sat. I.*

si j'entreprenois d'expliquer à fond toutes les raisons qui font voir que le sentiment nous affecte bien plus que la simple perception ou la seule intelligence. Les poètes, qui sont en ce point d'aussi bons métaphysiciens que le P. Malebranche, ont su nous faire trouver de la volupté jusque dans la douleur. Saint Augustin se reproche les larmes trop agréables qu'il avoit versées au théâtre, ou en lisant dans Virgile la fin tragique de Didon; et il n'y a personne qui n'ait fait l'expérience de la douceur que l'on goûte à s'attendrir sur des malheurs qu'on pleure sans y être véritablement intéressé. Il en est de même des autres passions que l'action imitée par le poète tragique réveille dans notre ame; et sans en dire davantage sur un sujet si connu, il est certain qu'une passion vive et agréable qui ne coûteroit rien à satisfaire, et qui ne seroit suivie ni d'un mal réel, ni même d'aucun trouble importun, passeroit dans l'esprit du commun des hommes, si elle pouvoit être durable, pour l'état le plus heureux de cette vie. La tragédie les met pour quelques heures dans une situation qui leur paroît si agréable; son sujet en lui-même, les mœurs ou le caractère de ceux qu'elle met sur la scène, leurs pensées, leurs sentimens, leurs expressions, tout conspire à réveiller ou à flatter les inclinations que nous avons tous pour la gloire, pour la grandeur, pour l'amour, pour la vengeance, qui sont les mobiles secrets du cœur humain; et plût à Dieu qu'ils ne le fussent que dans la tragédie! Les passions feintes que nous y voyons nous plaisent par les mêmes raisons que les passions réelles; parce qu'en effet elles en excitent de réelles dans notre âme, ou parce qu'elles nous rappellent le souvenir de celles que nous avons éprouvées. *Rapiebant me*, dit saint Augustin, *spectacula theatrica plena imaginibus miseriarum mearum* (1): ce sont ces misères même qu'on aime à y voir et à y sentir. Le jeune Racine n'a donc pas eu tort de dire dans son épître (2) à l'auteur du discours;

Le jeu des passions saisit le spectateur:
Il aime, il hait, il pleure, et lui-même est acteur.

Mais il devoit aller plus loin, et dire que non seulement les passions feintes nous plaisent dans la tragédie par celles qu'elles allument

---

(1) Aug. *Conf. lib. III, cap.* 1.

(2) Epître à M. de Valincourt, sur l'abus de la poésie, dans le recueil des poésies de M. Racine, de l'académie des belles-lettres, imprimé en 1747.

ou qu'elles réveillent en nous, mais qu'on y goûte encore la satisfaction de voir ses foiblesses justifiées, autorisées, ennoblies, soit par de grands exemples, soit par le tour ingénieux et la morale séduisante dont le poète se sert souvent pour les déguiser, pour les colorer, pour les peindre en beau, et les faire paroître au moins plus dignes de compassion que de censure. Le charme du spectacle, les actions qui y sont représentées, l'artifice de la poésie, l'enchantement des paroles par lesquelles elle flatte la corruption du cœur, étouffent peu à peu les remords de la conscience, en apaisent les scrupules, et effacent insensiblement cette pudeur importune, qui fait d'abord qu'on regarde le crime comme impossible : on en voit non seulement la possibilité, mais la facilité; on en apprend le chemin, on en étudie le langage, et sur-tout on en retient les excuses. Quelle impression ne fait pas Phèdre sur l'ame d'une jeune spectatrice, lorsqu'elle charge Vénus de toute la honte de sa passion, lorsqu'elle prend les dieux à témoin,

.... Ces dieux,
Ces dieux, qui dans son flanc
Ont allumé ce feu fatal à tout son sang;
Ces dieux, qui se sont fait une gloire cruelle
De séduire le cœur d'une foible mortelle!

Il est vrai qu'on n'accuse plus les dieux du déréglement de son cœur, et qu'on ne cherche plus à l'autoriser par son exemple, comme ceux dont S. Cyprien a dit : *Peccant exemplo deorum ;* mais on l'attribue à l'étoile, à la destinée, à la nécessité d'un penchant invincible : on retrouve ses sentimens avec plaisir dans ceux qu'on appelle des héros ; et une passion qui nous est commune avec eux, ne paroît plus une foiblesse ; on se répète en secret ce qu'Œnone dit pour apaiser le trouble de sa maîtresse : *Mortelle, subissez le sort d'une mortelle.* On s'étourdit au moins de ces pensées vagues et confuses qu'on n'approfondit jamais. On sort du théâtre rassuré contre l'horreur naturelle du crime ; et ce même plaisir y ramène souvent ceux qui l'ont une fois goûté. Ainsi, soit que le spectacle ne cause qu'un trouble et une émotion passagère qui paroît d'abord innocente, soit qu'il excite ou qu'il rappelle des passions plus durables que l'action et le langage de la tragédie autorisent et justifient, c'est sans doute dans ces deux effets que consiste principalement le grand plaisir que les hommes y prennent. Tel est le jugement qu'en ont porté tous ceux qui ont écrit contre cette espèce de divertissement. En montrant combien il est dangereux, ils ont fait voir pourquoi il est agréable, parce qu'en effet ce qui en fait le plaisir est ce qui en fait le danger, et qu'on peut dire presque toujours que la meilleure pièce en un sens est en un autre sens la plus mauvaise.

Mais ce n'est pas ici le lieu de faire la censure de la tragédie ; il s'agit de découvrir l'origine du plaisir que nous y goûtons, et non pas de réfuter ce que l'on dit pour justifier ce plaisir : je veux même essayer de me réconcilier en quelque manière avec les poètes tragiques : et pour épuiser tout ce qui regarde la satisfaction que notre ame trouve à être émue par des sentimens intéressans, je conviendrai volontiers avec eux que si la tragédie nous plaît parce qu'elle excite en nous le mouvement des passions, elle nous plaît aussi parce qu'elle y présente des images de vertu ; et je découvrirai dans cette réflexion une nouvelle source du goût que l'on a pour ce genre de poésie.

On n'a pas de peine à comprendre qu'il fasse par cet endroit une impression agréable sur des ames vertueuses ; mais pourquoi la peinture de la vertu a-t-elle des charmes pour le cœur même le plus déréglé ? C'est un problême de morale qui paroîtroit d'abord plus difficile à résoudre, si l'on n'en trouvoit le dénouement dans le caractère de la plupart des hommes, et dans la nature des vertus que l'on peint ordinairement sur le théâtre. Il y a peu de cœurs absolument mauvais, comme il y en a peu d'absolument bons : un homme qui n'auroit que des vices sans aucune trace de vertu, seroit une espèce de monstre dans la nature : un homme qui n'auroit que des vertus, sans aucune ombre de défauts, seroit un véritable prodige ; mais le monstre et le prodige sont également rares, ou plutôt on n'en trouve jamais de semblables dans le monde. On remarque dans tous les hommes un mélange de bien et de mal, une inclination naturelle pour l'ordre, une pente encore plus forte pour le désordre : ceux mêmes qui s'y laissent le plus entraîner ne le font pas toujours et à l'égard de toutes sortes d'objets : ils ont des intervalles de lumières et de raison, pendant lesquels ils ne sont pas insensibles aux attraits de la vertu. Ils condamnent volontiers les vices qu'ils n'ont pas ; ils cherchent à excuser ou à se déguiser à eux-mêmes ceux qu'ils ont, pour étouffer les reproches de cette voix intérieure qui les rappelle toujours à l'ordre ; et de là vient que le poète les flatte si agréablement, comme je le disois tout-à-l'heure, lorsque, pour parler comme Racine,

> Il prête à leurs fureurs des couleurs favorables.
>
> *Athalie.*

A ce caractère susceptible des impressions de la vertu comme de celles du vice, se joint celui des vertus que la tragédie nous présente : elles alarment si peu les passions favorites du cœur humain, qu'il croit pouvoir les concilier aisément avec ces passions. Telles sont la valeur, la générosité, la grandeur d'ame, l'amour de la patrie, la haine de la violence et de la cruauté, l'horreur de la servitude et le goût de la liberté. On est charmé de voir que l'ambition, que le désir de la vengeance, que les foiblesses de l'amour ne soient pas toujours incompatibles avec ces vertus, qui nous plaisent d'autant plus dans les héros du théâtre, que nous les y trouvons souvent jointes à nos défauts. Que si le poète ose attaquer jusqu'à ces défauts, il ne cesse pas de nous intéresser par sa censure même. Nous nous plaisons souvent à voir la peinture de notre propre foiblesse, quand elle est du nombre de celles dont les spectacles nous apprennent à ne plus rougir. Nous trouvons même un plaisir secret à en gémir, et nous sommes quelquefois les premiers à les déplorer ; notre amour-propre se flatte qu'il commence par là à s'en guérir ; et comme il n'y a personne qui ne se repente dans certains momens de la servitude des passions, le poète possède l'art d'amener, si j'ose le dire, ces momens de repentir, de nous faire sentir la pesanteur de nos chaînes, la douceur de la liberté, et de nous plaire ainsi par sa morale dans le temps même que sa morale nous condamne.

Ou s'il va encore plus loin, s'il veut nous effrayer, suivant le but et les lois de la tragédie, par une catastrophe qui nous montre sensiblement les funestes effets d'un amour criminel, ou d'une ambition démesurée, nous ne manquons guère d'attribuer le malheur du héros à son imprudence plutôt qu'à sa passion; nous nous flattons que nous serons plus sages ou plus heureux; peut-être même toutes ces pensées sont-elles souvent bien éloignées de l'esprit du spectateur. Une révolution surprenante le frappe; il se livre entièrement à l'émotion agréable qu'elle excite en lui; et il en sent tout le plaisir, sans chercher à en corrompre la douceur par des réflexions amères qui ne serviroient qu'à l'affliger. Disons enfin que si le spectacle d'une vertu éclatante plaît aux ames les moins vertueuses, c'est par ce qu'il agit sur elles par goût et par sentiment, plutôt que par voie de lumière et de raison. Il n'est point de vertus sur le théâtre qui ne soient animées et soutenues par quelque passion; elles en empruntent le dehors, et pour ainsi dire, le masque, afin de frapper plus fortement notre esprit. Tantôt c'est le desir de surpasser ses rivaux et de vaincre ses ennemis; tantôt, et presque toujours, c'est la soif de la grandeur ou l'amour de la gloire qui lui prête le sien : ainsi, soit par son éclat naturel, soit par tout ce qui l'accompagne, l'image de la vertu affecte toujours l'ame du spectateur. Ce n'est plus la vertu seule, c'est un mélange de vertu et de passion qui l'émeut et qui le touche. C'est par là que la tragédie suspend l'impression du vice qui le domine; elle en interrompt le cours par un mouvement contraire ; il s'anime à la vue de la gloire qui environne les héros ; il aime à se laisser enflammer d'une noble émulation ; il s'applaudit en secret de ce sentiment, dont le cœur le plus corrompu est toujours agréablement flatté ; et peu s'en faut qu'il ne se croie vertueux parce qu'il admire la vertu.

C'est ainsi que le poète, maître de tous les ressorts du cœur humain, ne réussit dans son art que parce qu'il sait, comme Despréaux l'a dit de Racine,

> Emouvoir, étonner, ravir un spectateur.
>
> DESPRÉAUX. *Epît. VII.*

soit par les passions, soit par ce qui devroit les corriger, et qu'il trouve le moyen de nous faire jouir, dans la même pièce, des plaisirs du vice et de ceux de la vertu.

Mais pour suivre ici le progrès de nos pensées, et chercher toujours la raison de la raison même, d'où vient que nous prenons tant de plaisir à admirer, nous qui en trouvons un si grand à mépriser ? C'est que l'homme réunit en soi des goûts qui paroissent opposés l'un à l'autre, mais qui ne le sont point en effet, parce qu'ils partent du même fonds d'amour-propre, et que, par des routes différentes, ils tendent également à la même fin, c'est-à-dire, à satisfaire sa vanité.

La comédie nous fait passer agréablement notre temps, lorsqu'elle peint de telle manière les mœurs vicieuses de notre siècle, qu'elle nous les rend méprisables ; le spectateur qui se reconnoît rarement dans les portraits qu'il y voit, s'élève dans son esprit au-dessus de tous ceux qu'il croit que le poète a voulu peindre, et il jouit du plaisir de leur appliquer ce qu'ils lui appliquent peut-être à leur tour. Ainsi, comme Despréaux l'a dit dans son art poétique,

Chacun, peint avec art dans ce nouveau miroir,
S'y voit avec plaisir, ou croit ne s'y point voir.
L'avare des premiers rit du tableau fidèle
D'un avare souvent tracé sur son modèle;
Et mille fois un fat finement exprimé,
Méconnoît le portrait sur lui-même formé.

La tragédie prend une autre route pour flatter notre amour-propre, et elle n'y réussit pas moins par l'admiration que la comédie par le mépris. Elle réveille en nous ces sentimens nobles et généreux qui sont comme endormis au fond de notre ame. Nous croyons les reconnoître dans le héros que le poète fait parler; nous nous approprions leurs pensées, ou nous nous imaginons qu'ils empruntent ou qu'ils expriment les nôtres; et ces deux différens tours de notre amour-propre réussissent également. Ainsi, par des effets contraires, mais qui naissent de la même cause, la comédie nous inspire l'estime de nous-mêmes par le mépris des défauts dont nous croyons être exempts; la tragédie ne nous l'inspire pas moins par l'admiration des vertus que nous nous flattons de posséder, ou dont nous trouvons au moins les semences dans notre ame.

Indépendamment de ce retour sur nous-mêmes, tout ce qui est grand et sublime, tout ce qui s'élève au-dessus des sentimens et des actions du commun des hommes, fait sur nous une impression aussi forte qu'agréable. Soit que nous nous flattions de croître en quelque manière avec les objets qui occupent notre attention, ce qui fait que l'on aime à vivre avec les grands, et qu'un savant mesure l'étendue de son esprit par la multitude des faits dont il a chargé sa mémoire ; soit que notre ame, née pour connoître et pour posséder l'infini, se plaise à trouver toujours quelque chose de plus grand que les objets qui la frappent ordinairement, comme si par là elle faisoit un pas vers cette immensité de connoissance et cette plénitude de sentiment qui est le terme de ses désirs, il est au moins certain que toute admiration dont nous sommes saisis nous intéresse par quelque endroit, puisqu'elle nous fait un si grand plaisir, et qu'il n'y en a guère qui nous touche davantage que celui de nous sentir enlevés et comme transportés hors de nous-mêmes, soit par un discours sublime, soit par le spectacle d'une action qui nous paroît être au-dessus de l'humanité.

Je vais encore plus loin, et il me semble que dans ce plaisir, je reconnois la main et la bonté du créateur, qui a voulu que tout ce qui est parfait, ou qui approche de la perfection, répandît dans notre ame une satisfaction sensible pour nous en inspirer le respect, la vénération, l'amour, et afin, si j'ose hasarder ici cette pensée, que nous puissions connoître la vertu par un sentiment d'admiration, comme nous découvrons la vérité par ce repos d'esprit qui accompagne l'évidence. Tacite (1) observe que chez les anciens Germains c'étoit le seul mérite qui faisoit les chefs, *Duces ex virtute*, et qu'on leur obéissoit par admiration, *admiratione præsunt.* C'est ainsi que, suivant l'institution de l'auteur de la nature, la vertu devoit régner sur le cœur de l'homme par l'admiration ;

---

(1) *De moribus Germanorum*.

et elle y régneroit encore, si les passions ne lui en disputoient l'empire par une autre espèce de plaisir. Mais malgré leur révolte, la vertu nous excite toujours à l'admirer dans le temps même que nous lui résistons. Nous le faisons encore plus lorsqu'elle ne trouble point véritablement nos passions; et comme c'est presque toujours avec cette précaution que le poète nous la montre sur le théâtre, il n'est pas surprenant qu'elle nous fasse éprouver alors ces mouvemens naturels d'estime et d'admiration que des sentimens héroïques et des actions magnanimes font naître dans notre ame. C'est le genre du plaisir qui domine le plus dans les pièces de Corneille; et c'est par cet endroit qu'il a l'avantage sur Racine, son rival, qui lui est supérieur presque dans tous le reste. Despréaux (1) ne se trompe donc pas lorsqu'il lui donne *la gloire d'avoir inventé un genre de tragédie inconnu à Aristote*, *où*, *sans s'attacher uniquement comme les poètes de l'ancienne tragédie*, *à émouvoir la pitié et la terreur*, *il ne pense qu'à exciter dans l'ame des spectateurs*, *par la sublimité des pensées*, *et par la beauté des sentimens*, *une certaine admiration dont plusieurs personnes s'accommodent souvent beaucoup mieux que des véritables passions tragiques.*

Mais le désir d'apprendre et d'occuper notre esprit, dont le poète charme l'inquiétude par la vue d'un événement singulier et merveilleux; les passions déréglées que leur image fait naître ou rappelle dans notre ame; les impressions que le spectacle de la vertu excite dans tous les cœurs, et l'admiration qui en est

---

(1) Lettre à M. Perrault.

une suite naturelle, ne sont pas les seules raisons qui attachent à la tragédie. J'y découvre encore une nouvelle source d'un plaisir plus fin et plus spirituel, qui n'est bien connu que des spectateurs capables de réflexion, mais qui ne laisse pas de se faire sentir à ceux mêmes qui réfléchissent le moins, et qui les affectent toujours, quoiqu'ils n'en sachent peut-être pas la cause; je veux parler ici de ce qu'on appelle dans la peinture l'effet du *tout-ensemble*, ou de la composition et de l'ordonnance du tableau. J'entends par ces termes appliqués à la tragédie, cet art du poète tragique, par lequel il construit si habilement toutes les parties de son poème, qu'elles se tiennent comme par la main, et que les divers événemens qu'il y fait entrer conspirent l'un avec l'autre, et tendent tous à la même fin. J'entends encore ce tissu ingénieux qui forme si adroitement le nœud de la pièce, que le spectateur cherche avec inquiétude comment le poète pourra le dénouer, et qui le dénoue ensuite si heureusement et d'une manière si convenable au reste de la tragédie, que le dénouement paroît sortir du nœud même, sans que le poète ait été obligé de l'aller chercher bien loin, d'emprunter des secours étrangers pour sortir de l'embarras où il s'est mis, et de faire en quelque sorte une seconde pièce pour finir la première, comme il est arrivé à Corneille même dans les Horaces. J'entends enfin par le mérite et l'artifice du *tout-ensemble*, ce contraste et en même temps cet assortiment dans les différens caractères; cette uniformité et cette stabilité dans celui de chaque personnage qui nous donnent à peu-près le même plaisir dans la tragédie, que la variété des ordres et des ornemens qui entre dans la structure d'un bel édifice, et la perfection égale de chacune des parties semblables, produisent dans l'architecture.

Il résulte d'une pièce si bien ordonnée une impression totale qui charme notre esprit par la satisfaction dont il jouit lorsqu'il compare les différentes parties d'un ouvrage, ou les unes avec les autres, ou avec le corps qu'elles composent : lorsque frappé de la justesse de leurs rapports, il goûte le plaisir de voir que chaque chose étant à sa place, elle fait en elle-même et dans le tout qui en résulte, le véritable effet qu'on doit en attendre ; et comme cette espèce de plaisir vient du goût que nous avons naturellement pour les objets qui se présentent à nos yeux ou à notre esprit avec ces proportions exactes et cette juste disposition, l'on peut appeler la satisfaction que nous en ressentons, le plaisir de l'ordre et de l'harmonie. Mais pourquoi y trouvons-nous tant de charmes ?

C'est premièrement parce que la beauté et la régularité de l'ordonnance nous offrent une image plus claire et plus distincte, qui frappe aussi plus vivement notre attention, et qui l'attache bien plus constamment : c'est encore parce que cette image étant plus lumineuse, elle est aussi plus facile à saisir et à embrasser toute entière, ce qui plaît infiniment à notre esprit, aussi ennemi du travail qu'avide de connoissances ; de là vient que ceux qui sont le moins instruits des règles de l'art, goûtent le plaisir qui est attaché à l'observation de ces règles mêmes qu'ils ignorent. Leur imagination coule agréablement sur un objet qui ne l'arrête en aucun endroit, qui se développe insensiblement devant elle sans embarras, sans confusion, sans obscurité, et dont toutes les parties se succèdent l'une à l'autre avec une liaison si vraisemblable, qu'on diroit que c'est la nature plutôt que l'art qui en a formé l'enchaînement.

C'est enfin, parce que rien ne nous charme davantage dans tout genre de plaisir, qu'un mélange et une combinaison parfaite de la variété avec l'unité; une trop grande diversité d'objets nous fatigue, une trop grande uniformité nous ennuie. La beauté de l'ordre et des proportions nous enchante, parce qu'en amusant et en occupant notre esprit par la diversité des objets qu'elle nous présente, elle ménage ses forces en même temps par l'art avec lequel elle les rapporte tous au même but, et réduit ainsi la variété à l'unité.

Outre cet avantage, qui est commun à la tragédie avec tous les ouvrages bien ordonnés, il y en a un qui lui est propre, ou qu'elle ne partage presque qu'avec la comédie et le poème épique; c'est de préparer au spectateur le plaisir de la surprise, en disposant de telle manière la suite des événemens, qu'il en naisse un étonnement et une espèce d'admiration différente de celle dont j'ai déjà parlé, parce que c'est une grande révolution qui le produit plutôt qu'une grande vertu, quoiqu'il arrive souvent que l'une et l'autre se réunissent et fassent par leur concours une double impression sur notre esprit.

Cette réflexion est une nouvelle preuve de ce que je disois il n'y a pas long-temps, que l'homme a souvent des goûts contraires qui ont chacun leur genre de volupté, et que l'adresse du poète consiste à les satisfaire tous également. Nous aimons à prévoir les événemens qui doivent arriver, par le desir que nous avons de tout connoître et de satisfaire la curiosité de notre esprit. Nous aimons aussi à être surpris par un événement imprévu, lorsqu'il n'a rien qui nous afflige ou qui nous menace personnellement; et cette inclination est l'effet du goût que nous avons pour tout ce qui est nouveau; non-seulement notre ame se plaît à être attentive, mais elle aime le changement dans les objets de son attention; la variété la délasse. Un objet nouveau trouve aussi une application toute neuve pour le recevoir à-peu-près comme le changement de mets réveille en nous un nouvel appétit. Que si l'objet n'est pas seulement nouveau, mais surprenant et extraordinaire, nous le dévorons avidement comme un bien qui nous paroît d'autant plus grand, qu'il étoit plus inespéré. Il finit d'ailleurs ce trouble, cette agitation, cette anxiété, qui cause une douce torture à notre imagination, par le nœud et l'intrigue de la pièce; c'est une espèce de délivrance qui succède heureusement aux douleurs de ce travail, et, si j'ose le dire, de cet enfantement d'esprit. Dirai-je enfin, qu'il y a je ne sais quoi dans l'extraordinaire et dans le merveilleux, qui nous paroît étendre les bornes de notre intelligence, en lui découvrant ce qu'elle auroit cru impossible, si l'événement ne lui en montroit la réalité? Mais je ne pourrois presque que répéter sur ce point ce que j'ai dit plus haut sur l'effet de l'admiration, en parlant de celle qui est excitée par l'image des vertus. Quoi qu'il en soit, le poète dont toute la force consiste à bien connoître toute notre foiblesse, profite heureusement de ces dispositions pour mieux assaisonner le plaisir de la surprise, et faire en sorte que le commencement et le nœud de la tragédie servent comme d'ombre et de contraste à l'événement imprévu par lequel il doit achever de nous charmer ; mais il n'oublie pas que si nous aimons la surprise, nous méprisons celle dont on veut nous frapper en violant toutes les règles de la vraisemblance : il évite donc de mettre le spectateur eu droit de lui dire :

Quodcumque ostendis mihi sic, incredulus audi.
HORAT. *De Art. poet.*

Il ne change point Progné en hirondelle ni Cadmus en serpent, c'est-à-dire, qu'il n'invente point un dénouement fabuleux, et qui, suivant l'expression de Plutarque, *franchisse trop audacieusement les bornes du vraisemblable* (1). Il sait concilier le goût que les hommes ont pour l'apparence même de la vérité avec le plaisir que la surprise leur cause, et il tempère avec tant d'art le mélange de ces deux sortes de satisfactions, qu'en trompant leur attente, il ne révolte point leur raison ; la révolution de la fortune de ses héros n'est ni lente ni précipitée, et le passage de l'une à l'autre situation étant surprenant sans être incroyable, il fait sur nous une impression si vive par l'opposition de ces deux états, que nous croyons presque éprouver dans nous-mêmes une révolution semblable à celle que le poète nous présente.

Enfin, le dernier effet de ce que j'ai appelé la beauté du *tout-ensemble*, ou de l'ordre et de la conduite qui règnent dans une tragédie, est qu'elle nous met beaucoup plus en état d'y apercevoir et d'en recueillir l'instruction morale, qui, selon la remarque de plusieurs auteurs,

(1) *De Audiend. Poet.*

doit être comme le fruit et la conclusion de cette espèce d'ouvrage.

Les anciens philosophes, peut-être plus sévères que les nouveaux casuites, nous ont appris que la tragédie, aussi-bien que le poème épique, ne devoit chercher à plaire que pour instruire : ils ont cru que l'une et l'autre n'étoient véritablement qu'une fable, plus noble, à la vérité, plus étendue, plus ornée que celles d'Esope, mais du même genre et qui avoit le même but, c'est-à-dire, d'employer le secours et l'agrément de la fiction, pour faire entrer plus aisément dans l'esprit, et pénétrer plus avant dans le cœur une vérité morale qui en est l'ame, et qui doit en animer tout le corps.

Si le poète tragique entre bien dans l'esprit de son art, il faut que toute la conduite, toute l'économie de sa pièce tendent uniquement à établir, à développer, à mettre dans tout son jour le point de morale qui doit en être le véritable sujet, et qu'on donnant par-là le plaisir de l'unité, il fasse goûter encore plus celui de la vérité, dont sa tragédie doit être une preuve vivante, qui la démontre par les événemens, et par cette espèce d'expérience que le spectateur fait, suivant le proverbe espagnol, *sur la tête d'autrui ;* par là le poème tragique renfermeroit une espèce de philosophie, si les poètes pouvoient être vraiment philosophes. Peindre les vices pour nous en montrer le péril, et nous en faire craindre les suites malheureuses, émouvoir notre ame pour l'affermir, et comme pour l'endurcir par cette émotion même, en lui donnant une trempe plus forte et plus vigoureuse, c'est le moyen de rendre la poésie utile. Un poète vertueux ne prend la route des sens que pour aller à la raison ; et c'est par là, selon Horace, qu'il atteint à la perfection de son art.

Omne tulit punctum, qui miscuit utile dulci,
Lectorem delectando, pariterque monendo.
HORAT. *De Art. poet.*

Un poème où ces deux caractères se trouvent dans un égal degré charme aussi également toutes nos facultés. Il rassasie notre esprit en lui faisant goûter en même temps le plaisir de la variété, de l'unité et de la vérité. Il touche encore plus notre cœur par la beauté d'une morale qu'il rend sensible. Notre imagination n'est pas moins satisfaite d'entendre parler sa langue, non pour la séduire, mais pour la rendre plus attentive et plus docile à la raison. Rien ne manque donc plus à la véritable gloire du poète, parce que joignant toujours ce qui plaît à ce qui touche, et ce qui touche à ce qui instruit, il rassemble et il réunit tout ce qui peut faire sur nous une impression aussi agréable qu'intéressante, et aussi intéressante que solide (1).

Jusqu'ici je n'ai encore parlé que du premier et du principal membre de la division d'Aristote, je veux dire de ce que le poète imite, ou de l'objet de son imitation, et j'ai tâché d'y découvrir les véritables causes de l'impression que fait la tragédie : j'y ai mêlé avec la fable ou

(1) M. le chancelier d'Aguesseau excitoit ceux qui avoient le talent de la poésie à en faire cet usage, et s'occupoit avec plaisir à revoir leurs ouvrages. Ce fut à Fresnes que M. Racine mit la dernière main au poème de la Grâce. M. le cardinal de Polignac lui communiqua son beau poème de l'Anti-Lucrèce, et le retoucha après ses observations.

l'action imitée, ce qui regarde les mœurs ou les caractères, les pensées ou les sentimens, qui, selon le même philosophe, sont les deux dernières choses que le poète doit imiter.

Il me reste maintenant à toucher beaucoup plus légèrement les deux derniers points qu'Aristote distingue dans l'imitation du poète tragique comme dans toute autre imitation; l'un est la manière d'imiter, l'autre consiste dans les secours ou dans les instrumens de l'imitation; et il me suffiroit presque d'observer ici ee général, que ce qui plaît dans ces deux derniers points, nous émeut par les mêmes raisons que j'ai expliquées peut-être avec trop d'étendue sur le premier.

Les paroles sont les couleurs, ou, si l'on veut, le pinceau du poète; c'est par elles qu'il imite, et qu'il peint dans notre ame tout ce qu'il entreprend de représenter; mais, 1.° ce sont des paroles harmonieuses dont la mesure uniforme ou variée, mais toujours assujettie à certaines règles, forme ce qu'on appelle des vers. C'est une espèce de musique qui plaît naturellement à notre ame par les sons et par leurs rapports, mais qui lui plaît encore, parce qu'elle forme une espèce de langue différente qui réveille bien plus notre attention que celle qui nous est plus familière. Quoique parmi nous la langue poétique ne soit pas aussi éloignée du langage ordinaire qu'elle l'étoit chez les Grecs, et que leurs poètes aient eu par là un grand avantage sur les nôtres, il reste néanmoins assez de différence, même dans notre langue, entre le style de la poésie et celui de la prose, pour nous faire goûter le plaisir d'entendre un langage plus noble que celui qui nous est ordinaire.

2.°

2.° Ce n'est pas seulement par les nombres et par la cadence que les vers peuvent être regardés comme une espèce de langue à part, qui nous attache beaucoup plus que la prose. C'est encore plus par la noblesse des pensées, par la hardiesse de l'expression, par la vivacité des images, par la variété des figures, et par la liberté des mouvemens, que la poésie s'élève au dessus du langage vulgaire, et qu'elle fait sur nous des impressions si sensibles. Je n'ai pas besoin d'en expliquer ici la raison : je l'ai marquée par avance, lorsque j'ai parlé en général du plaisir que notre imagination trouve à être remuée et à éprouver une agitation douce et agréable. L'application s'en fait d'elle-même au style poétique ; il nous plaît jusque dans la prose, lorsqu'elle peut oser s'en permettre l'usage ; et le public en a fait l'expérience dans Télémaque, dont la lecture a su l'intéresser pour le moins autant que celle de l'Odyssée, malgré le grand avantage que les charmes du nombre et de la mesure donnoient au poète grec sur l'auteur français.

3.° Enfin les expressions qui frappent dans la tragédie ne sont point des paroles froides, inanimées, et pour ainsi dire, des paroles mortes, qu'on n'apprenne que par le récit du poète, comme dans le poème épique ; ce sont, pour suivre la même image, des paroles sensibles, animées, des paroles vivantes. Ce n'est pas Corneille que nous entendons, c'est Cinna, c'est Emilie, c'est Maxime, c'est Auguste ; et de là vient que ce genre d'imitation a un si grand avantage sur celle qui se fait dans l'épopée. Il joint la lumière et les couleurs de la peinture à la vérité et au relief de la sculpture ; il y ajoute le mouvement et la vie qui manquent à l'une et à l'autre. Oubliez pour un moment que les acteurs ne sont pas ceux qu'ils représentent, l'imitation deviendra la nature même; vous sentirez la même émotion que si vous entendiez parler ceux qui ont eu part à l'action représentée, et les expressions qui paroissent sortir de leurs bouches mêmes ne portent que trop réellement dans le cœur des spectateurs leurs différentes passions.

Jugeons par ce qui se passe dans le poète lui-même, de l'effet que ses vers font sur nous par le ton sur lequel la poésie monte et élève notre ame.

Qu'est-ce qu'un poète, selon Horace ?

Ingenium cui sit, cui mens divinior, atque os
Magna sonaturum, des nominis hujus honorem.
HORAT. *Lib. I, sat. IV.*

Aussi les premiers poètes ont-ils passé pour des hommes inspirés : leur enthousiasme a paru avoir quelque chose de plus qu'humain, et leur langue a été appelée la langue des dieux. On permet à Claudien même de dire :

Gressus removete profani:
Jam furor humanos nostro de pectore sensus
Expulit, et totum spirant præcordia Phœbum.
CLAUD. *De Rapt. Proserp. lib. I.*

On diroit que le poète nous crie à haute voix comme la Sibylle de l'Enéïde :

Deus, ecce Deus.
VIRG. *Æneid. lib. VI.*

Et l'on applique volontiers à Virgile ce qu'il dit de sa prêtresse :

Majorque videtur
Nec mortale sonans, afflatur numine quando
Jam propiore Dei.....

Mais la fureur des poètes est une passion contagieuse. Elle se communique, elle pénètre dans l'ame du spectateur, qui devient presque comme ces peuples que le son de certains instrumens fait danser malgré eux ; pour peu qu'il ait l'ame facile à émouvoir, il entre dans l'enthousiasme, et il éprouve en lui les mêmes mouvemens qui ont agité le poète dans la chaleur de la composition. Il sent dans son ame je ne sais quoi de plus noble, de plus sublime ; il croit être transporté dans une région supérieure :

Sub pedibusque videt nubes et sidera.

VIRG. *Eclog. V.*

Il conçoit une plus haute idée de ses forces : il se flatte de penser avec plus d'élévation, et c'est là sans doute une des plus grandes causes de cette espèce d'enchantement qui est attaché à la poésie sublime et héroïque.

La déclamation, le geste, le mouvement des acteurs, augmentent cet enchantement, surtout quand ils sont soutenus de ce qu'Aristote appelle les secours ou les instrumens de l'imitation, et dont il fait la troisième partie de sa division générale ; je veux parler ici de la musique et de la décoration, qui tendent à la même fin que tout le reste, et qui y tendent presque par les mêmes impressions.

La musique excite et attache notre attention, comme la poésie, par une espèce de langue qui lui est particulière, et qui ne nous parle que par les rapports des sons : elle nous affecte encore plus que la poésie, même par la douceur du nombre et de l'harmonie, qui n'a tant de charmes pour nous, que parce qu'en ébranlant avec une justesse et une convenance parfaite les cordes de cet instrument naturel qui y répond dans nos oreilles, elle cause dans notre ame une émotion aussi douce qu'agréable : elle frappe, pour ainsi dire, les ressorts de toutes les passions par des accords qui les excitent ou les rappellent : elle les justifie aussi en un sens et les autorise comme la poésie dramatique, par la douceur qui est attachée aux dispositions qu'elle inspire dans l'ame, qui en s'y livrant a de la peine à croire que ce qui lui paroît si innocent et qui est si agréable, puisse jamais lui être funeste, ni qu'un plaisir dont elle fait son bonheur actuel soit capable de la rendre moins parfaite. La musique exprime même la majesté de la vertu, et semble lui prêter des grâces et des charmes ; et c'étoit la première destination du chant et de la symphonie. Elle présente aussi à notre esprit ce mélange, cette combinaison bien proportionnée de variété et d'unité qui domine dans tous les ouvrages dont il est justement touché ; elle le remplit d'admiration par des sons dont le rapport, et encore plus le contraste, nous surprend et nous ravit par le changement soudain qu'il produit dans notre ame. Elle a donc son sublime comme la poésie, et elle transporte l'auditeur comme dans un séjour enchanté, où il éprouve une espèce d'ivresse qui absorbe toute autre pensée. Elle excite, elle soutient ou elle anime les passions qui affectent l'ame dans la tragédie, et elle y mêle une grande diversité qui sert à délasser et à renouveler l'attention. On en a vu l'effet dans les représentations d'Esther et d'Athalie (1), qui ont fait sentir combien ce mélange de vers

(1) M. Racine a mis dans ces deux pièces des chœurs à l'imitation des anciens. Il les composa pour être représentées dans la maison de Saint-Cyr, depuis la réso-

et de musique donnoit d'avantage aux tragédies grecques et latines sur les nôtres.

La décoration est trop peu de chose par rapport à tout le reste pour mériter que je m'arrête à observer que par son rapport et sa convenance avec l'action représentée, elle rend la représentation plus vive et plus animée, qu'elle en lie et en unit toutes les parties, et qu'elle y ajoute un nouvel ornement.

Tout ce que je viens de distinguer, soit dans les parties principales de la tragédie, soit dans celles qui appartiennent plus à l'ornement qu'à l'essence de cette espèce de poëme, fait connoître les premières causes de l'impression qu'elle produit sur les spectateurs, en réveillant, en fortifiant, en autorisant leurs passions.

Après cela, je consens très-volontiers que l'on y ajoute encore un plaisir d'un autre genre, qui est indépendant de la représentation, et de la vue d'un spectacle : c'est celui que notre ame, qui désire toujours la perfection, trouve naturellement à juger et à connoître les rapports des objets qui lui sont présentés ; et en effet, ce plaisir dont je parlerai bientôt plus à fond, doit être gardé pour le dernier, parce qu'il se mêle et qu'il influe dans tous les autres, et qu'il se fait sentir également par rapport à tous les ouvrages de l'art.

Aristote a donc eu raison de dire que la tra-

---

lution qu'il avoit prise de ne plus travailler pour le théâtre. Le privilége pour l'impression d'Esther fut accordé en 1689 aux dames de Saint-Cyr, avec défenses à tous acteurs de la représenter, l'auteur ayant supplié le roi d'y insérer cette condition, *parce qu'il falloit des personnes innocentes pour chanter les malheurs de Sion*, comme dit Madame de Sévigné, *lettre* 533. (*Mém. sur la vie de J. Racine, par L. Racine*, p. 220.)

gédie, comme tout autre poème, est une peinture. Il ne s'est pas trompé non plus lorsqu'il a remarqué que l'homme se plaît naturellement à l'imitation, soit qu'il imite lui-même, soit qu'il ne fasse que sentir l'effet de l'imitation faite par un autre. Mais Aristote resserre les charmes de la poésie dans des bornes trop étroites quand il les fait consister dans le seul plaisir que l'imitation cause à notre esprit.

Je viens d'en indiquer un grand nombre d'une autre espèce, et j'y en ajouterois peut-être de nouveaux, si la matière méritoit d'être encore plus approfondie, et si je n'avois à me reprocher de m'en être déjà trop occupé.

En vain Aristote, ou ses partisans, voudroient-ils répondre que c'est par l'imitation même que le poète tragique prépare ces différens genres de plaisir. Il est vrai que tout l'art et toute la perfection de la tragédie consistent en un sens dans une imitation savante et fidèle, en sorte que le poète qui imite le mieux est aussi celui qui nous plaît davantage. Mais autre chose est le plaisir qui résulte de cette justesse d'imitation considérée comme telle, et en tant que c'est une imitation dont nous comparons le rapport avec son original; autre chose est l'impression agréable que fait sur nous l'action ou l'événement que le poète imite. L'un est le plaisir que l'art, envisagé comme art, excite dans notre esprit; l'autre est le plaisir qui naît des choses mêmes que l'art met devant nos yeux.

Qu'il me soit permis, pour en faire mieux sentir la différence, de comparer l'impression que fait sur moi un tableau de Téniers qui me représente un cabaret ou une noce de village, avec celle dont je suis frappé à la vue d'un tableau de Raphaël, tel que celui de la sainte Famille, ou du saint Michel que l'on voit à Versailles. L'art est égal dans les deux peintres; l'imitation est parfaite de part et d'autre : le peintre flamand auroit peut-être même quelque avantage par cet endroit sur le romain ; sa peinture a je ne sais quoi de plus vrai, son imitation est plus naïve ; on la prendroit presque pour la nature même : ainsi, du côté du plaisir que j'ai appelé le plaisir de l'art, je suis également satisfait de l'une et de l'autre peinture. Mais quelle disproportion entre les sentimens dont je suis affecté par les différens objets qu'ils imitent tous deux avec la même perfection! L'un me plaît par la grâce, la naïveté que j'y observe : l'autre fait sur moi une impression plus sérieuse, plus forte, plus profonde par la grandeur, la noblesse, le sentiment que le peintre a su jeter dans les caractères qu'il a voulu exprimer. Je sens naître dans mon cœur des mouvemens de respect et d'admiration; ce n'est plus seulement l'art qui me frappe, c'est l'objet même que l'art me présente. Telle est la différence d'une belle tragédie et de la farce la plus amusante : celle-ci peut être aussi parfaite en son genre que la tragédie dans le sien : le mérite de l'imitation leur est commun, et le plaisir doit être égal à cet égard. Mais l'une l'emporte sur l'autre (et il me suffit même qu'elle en différe) par le mérite ou par la nature de la chose imitée. Que fait donc l'imitation dans la poésie comme dans la peinture? Je comparerois volontiers cette espèce de prestige que l'une et l'autre exercent sur nous, à l'artifice des lunettes d'approche, qui efface la distance des objets, et qui me met en état d'en recevoir une impression si vive et si distincte, que comme c'est par cette distinction et cette vivacité que je juge de leur proximité, je crois voir la lune au bout du télescope au travers duquel je l'aperçois; il ne fait que la placer à la portée de mes yeux, et après cela c'est la lune même que j'observe, c'est sa lumière qui agit sur moi, et quelquefois si fortement, que j'en suis ébloui. Il en est de même lorsque la lunette appelle, pour ainsi dire, la façade d'un palais éloigné, et l'oblige à se présenter devant moi. Elle a fait par là tout ce qui est de son ressort, et c'est alors la beauté de l'objet, la régularité, les proportions, et les ornemens de l'architecture, qui causent par eux-mêmes l'impression du plaisir que je sens. Tel est à-peu-près ce que j'ai nommé le prestige de l'imitation du peintre ou du poète : il rapproche l'objet; il le met tout entier, et tel qu'il est, sous mes yeux. C'est à quoi se termine toute l'industrie de l'imitateur; mais lorsqu'il a une fois achevé son ouvrage, ce n'est plus lui à proprement parler, qui agit sur mon ame, c'est le sujet même, c'est l'union et le concours de toutes les parties de l'événement, qui excitent en moi cette agitation et cette espèce de chaleur que j'éprouve. Ainsi, pour me servir encore d'une comparaison semblable, un miroir ardent ne sert qu'à réunir, comme dans un point, plusieurs rayons de lumière, et ce sont ensuite ces rayons, qui par leur propre chaleur allument et embrasent tout ce que l'on place dans leur foyer.

Jugeons enfin, pour achever d'approfondir cette pensée, jugeons de l'art par la nature, et de la fiction par la vérité. Une action telle que celle qui fait le sujet de la tragédie de Cinna, se passe réellement devant mes yeux; j'entends les conversations de Cinna et d'Emilie ; je vois leur entreprise sur le point d'éclater : j'assiste à la délibération d'Auguste sur l'abdication de l'empire et le rétablissement de la république ; je suis témoin de la trahison de Maxime : la conjuration est découverte ; Auguste se trouble, Livie le rassure, et lui donne un conseil généreux. Il accable Cinna de reproches trop mérités : il lui fait grâce ensuite par une grandeur d'ame et une clémence inouies. Je suis présent à tout, sans intérêt personnel, et sans avoir rien à craindre ni à désirer pour moi-même. Certainement si cette supposition étoit une vérité, ce ne seroit pas alors le plaisir de l'imitation ou des rapports aperçus entre l'original et la copie qui se feroit sentir à mon ame, puisque l'action même se passeroit en ma présence ; mais je serois agité de tous les mouvemens que la curiosité naturelle, que l'attente inquiète de l'événement, que la grandeur des caractères, la sublimité ou la violence des sentimens peuvent exciter dans mon cœur. Or ne sont-ce pas là les mêmes impressions que la représentation de Cinna fait sur les spectateurs, et qu'elle a fait encore plus lorsqu'elle a paru pour la première fois ? C'est donc dans la beauté du sujet même et de toutes ses circonstances, c'est dans la grandeur singulière de l'événement, dans les caractères des héros de la pièce, dans leurs sentimens, dans leurs expressions, en un mot, dans ce que le poète imite, qu'il faut chercher la principale source du plaisir qu'il fait goûter. Si ce plaisir diffère beaucoup de celui que causeroit un grand événement dont nous serions témoins, c'est parce que la vérité nous frappe toujours plus que la plus parfaite peinture. Elle excite en nous des sentimens plus vrais, des passions plus originales, au lieu que celles qui naissent de l'imitation tiennent toujours quelque chose de la copie; et que, pour se servir ici d'un terme de Cicéron, elles sont, *non expressa quidem, sed adumbrata signa affectuum* (1). Mais le genre de l'impression est le même, si le degré en est différent; et cette impression est un effet absolu que la chose même produit, et non pas seulement un plaisir de comparaison, qui ne naisse que d'un rapport de conformité entre la représentation et l'objet représenté.

J'ajoute encore que le plus grand mérite et le plus haut degré de l'imitation, quand elle est parfaite, est de se cacher elle-même, et de rendre l'illusion si forte et si dominante, que l'esprit tout occupé de l'objet imité n'ait pas le loisir de penser à l'art de l'imitation. La poésie n'est, à la vérité, qu'une peinture; mais cette peinture est bien froide, lorsqu'au premier moment qu'elle frappe notre vue, elle nous laisse assez de sang froid pour faire des comparaisons; et pour bien juger de la fidélité du pinceau, il faut qu'elle nous transporte dans le temps et dans le lieu où l'action s'est passée véritablement, que l'on croie la voir de ses yeux, l'entendre de ses oreilles; et il ne faut pas croire que notre ame refuse de se prêter à cette espèce d'enchantement; elle s'y livre au contraire avec d'autant plus de plaisir que l'illusion de la poésie est plus parfaite. Elle réalise sans effort tout ce qui peut flatter ses passions en les remuant agréablement. Corneille vouloit que l'on eût l'indulgence pour les poètes

(1) *Pro M. Cœl.* n. 5.

tragiques, d'admettre un lieu théâtral, où, sans blesser la règle de l'unité, on voulût bien supposer que tous les événemens de la pièce auroient pu se passer avec vraisemblance; mais si son idée a quelque chose de bizarre, il ne l'est point de penser que la plupart des hommes ont une imagination disposée à recevoir toutes les fictions et les suppositions du poète, où chacune se place, et où l'apparence fait presque la même impression que la vérité. On les écoute dans la résolution de s'y laisser tromper, et c'est parce qu'on s'y trompe en effet, et qu'on prend la copie pour l'original, que des malheurs feints excitent une compassion presque réelle, et que l'image de la douleur y fait couler des larmes passagères, mais, en un sens, véritables. Le commun des hommes aime mieux se laisser agiter, échauffer, attendrir, que d'examiner s'il a raison d'être touché; et si le poète a su imiter parfaitement les actions, les sentimens, les pensées de ceux qu'il met sur la scène, les spectateurs *se reposent sur lui* (comme Racine (1) l'a fort bien dit) *du soin d'éclaircir les difficultés de la poétique d'Aristote : ils se réservent le plaisir de pleurer et d'être attendris.* Juger de l'exacte observation des règles de l'art, c'est le plaisir du philosophe et du connoisseur, mais ce n'est pas celui du plus grand nombre des hommes : le philosophe et le connoisseur même, s'ils ont l'ame sensible, ne le goûtent que par réflexion, et leur plaisir direct est le même que celui du peuple, je veux dire, le plaisir qui naît des mouvemens excités dans leur ame par une action qu'ils veulent bien

(1) Préface sur *Bérénice.*

regarder pour un moment comme une action véritable.

Il en est de même à proportion du plaisir que la musique nous fait ; une ame délicate et sensible à l'harmonie ne pense point d'abord à examiner si un air tendre et touchant exprime bien le sentiment d'un cœur foible et passionné : elle se livre naturellement et presque machinalement à l'impression que cet air fait sur elle ; elle devient elle-même ce cœur touché dont le musicien a voulu faire sentir l'état par des modes propres à inspirer la tendresse et la douleur ; le plaisir de comparer le rapport de ces modes avec la disposition de notre ame, qu'ils peignent, pour ainsi dire, par le son, ne vient qu'après coup ; c'est un plaisir réfléchi qui ne se fait sentir qu'en second. L'habile musicien, qui s'est fait une longue habitude des règles de son art, peut en être frappé plutôt ; mais le commun des hommes jouit des sentimens que la musique fait naître dans son ame, sans en rechercher la cause. Combien y en a-t-il qui passent leurs jours à entendre des opéra et des concerts, et qui n'ont pas encore fait réflexion que le plaisir qu'ils y goûtent vient de la fidélité de l'imitation qui se fait par la musique ! ou si leur esprit a quelques lueurs de cette vérité, elles sont si foibles, si obscures, si enveloppées dans le sentiment, qu'il ne s'en aperçoivent presque pas eux-mêmes, et l'on ne peut guère s'imaginer qu'une pensée à laquelle ils font si peu d'attention, soit néanmoins la véritable cause du plaisir qu'ils y trouvent. Ainsi, de même que les sons et leurs accords nous charment par les mouvemens qu'ils excitent en nous indépendamment de la réflexion que nous pouvons faire sur l'art avec lequel le musicien a su exprimer ce qu'il imite, il y a aussi dans les impressions qu'un sujet rapproché par l'imitation du poète nous fait éprouver, un plaisir direct, qui prévient et qui surpasse le plaisir plus abstrait et plus réfléchi que nous prenons à juger de la justesse et de la fidélité de l'imitation.

Il me semble donc que si l'auteur du discours qui m'a fait naître toutes ces pensées, veut plaire et instruire véritablement en traitant la matière de l'imitation par rapport à la tragédie, il doit embrasser également les deux objets principaux auxquels on peut la réduire toute entière ; je veux dire :

1.° Le plaisir de l'imitation considérée comme vérité, et comme un événement réel qui se passeroit en notre présence.

2.° Le plaisir de l'imitation considérée seulement comme imitation, et comme un ouvrage de l'art, dont on examine le rapport et la convenance avec l'objet qu'il imite.

Je n'ai fait ici qu'une ébauche grossière de ce qui regarde le premier point, où j'ai jeté rapidement, et peut-être avec trop d'abondance, les premiers traits qui se sont présentés à mon esprit : les réflexions de l'auteur, la fécondité de son génie et la délicatesse de son goût y suppléeront avantageusement par les nouvelles découvertes qu'il fera dans le cœur humain, et par l'art avec lequel il développera les ressorts des mouvemens que je n'ai presque fait qu'indiquer ; il ne sauroit au moins traiter cette matière d'une manière plus agréable ni plus intéressante pour ceux qui se plaisent à chercher dans la connoissance de l'homme le fondement des règles de la poésie, comme celles de la rhétorique.

Après avoir épuisé ce premier point, la seconde face sous laquelle on peut envisager la tragédie, en ne la considérant que comme une imitation, lui fournira un sujet presque aussi riche, s'il s'attache à bien expliquer pourquoi toute imitation nous plaît en tant qu'imitant, et pourquoi celle qui est l'ame de la tragédie fait de plus fortes impressions que toutes les autres.

L'auteur paroît avoir voulu se réduire à traiter ces deux dernières questions. Mais je ne sais si dans cette vue même il n'y auroit pas plusieurs choses qu'il pourroit développer, ou même ajouter pour rendre sa dissertation plus pleine et plus parfaite. J'en indiquerai ici quelques-unes, puisque j'ai commencé à ne ménager ni ma paresse naturelle, ni la patience de l'auteur.

I. Ne pourroit-on pas y distinguer davantage la satisfaction que nous avons à imiter nous-mêmes, et celle que nous prenons à voir l'ouvrage que l'imitation faite par un autre a produit ?

Lorsque nous imitons nous-mêmes, nous goûtons plusieurs plaisirs qui ne dépendent point de celui d'apercevoir des rapports ; comme le plaisir d'agir qui nous fait sentir notre force ; le plaisir de mépriser l'original, et de le regarder comme étant fort au-dessous de nous, si nous ne l'imitons que pour le tourner en ridicule ; le plaisir contraire de joûter en quelque manière contre notre modèle, s'il nous paroît digne d'estime ou d'admiration, et de nous flatter d'avoir remporté la victoire, etc.

Lorsque nous voyons l'effet de l'imitation faite par un autre, ces plaisirs se changent en celui de comparer, de juger, d'exercer une espèce de supériorité sur l'ouvrage et sur l'auteur.

II. De la différence qui est entre ces deux espèces de plaisirs, ne pourroit-on pas conclure que si les enfans aiment naturellement à imiter, ce n'est pas précisément par le plaisir de juger, à quoi l'auteur attribue dans la suite de son discours le goût que nous avons pour l'imitation ; c'est plutôt par la satisfaction qu'ils trouvent dans le mouvement et dans l'action, et parce qu'ils sont déjà sensibles au plaisir de jouir des perfections de leur être, c'est-à-dire, des forces de leur corps et de celles de leur esprit. Mais pourquoi en veulent-ils jouir par l'imitation ? c'est parce que leur raison n'étant encore ni assez développée, ni assez parfaite pour mettre en ordre leurs idées afin de produire quelque chose d'eux-mêmes, et de faire de nouvelles découvertes, ils sont obligés de s'arrêter à ce qu'ils ont vu faire aux autres. Ainsi le plaisir qu'ils prennent à les contrefaire pour s'amuser et pour s'exercer, pourroit bien venir autant de la foiblesse de leur esprit, que d'une pente naturelle à l'imitation. L'on entretient d'ailleurs, et l'on augmente ce goût dans les enfans par les louanges qu'on leur donne lorsqu'ils ont réussi dans cette espèce de comédie qu'ils jouent naturellement. Leur vanité les porte donc à imiter encore plus que le plaisir même de l'imitation. Et ces réflexions ne conviennent pas seulement aux enfans. Combien y a-t-il de personnes d'un âge mûr, et même de beaux-esprits, à qui l'on pourroit appliquer ce qu'un prêtre égyptien disoit au législateur d'Athènes : *O Solon, Solon ! vous autres Grecs, vous êtes toujours enfans !* On est frappé de ce que l'on voit ou que l'on entend dire, et l'on se plaît à l'imiter ; on se croit assuré de plaire en imitant ce qui est à la mode. L'esprit aime naturellement à agir ; mais il préfère ce qui lui coûte moins de travail ; et le succès, en donnant moins de peine, ne laisse pas d'attirer de grands applaudissemens à l'imitateur : on en voit aussi beaucoup plus que de véritables auteurs ; et ce n'est pas seulement dans la peinture qu'il est vrai de dire qu'on trouve mille et dix mille copies contre un seul original. Je serois donc bien tenté de croire que d'un côté le désir d'agir, et de l'autre la foiblesse ou la paresse de notre esprit jointes à sa vanité, ont souvent presque autant de part que les charmes de l'imitation, au plaisir que nous prenons à tout imiter.

III. Je consens très-volontiers qu'on regarde le goût que la plupart des gens d'esprit ont pour la peinture, pour la sculpture, pour la musique, pour les fables, comme une des preuves du plaisir qu'ils prennent à l'imitation, pourvu néanmoins qu'on y joigne toujours cette impression d'un ordre supérieur que les choses mêmes qui sont imitées font sur notre ame ; mais j'aurois plus de répugnance à mettre l'histoire dans le même rang. Il n'y a personne qui ne sente que le plaisir qu'il trouve à la lire, à satisfaire ainsi la curiosité naturelle à notre esprit, à y étudier le cœur humain, à former son jugement et ses mœurs par de grands exemples de vice et de vertu, de folie et de sagesse, de foiblesse et de fermeté, n'a rien de commun avec le plaisir de l'imitation renfermée dans ses véritables bornes. Si je parlois donc de l'histoire en traitant cette matière, il me semble que je n'appliquerois ce qui regarde le plaisir propre à l'imitation qu'aux ornemens et à ce qu'on peut appeler l'accessoire de la narration, je veux dire, à la beauté du style, aux harangues, aux descriptions, aux portraits, où l'historien se donne la liberté d'entreprendre sur l'art du peintre, et quelquefois sur celui du poète même : *Verba propè poetarum*, comme Cicéron le dit des orateurs.

IV. L'auteur observe avec beaucoup de raison, *qu'il n'est pas nécessaire que les objets que le peintre a voulu représenter soient parfaits en eux-mêmes, et qu'on peut faire une représentation très-parfaite d'une chose très-imparfaite ; que celles mêmes dont la vue fait horreur nous sont rendues agréables par la peinture, parce que ce n'est pas la perfection de l'objet qui nous plaît, mais celle de l'imitation.* Je voudrois seulement qu'il y eût ajouté deux choses.

L'une, que c'est véritablement en ce cas que nous goûtons le seul plaisir de l'imitation. Comme les objets de cette espèce sont bien éloignés d'avoir aucun attrait par eux-mêmes. et que la nature n'y a rien mis du sien pour nous plaire, elle a laissé tout à faire au peintre, dont l'art est la seule chose que l'on puisse admirer dans ces sortes d'images, parce qu'elles ne nous plaisent que par le seul rapport et par la conformité parfaite de la copie avec l'original.

L'autre, qu'il n'en est pas ainsi quand les objets dont on nous présente la peinture ont une beauté naturelle qui nous frappe et qui nous saisit par elle-même, indépendamment de celle de l'imitation ; il se forme alors dans notre ame un mélange de sentimens, dont les uns naissent de l'objet représenté et les autres de la représentation. J'ai déjà assez développé l'effet de la première impression : je dirai donc seulement que si le plaisir de la seconde s'y joint, notre cœur agité de ces passions douces que l'objet réveille par lui-même, et notre esprit frappé de la justesse de l'imitation, applaudissent également à l'art du poète, et goûtent ainsi deux plaisirs au lieu d'un. Le premier est plus mêlé de sensible : le second a quelque chose de plus spirituel. Mais tous deux joints et réunis ensemble, forment par leur accord la plus grande satisfaction que l'art puisse nous procurer. C'est par là qu'il semble ajouter quelque chose à la nature, et il la surpasseroit même, si la fiction pouvoit jamais faire sur nous autant d'impression que la vérité.

Je pourrois m'étendre ici sur les conséquences que je tirerois aisément de la distinction de ces deux différentes espèces de plaisir ; et c'est par là que j'expliquerois sans peine pourquoi les tableaux d'histoire nous plaisent davantage que les paysages, ou que la peinture des choses mortes ou inanimées ; pourquoi l'on voit avec plus d'admiration le portrait d'un grand homme que celui d'un homme du commun, quoique l'un et l'autre portrait soient également parfaits ; enfin, pour revenir à la matière présente, par quelle raison la tragédie fait des impressions plus profondes et plus pénétrantes que la comédie. Mais toutes ces conséquences me paroissent si clairement renfermées dans les principes dont je me suis servi pour établir la distinction des mouvemens qui viennent de l'objet même, et de ceux qui naissent de la copie, que tout ce que j'ajouterois ici sur ce sujet ne pourroit être qu'une répétition aussi inutile qu'ennuyeuse.

V. Après avoir fait ces réflexions générales sur le goût que les hommes ont pour l'imitation, il restera d'expliquer les véritables causes de cette dernière espèce de plaisir dont l'imitation nous affecte.

L'auteur a raison de trouver qu'Aristote ne nous donne qu'une idée très-imparfaite de ces causes, lorsqu'il semble les réduire au seul désir d'apprendre et de s'instruire, qui est commun à tous les hommes. Le plaisir que nous sentons à satisfaire ce désir s'useroit bientôt, et il y auroit peu de personnes qui voulussent revoir plusieurs fois la même pièce, ou tout autre ouvrage, puisqu'elles n'auroient plus rien de nouveau à y apprendre ; il n'y a personne d'ailleurs qui ne sente en soi-même quelque chose de plus que ce plaisir d'apprendre, quand il ne chercheroit dans une tragédie ou autre poème, que la justesse et la vérité de l'imitation. Enfin Aristote, content de nous dire gravement que c'est le plaisir d'apprendre qui nous rend l'imitation si agréable, sans remonter plus haut, et nous expliquer en grand philosophe quelle est la source de ce plaisir même que nous prenons à nous instruire, a laissé dans la poétique, comme dans la physique, non pas de quoi glaner seulement, mais de quoi moissonner après lui. C'est cette moisson abondante qui est réservée à l'auteur du discours sur l'imitation. Il commence à la faire, lorsqu'au plaisir d'apprendre, qui est le seul qu'Aristote ait touché, il joint celui de juger, que ce philosophe n'a pas trouvé digne de son attention. Mais je voudrois aussi que, remontant de cause en cause jusqu'à la première, il nous expliquât les raisons de ce plaisir que nous prenons à juger ; et dans ce moment il ne s'en présente que trois à mon esprit.

L'une, que le jugement est l'acte le plus parfait de notre raison, ou plutôt que notre raison même n'est qu'un jugement continuel; et comme c'est par la raison que nous estimons le plus notre nature, dont elle est en effet le plus précieux avantage, il y a aussi un plaisir secret attaché à l'usage que nous faisons de cette perfection de notre ame en prononçant un jugement.

La seconde est que nous croyons exercer par là un acte de supériorité, et nous regardons notre critique comme une espèce de tribunal auquel nous attribuons presque le privilége de l'infaillibilité. Nous considérons les auteurs qui s'exposent à sa censure, comme autant de cliens de notre raison et de notre goût, qui attendent avec une inquiétude flatteuse pour nous, l'arrêt par lequel nous allons décider de leur mérite. De là vient que les jugemens que l'on porte sur les auteurs, et en général sur le caractère, la conduite, les discours des autres hommes, plaisent plus à l'amour-propre que ceux qui n'ont pour objet que les idées des choses mêmes. On ne trouve dans les derniers que la satisfaction de sentir la perfection absolue de son esprit, au lieu que les premiers y font goûter une perfection relative, ou une perfection comparée à celle des autres; et l'on ne manque guère de la croire supérieure. Quelque parfait que soit un ouvrage, il s'y glisse toujours de ces taches légères,

Quas aut incuria fudit,
Aut humana parùm cavit natura.

HORAT. *De Arte poet.*

Homère même sommeille quelquefois, selon Horace. Notre amour-propre se repaît donc, pour parler ainsi, de la vue de ces fautes qui échappent aux meilleurs auteurs : nous nous flattons aisément que puisque nous les apercevons, nous les aurions évitées si nous avions eu à faire le même ouvrage. Nous sommes à peu près comme un juge, pour suivre la même image, qui se remercieroit sur son tribunal de n'avoir pas fait les injustices qu'il découvre et qu'il condamne. C'est ainsi que pour avoir remarqué quelques fautes légères qui sont inévitables à l'humanité, nous nous croyons supérieurs à ceux mêmes dont nous ne pourrions approcher, si nous voulions prendre la peine de composer, au lieu de jouir du plaisir facile de critiquer.

Enfin, quand nous aurions le bonheur de nous mettre entièrement au-dessus de ces retours de l'amour-propre, nous éprouverions toujours en nous-mêmes que l'auteur de notre être a attaché une secrète satisfaction à l'exercice des opérations de notre ame, qui nous sont aussi nécessaires que celles du jugement et du raisonnement, qui n'est qu'un jugement plus composé. Si ce plaisir n'est pas toujours le plus sensible, il est au moins le plus pur et le plus digne d'une créature raisonnable ; c'est ce qui fait que l'évidence des vérités les plus sèches et les plus abstraites est d'une si grande douceur pour ceux qui s'attachent à les découvrir : ils sentent un repos, un calme intérieur, une espèce de bonheur actuel qui pénètre le fond de leur ame, et qui éteint en eux tout autre désir, au moins pendant ce moment de jouissance de la vérité. C'est à cette situation que tendent tous nos jugemens ; et l'espérance d'y parvenir nous en donne un goût et comme une satisfaction anticipée qui nous soutient, et qui nous anime dans ceux mêmes qui coûtent un plus grand effort à notre raison.

VI. De tout ce qui sert de matière à nos jugemens, il n'y a rien qui nous plaise davantage que les rapports qui sont entre les choses que nous connoissons, soit par idée ou par sentiment, et il y en a plusieurs raisons. Je ne ferai que les indiquer ici pour tracer une image légère de ce que je voudrois voir exécuté par l'auteur, à qui il en coûtera moins pour achever l'ouvrage, qu'à moi pour en former le premier trait.

1.° Il est ordinairement plus aisé d'apercevoir des rapports entre des objets qui nous sont connus, que d'examiner à fond les choses en elles-mêmes. La curiosité de notre esprit demande de l'occupation, comme je l'ai dit ailleurs, et sa paresse la veut facile. Ainsi le goût qu'il trouve à juger des rapports est fondé en partie sur ce qu'il fait moins d'efforts dans cette espèce de jugement.

2.° L'esprit qui se plaît à agir, comme je l'ai déjà observé, croit agir davantage quand il découvre des rapports, que quand il aperçoit les premières idées des choses. Il ne se regarde à l'égard de ces notions que comme la toile qui reçoit l'impression des différentes couleurs; mais pour les autres, il croit être le pinceau, ou plutôt le peintre qui les distribue : et en effet, plus un esprit a d'étendue et de pénétration, plus il découvre de ces rapports; et comme rien n'en fait connoître un plus grand nombre que l'imitation, il n'est pas surprenant qu'il prenne un plaisir singulier à juger des ouvrages qu'elle produit.

3.° Quoique nous aimions en général à remarquer et à exprimer des rapports, ils ne nous plaisent pas tous également, et cette différence vient de celle des objets entre lesquels nous les apercevons. Si ces objets sont purement intelligibles, leurs rapports le sont aussi; ils sont par conséquent moins agréables au commun des hommes, que ceux qui sont sensibles, et qui naissent de la comparaison que leur esprit fait de deux objets également sensibles. L'aversion qu'ils ont pour la contention et le travail les éloigne des premiers, et le goût qu'ils ont pour ce qui affecte les sens et l'imagination les porte vers les derniers. Il suffit, pour les goûter, d'être capable de sentiment. Mais il faut une certaine force d'esprit, et encore plus de persévérance dans une application pénible, pour sentir cette espèce de volupté purement spirituelle que les premiers cachent aux yeux du vulgaire. Aussi l'imitation qui se fait des rapports intelligibles par les nombres de l'arithmétique, par les lettres de l'algèbre, ou même par les lignes de la géométrie, trouve peu d'admirateurs, au lieu que la plupart des hommes courent après celle des rapports sensibles qui se fait par la peinture ou par la poésie, parce que, pour y exercer son jugement, il ne faut y porter que des yeux et des oreilles, avec une imagination vive et un cœur facile à émouvoir.

4.° Que si, outre le plaisir d'apercevoir des rapports sensibles entre les objets imités et l'imitation du poète, ces objets ont par eux-mêmes une relation et une convenance, je dirois presque une consonance naturelle avec nos dispositions intérieures, c'est alors que soutenus par le mouvement des passions, nous exerçons notre jugement avec un extrême plaisir sur une imitation qui nous paroît d'autant plus intéressante, que c'est le sentiment qui en juge au dedans de nous, beaucoup plus que la raison, et que les décisions de notre cœur nous plaisent infiniment davantage que celles de notre esprit.

J'ajouterai ici (quand ce ne seroit que pour me réconcilier avec Aristote en finissant ce long discours, après m'être brouillé avec lui en le commençant) que si le plaisir de juger de l'imitation n'est pas le premier dont on soit frappé à la représentation ou à la lecture d'une belle tragédie, il a du moins l'avantage d'en faire le mérite le plus solide et le plus durable, lorsque la première chaleur que la nouveauté allume dans l'ame commence à se refroidir. On en revient toujours à juger de sa vraie beauté par la justesse et la fidélité de l'imitation; c'est ce qui fait que l'on y retourne ou qu'on la lit plusieurs fois avec un plaisir qui se renouvelle et augmente même à mesure qu'une plus grande attention, et une espèce de familiarité que l'on contracte avec l'ouvrage y fait reconnoître de nouveaux rapports entre les objets imités et l'imitation du poète: notre esprit plus serein et plus tranquille en juge mieux alors, parce qu'il est bien moins offusqué de ces nuages que les passions élèvent du fond de notre cœur; l'imagination seule avoit d'abord prononcé; et comme elle décide promptement, elle est aussi inconstante dans ses décisions; mais le dernier suffrage est celui de la raison, qui n'étant pas sujette aux mêmes changemens, parce qu'elle juge avec plus de maturité, assure à l'auteur la durée de sa gloire, et lui donne droit d'espérer, comme dit Despréaux,

Que ses vers à grands pas chez la postérité,
Iront marqués au coin de l'immortalité.

Au

Au reste, je n'ai pas besoin d'observer après toutes ces réflexions qu'en découvrant les sources du plaisir qui naît, et de la chose imitée, et de l'imitation même, on découvre en même temps l'origine et la raison de toutes les règles du poème tragique, et même de l'art poétique en général. Il me suffit d'en avoir donné des notions générales. Ce sera à l'auteur de les méditer, de les digérer, de les perfectionner; et s'il veut en prendre la peine, ce qu'il y mettra du sien vaudra beaucoup mieux sans doute, que tout ce que ma plume a tracé à la hâte, et presque au hasard sur le papier, pendant que je maudissois mille fois cette douce, mais dangereuse rêverie qui a tant abusé de mon oisiveté, que je rougis presque d'être devenu prodigue, pour le théâtre, d'un temps que je n'y avois jamais perdu.

IV.e INSTRUCTION.

Sur l'étude et les exercices qui peuvent préparer aux fonctions d'avocat du roi.

Un jeune homme qui se destine à remplir bientôt la charge d'avocat du roi au Châtelet, et qui désire encore plus d'y réussir, doit s'y préparer en deux manières différentes, je veux dire par l'étude, et par une espèce de pratique ou d'exercice anticipé, comme je l'expliquerai dans la suite : l'une sans l'autre ne l'y disposeroit qu'imparfaitement.

ÉTUDE.

Savoir le fond des matières, ou du moins les principes généraux, y joindre l'art d'expliquer ses pensées, ses preuves, ses raisonnemens, d'une manière propre à convaincre et à plaire pour persuader; c'est ce qui forme le partage naturel de son étude ou de sa science; et c'est à ces deux objets qu'il doit rapporter tous ses travaux.

PREMIER OBJET.

ÉTUDE DU FOND DES MATIÈRES.

Trois sortes de jurisprudences, c'est-à-dire, le droit romain, le droit ecclésiastique, le droit français lui ouvrent un champ assez vaste pour ne pas ajouter encore le droit public, dont il faut remettre l'étude à un autre temps.

DROIT CIVIL OU ROMAIN.

Ce que l'on apprend de ce droit dans les écoles est plutôt une préparation à l'étude qu'une véritable étude; et l'on se tromperoit fort si on regardoit le titre de licencié comme une dispense de continuer, ou plutôt de commencer à fond l'étude solide d'une jurisprudence qui est la base de toutes les autres. Les principes en sont puisés dans la source la plus pure, c'est-à-dire, dans la loi ou dans l'équité naturelle; et ils ne s'appliquent pas moins aux questions du droit ecclésiastique et du droit français, qu'à celles qui naissent du droit romain même.

La meilleure manière de se remplir de ces principes est de les étudier dans le texte même des lois, beaucoup plus que dans les interprètes, dont la lecture seroit immense et peu utile, quelquefois même dangereuse, par la confusion qu'elle met souvent dans les idées de ceux qui veulent savoir le droit par autorité plutôt que par raison.

Mais l'étude même des seuls textes seroit bien longue s'il falloit l'embrasser toute entière ; elle demande d'ailleurs d'être suivie avec un ordre qui fasse bien sentir l'enchaînement des principes, et qui contribue beaucoup à les faire retenir. Ainsi tout ce qui regarde cette étude peut se réduire à deux points.

Le premier est de choisir les matières qui sont d'un plus grand usage, et où l'on reconnoît plus aisément ces premières règles du droit naturel qui distinguent la jurisprudence romaine de toutes les autres.

Le deuxième est de prendre pour guide celui qui a traité ces matières avec le plus de méthode, et toujours dans la vue de les ramener à ce droit primitif, qui doit être aussi commun à toutes les nations que la justice même : on entend bien que c'est de M. Domat que je veux parler. On peut en effet l'appeler le jurisconsulte des magistrats ; et quiconque posséderoit bien son ouvrage, ne seroit peut-être pas le plus profond des jurisconsultes, mais il seroit le plus solide et le plus sûr de tous les juges.

Si le jeune homme que j'ai en vue dans cet écrit veut le devenir, la matière des contrats et des obligations sera celle à laquelle il s'attachera d'abord dans l'étude du droit romain, en y joignant celle des restitutions en entier, qui est aussi fondée sur les premières notions de la justice naturelle, et qui est d'un usage continuel au Châtelet. Les matières des testamens et des successions viendront ensuite: mais comme dans cette seconde espèce de matières, il y a plus de mélange d'un droit arbitraire et positif avec celui qui est vraiment immuable et naturel, le bon ordre exige que l'on commence par les premières.

Pour le faire avec fruit, il faudra lire d'abord avec attention ce que M. Domat a écrit, soit sur les engagemens en général, soit sur chaque espèce de convention particulière, soit sur ce qu'il appelle les suites ou l'accessoire des engagemens, en s'attachant sur-tout à bien méditer les préfaces qu'il a mises à la tête de chaque titre. Non seulement elles en renferment toute la substance, mais par la généralité des idées ou des réflexions qu'elles présentent à un esprit attentif, elles lui donnent de l'étendue et de l'élévation, soit en l'accoutumant à embrasser également toutes les parties d'un seul tout, soit en lui faisant prendre l'habitude de remonter toujours jusqu'aux premiers principes; en sorte que, comme ils sont souvent communs à plusieurs matières différentes, on est étonné dans la suite, ou plutôt on reconnoît avec plaisir que l'on sait presque ces matières avant que de les avoir étudiées en particulier.

A mesure que l'on aura lu un titre de M. Domat, il sera temps de lire attentivement les lois des titres du digeste et du code qui y répondent, auxquelles M. Domat renvoie le lecteur, et de faire alors la critique ou le supplément de cet auteur.

La critique, si l'on croit qu'il ne soit pas assez entré dans le véritable esprit de la règle qu'il tire du droit civil, ou qu'il ne l'ait pas assez développée.

Le supplément, s'il a omis quelqu'un des principes de la matière qu'il traite, ou s'il a négligé d'en tirer quelqu'une des conséquences importantes qui en résultent.

De toutes les manières de faire une étude suivie du droit romain, c'est celle qui paroît la plus courte, la plus facile, et en même temps la plus utile, sur-tout quand il ne s'agit encore que de s'affermir dans la connoissance des règles générales. Il viendra un temps où il faudra sans doute, pour approfondir les questions particulières qui se présenteront dans l'exercice de la magistrature, étudier les interprètes du droit et ceux qui ont fait des traités sur les différentes matières de la jurisprudence. Mais le partage naturel des travaux d'un magistrat est de s'attacher presque uniquement aux sources, pour se faire le fonds de science qui lui est nécessaire, et de les suivre jusqu'aux ruisseaux les plus éloignés qui en dérivent, lorsqu'il s'agit de résoudre une question particulière.

Mais comme le premier point est à présent notre unique objet, la seule chose qu'on peut ajouter ici sur la méthode d'étudier les textes du droit romain avec M. Domat, c'est que dans cette étude, on ne sauroit être trop attentif à remarquer tout ce qui peut former un axiome ou une régle générale du droit, soit dans la décision même, soit dans la raison de la décision.

On se mettroit par là en état de faire successivement un ouvrage qui seroit d'une grande utilité; ce seroit le supplément du titre du digeste, *de diversis Regulis Juris antiqui* (1), qui a deux grands défauts.

---

(1) *Lib.* 50. *Tit. ult.*

L'un, de ne tenir que très-imparfaitement ce qu'il promet, par ce qu'il y manque un grand nombre de règles qui y tiendront aussi bien et peut-être mieux leur place que celles qui y sont recueillies.

L'autre, de n'avoir aucun ordre; et c'est ce qui fait que ces règles demeurent beaucoup moins dans l'esprit, que si le jugement, encore plus que la mémoire, aidoit à les y conserver.

Si l'on pouvoit corriger ces deux défauts, soit en rassemblant toutes les règles qui manquent dans le titre *de Regulis Juris*, et qui sont dispersées dans d'autres titres, soit en les distribuant par matières dans leur ordre et dans leur enchaînement naturel, on auroit l'avantage de recueillir dans un très-petit volume toute la substance, et comme tout l'esprit de ces principes généraux qui sont dictés par la loi naturelle, et qui influent dans toutes les décisions des juges.

L'ouvrage de M. Domat, qui a pour titre, *Legum Delectus*, le *Manuale Juris* de Jacques Godefroy, son commentaire, et celui de *Petrus Faber* sur le titre *de Regulis Juris*, peuvent être d'une grande utilité, si l'on a le courage de suivre cette vue.

Au reste, avant que de finir ici ce qui regarde l'étude du droit romain, il est bon de faire remarquer qu'en excluant, comme on l'a fait, la lecture des interprètes de ce droit, on n'a pas prétendu mettre au nombre des auteurs proscrits quant à présent, les notes abrégées de Denis Godefroy, les commentaires de M. Cujas, et sur-tout ceux qu'il a faits sur les lois de Papinien, enfin le commentaire de Jacques Godefroy sur le code Théodosien. Ce sont des livres qu'on ne sauroit trop lire et relire ; ils suffiroient presque seuls pour donner la plus parfaite et même la plus profonde intelligence des principes du droit romain.

DROIT ECCLÉSIASTIQUE.

Il n'est pas temps encore de former un plan entier de l'étude de ce droit, à laquelle il faut nécessairement que celles qui sont plus pressées fassent une espèce de tort ; mais à condition que ce tort sera réparé dans la suite.

On se réduira donc ici à ce qui est absolument essentiel pour avoir des notions générales du droit ecclésiastique, qui puissent au moins mettre notre futur avocat du roi en état d'étudier les questions qui se présenteront dans cette matière.

La première lecture qu'il doit faire est celle des Institutions de M. l'abbé Fleury.

Il faut y joindre le livre de M. le Vayer sur l'autorité des rois dans l'administration de l'Eglise gallicane, pour commencer à se former une juste idée de la distinction des deux puissances.

Lire ensuite l'Histoire de la Pragmatique-Sanction et du Concordat, faite par M. du Puy, et le texte de l'une et de l'autre ; à quoi l'on peut ajouter la lecture des pièces que M. Doujat a fait imprimer dans son *Specimen Juris canonici*.

Sans se jeter encore dans une étude profonde des libertés de l'Eglise gallicane, il suffira d'en prendre une légère teinture en lisant l'édition *in-quarto* des articles de M. Pithou avec les notes abrégées qui y sont mises.

Enfin, pour entrer plus avant dans le fond des matières, et se former une suite et comme un corps des principes du droit ecclésiastique, la meilleure ou la moins défectueuse lecture que l'on puisse faire, est celle de Van-Espen, en commençant par son traité, *de Promulgatione Legum ecclesiasticarum*, et en passant ensuite à l'ouvrage qui a pour titre, *Jus ecclesiasticum universum.* Mais pour mettre cette lecture à profit, il seroit bon de faire un extrait fort court du dernier ouvrage, en n'y marquant que les définitions, les règles ou les maximes qui résultent de chaque titre, avec des renvois aux autorités sur lesquelles ces maximes sont fondées, à-peu-près de la même manière que M. Domat a mis ses citations au bas de chaque article de ses titres. Ce travail seroit suffisant pour préparer à une étude plus profonde du droit ecclésiastique, et pour mettre en état de traiter les questions qui se présentent quelquefois au Châtelet sur des matières bénéficiales. On se formeroit même par là une espèce de canevas auquel on rapporteroit toutes les connoissances qu'on acquerroit dans la suite ; et en y faisant successivement des additions, des critiques, des corrections, on parviendroit à avoir quelque jour un précis excellent de toutes les règles qu'on doit suivre dans les matières canoniques. Enfin, pour approprier davantage ce travail à nos usages, il ne faudra pas manquer, à mesure qu'on lira une matière dans Van-Espen, d'y joindre les articles de nos ordonnances qui peuvent y avoir rapport, soit que cet auteur les cite, ou qu'il ne les cite pas ; et l'on ne sauroit se rendre ces ordonnances trop familières.

DROIT FRANÇAIS.

Comme le temps manque pour embrasser toute l'étendue de ce droit, on se réduira ici au nécessaire, de même que l'on a fait sur ce qui regarde le droit ecclésiastique.

On distingue deux sources différentes du droit français ; les coutumes et les ordonnances. Je nomme les coutumes les premières, parce qu'elles demandent un travail plus considérable.

Mais il y a une introduction qui leur est commune ; c'est l'histoire du droit français, et les institutions au même droit. M. l'abbé Fleury a fait l'une ; et à l'égard des institutions, celle de M. Argou, avocat, est plus qu'aucune autre à la portée des commençans. On y joindra dans la suite celle de Coquille, qui est plus savante et plus instructive, mais dont la lecture sera mieux placée et plus utile lorsqu'on aura déjà fait quelque progrès dans l'étude du droit français.

Les règles de Loisel, avec les commentaires de M. de Laurière, donneront ensuite des notions plus recherchées et plus doctes de l'origine, des antiquités, et de l'esprit général du droit coutumier auquel je m'attache à présent, avant que de passer à ce qui regarde les ordonnances de nos rois.

L'étude particulière de la coutume de Paris est absolument nécessaire à un avocat du roi au Châtelet, et cette étude doit avoir pour premier objet une exacte intelligence du texte.

Le commentaire qui la facilite et qui la fixe le plus, est celui de M. de Laurière, sur lequel cependant il est permis de n'être pas toujours de son jugement.

On peut lire ensuite celui d'un avocat nommé le Maître, pour avoir une idée générale de la plupart des questions qu'on y agite sur la coutume de Paris, et de la jurisprudence la plus commune sur la manière de les décider.

Le commentaire de Duplessis trouvera alors sa place. Quoique ce ne soit pas un ouvrage sans défaut, et que les sentimens de cet auteur n'aient pas toujours été suivis, il est cependant utile de le lire de suite, pour apprendre à traiter les questions avec cette clarté qui en fait le principal mérite; et si l'on peut y désirer plus de solidité et de profondeur, on peut cependant profiter beaucoup en le lisant, au moins par rapport à la méthode et à la manière de discuter les principes du droit coutumier.

Avec ces secours on aura acquis assez de connoissances pour être en état d'approfondir les questions particulières, sur-tout en y joignant des conférences sur la coutume avec de jeunes avocats et de jeunes magistrats qui aient vraiment envie de travailler et de s'instruire. Rien n'est plus propre à ouvrir l'esprit, et à le familiariser avec un droit qui consiste plus en usages et en décisions particulières, que dans des principes immuables, ou dans des conséquences directement tirées des règles de la justice naturelle.

Il seroit trop long de marquer ici comment on doit faire ces conférences pour les rendre vraiment utiles. On y suppléera par la conversation; il suffit de dire un mot quant à présent sur la manière de s'y préparer.

Ce n'est pas assez pour cela de lire tous les commentateurs de la coutume de Paris, sur les questions que l'on doit y traiter, La véritable méthode pour l'étudier d'une manière supérieure, et pour entrer dans l'esprit général du droit coutumier en travaillant sur une coutume particulière, c'est d'y joindre la conférence de toutes les autres coutumes. L'ouvrage est tout fait ; et c'est pour ainsi dire le digeste du droit français. Il faut donc, à mesure qu'on étudie une question par rapport à la coutume de Paris, voir de suite dans le livre qui a pour titre, *la Conférence des Coutumes*, de quelle manière elles se sont expliquées sur ce qui fait naître la question ; comparer exactement cette coutume avec celle de Paris, en peser les rapports et les différences ; remonter jusqu'à la diversité des principes, qui est la source de ces différences ; se constituer le juge en quelque manière des coutumes mêmes, et tâcher de découvrir quel est le principe qui auroit dû mériter la préférence, et réunir les dispositions de ces différentes espèces de lois, entre lesquelles on trouve si souvent une si grande contrariété.

Un des auteurs qui sont le plus entrés dans cet esprit, et qui, pour se servir d'un terme de mathématiques, ont le plus entrepris de généraliser les règles du droit coutumier, c'est M. Auzannet, qui a travaillé sur la coutume de Paris plutôt en réformateur et presque en législateur, qu'en interprète ou en commentateur. Le grand magistrat (1) qui l'avoit associé à ses travaux, méditoit le vaste et difficile dessein de réduire toutes les coutumes à une seule loi générale. Ainsi, les notes de M. Auzannet sur celle de Paris, et ce qu'on appelle les arrêts de M. le premier président de Lamoignon, sont

(1) M. le premier président de Lamoignon.

des ouvrages très-propres à former cette étendue et cette supériorité d'esprit avec lesquelles on doit embrasser le droit français, si l'on veut en posséder parfaitement les principes, et peut-être mieux que ceux mêmes qui ont négligé ou réformé chaque coutume particulière.

Enfin, quoique Dumoulin n'ait travaillé à fond que sur celle de Paris, c'étoit néanmoins un génie si profond et si propre à épuiser les matières qui étoient l'objet de ses veilles, que si notre jeune avocat du roi a le courage d'entrer dans les vues que je viens de lui indiquer, la lecture, ou plutôt l'étude la plus utile qu'il puisse faire, est celle du commentaire de Dumoulin sur le titre des fiefs de la coutume de Paris. Mais s'il veut se l'approprier véritablement, et se former non seulement dans la science du droit coutumier, mais dans la profondeur du raisonnement, il ne se contentera pas de lire et relire cet ouvrage avec la plus grande attention; il en fera une espèce d'abrégé ou plutôt d'analyse suivie. C'est le terme le plus propre dont on puisse se servir pour faire sentir la véritable manière d'entrer dans l'esprit et de prendre le caractère de l'auteur le plus analytique qui ait écrit sur la jurisprudence; parce que sa méthode perpétuelle est de remonter pas degrés du texte de la coutume jusqu'au premier principe de la matière, et d'en descendre ensuite par uue gradation semblable jusqu'aux dernières conséquences.

Si l'on ajoute à ce travail la lecture réfléchie des notes abrégées, ou de ce qu'on nomme les *Apostilles* de Dumoulin sur les différentes coutumes du royaume, et qui ont mérité d'être respectées presque comme des lois, il manquera peu de chose à notre laborieux avocat du roi pour devenir quelque jour le Papinien français.

Au reste, pour ne pas l'effrayer aussi par la vue d'un trop grand travail, quand on lui propose de faire l'analyse du commentaire de Dumoulin sur le titre des fiefs, on ne prétend pas qu'il commence demain un ouvrage qui ne sera bien placé que lorsqu'il aura acquis des notions suffisantes du droit coutumier pour le faire avec plus de fruit. Les questions particulières sur lesquelles il sera obligé de consulter Dumoulin lui en feront sentir l'utilité; et ce ne sera qu'après avoir exercé pendant quelque temps la charge d'avocat du roi, qu'il sera véritablement en état de mettre à profit un temps de vacations pour faire tout de suite un ouvrage dont il se remerciera lui-même tous les jours de sa vie.

Pour achever ce qui regarde l'étude du droit français, il reste de dire un mot de celle des ordonnances.

Il y en a de deux sortes.

Les unes n'ont pour objet que la procédure, ou les règles de l'ordre judiciaire. Mais comme il est plus court de parler que d'écrire sur la manière de les étudier, on n'en dira rien ici; ce sera plutôt la matière d'une conversation.

Les autres ont rapport au fond même de la jurisprudence civile, canonique, ou française. Il suffiroit, quant à présent, d'en faire une simple lecture, pour en avoir une notion générale; et à mesure qu'on travaillera sur chaque espèce de jurisprudence, suivant le plan qu'on vient de tracer, il faudra avoir soin de marquer sur chaque matière les ordonnances qu'on peut y rapporter.

On fera bien de s'aider dans ce travail de ce qu'on appelle le code Henri, où l'on trouve les ordonnances rangées par ordre de matières.

Mais comme le président Brisson, qui est l'auteur de cet ouvrage. et qui espéroit de le faire revêtir de l'autorité du roi, y a travaillé souvent en législateur plutôt qu'en simple compilateur, il est bon de vérifier les ordonnances qu'il cite, pour ne pas s'exposer à regarder comme une loi ce qui n'étoit que la pensée du président Brisson. Son recueil finit en l'année 1585; ainsi il sera nécessaire d'y joindre l'étude de toutes les ordonnances postérieures qui ont établi des règles sur quelques matières du droit romain, du droit ecclésiastique, ou du droit français. Nous n'en avons pas encore de recueil complet, mais il sera aisé de les indiquer à notre futur avocat du roi.

Il viendra un temps où l'on exigera peut-être de lui une étude plus profonde des ordonnances, et sur-tout de celles qui regardent le droit et l'ordre public. Mais à présent il faut se réduire au possible et au plus nécessaire.

SECOND OBJET.

ÉTUDE DES RÈGLES.

Sur la manière de traiter les différentes matières, et sur le style ou l'élocution.

L'art de traiter méthodiquement une matière, ou de la discuter pleinement et jusqu'à la conviction, est la science la plus essentielle à tout homme qui ne parle que pour prouver, et s'il se peut, pour démontrer.

Mais la raison même a souvent besoin de chercher à plaire, pour entrer plus facilement et plus sûrement dans l'esprit de ceux qu'il s'agit de persuader. Ainsi la méthode par laquelle on arrange ses idées, ses réflexions, ses raisonnemens, d'une manière capable de produire la conviction, ne réussit pas toujours, si elle n'est accompagnée des charmes d'une élocution qui rende l'auditeur attentif, et qui l'intéresse en quelque manière à l'établissement de la vérité que l'orateur entreprend de prouver.

Tout se réduit donc à ces deux points : savoir prouver, savoir plaire en prouvant, et même pour mieux prouver.

ART DE PROUVER.

On l'apprend, ou par les préceptes, ou par les exemples.

Les préceptes se trouveront dans les ouvrages des maîtres de l'art, et sur-tout de ceux qui ont su joindre la dialectique et l'esprit géométrique à la théorie de l'éloquence.

Dans les anciens il n'y a rien de plus parfait sur ce sujet que la rhétorique d'Aristote, et c'est un ouvrage qui mérite d'être non seulement lu, mais médité.

Les trois livres de Cicéron, *de Oratore*, fourniront des préceptes excellens, et des exemples encore meilleurs.

Quintilien, trop sec, et pour ainsi dire, trop scholastique dans une partie de sa rhétorique, est aussi utile qu'admirable dans les préceptes ou dans les conseils généraux qu'il donne au commencement, et encore plus à la fin de son ouvrage. On y trouve non seulement les préceptes, mais, ce qui vaut beaucoup mieux, la raison des préceptes ; et il n'y a point de lecture plus propre à former le goût que celle des trois premiers et des trois derniers livres de cet auteur.

Mais il faut avouer que si l'on se renferme d'abord dans l'art de prouver sans penser encore à ce qui regarde la perfection et la beauté du style, les modernes paroissent avoir un grand avantage sur les anciens; et voici les principaux livres qu'un jeune homme doit lire le plus attentivement, s'il veut acquérir le grand talent d'arranger ses preuves dans cet ordre naturel qui soutient l'attention de l'auditeur, en le conduisant par une espèce de gradation de vérités ou propositions qui naissent toujours l'une de l'autre, jusqu'à une évidence aussi parfaite que la matière peut l'admettre.

Tels sont la méthode de M. Descartes, le dernier livre de l'Art de penser; à quoi l'on peut joindre ce que M. Regis a dit plus en détail dans sa logique sur la méthode synthétique et sur la méthode analytique; et le sixième livre de la Recherche de la vérité.

On peut lire aussi avec utilité les discours que le père Reynault a mis à la tête de ses ouvrages de mathématiques, et sur-tout de la *Science du Calcul*, où il a recueilli en peu de mots toute la substance de l'art de prouver suivant l'esprit et l'ordre géométrique.

Des préceptes il faut passer à des exemples qui seront sans doute plus agréables, et peut-être encore plus utiles. Ce que les préceptes considérés en eux-mêmes ont quelquefois de trop abstrait, et pour ainsi dire, de trop spirituel, devient plus sensible, et semble acquérir une espèce de corps et une plus grande clarté, par l'application que ceux qui nous servent de modèles en ont faite à certaines matières. L'attention, soulagée par la vue d'un objet fixe et déterminé, conçoit mieux toute l'utilité des préceptes; et à force de lire des ouvrages bien ordonnés, notre esprit prend insensiblement l'habitude et comme le pli de cette méthode parfaite qui, par le seul arrangement des pensées et des preuves, opère infailliblement la conviction.

Entre les ouvrages où l'on peut trouver de tels exemples, les méditations de Descartes et le commencement de ses principes peuvent tenir le premier rang. Il a été également le maître et le modèle de ceux même qui l'ont combattu; et l'on diroit que ce soit lui qui ait inventé l'art de faire usage de la raison. Jamais homme en effet n'a su former un tissu plus géométrique, et en même temps plus ingénieux et plus persuasif de pensées, d'images et de preuves; en sorte qu'on trouve en lui le fond de l'art des orateurs, joint à celui du géomètre et du philosophe.

On peut dire du père Malebranche,

Proximus huic, longo sed proximus intervallo.

Mais comme il a su joindre l'imagination au raisonnement, ou, si l'on veut, le raisonnement à l'imagination qui dominoit chez lui, la lecture de ses ouvrages peut être avantageuse à ceux qui se destinent à un genre d'éloquence où l'on a souvent besoin de parler à l'imagination pour faire mieux entendre la raison.

Ce n'est donc pas ce qui est du ressort de la pure méthaphysique que l'on doit chercher dans le père Malebranche; c'est ce qui a plus de rapport à la morale, comme plusieurs chapitres du livre de la Recherche de la vérité, où il traite de l'imagination; le livre des Inclinations et celui des Passions, ou, si l'on veut quelque chose qui soit encore plus travaillé, ses Entretiens métaphysiques, qu'on peut regarder comme son chef-d'œuvre, soit pour l'arrangement des idées, soit pour le style et pour la manière d'écrire.

Un génie, peut-être supérieur à celui du P. Malebranche, et qui a passé avec raison pour le plus grand dialecticien de son siècle, pourroit suffire seul pour donner un modèle de la méthode avec laquelle on doit traiter, approfondir, épuiser une matière, et faire en sorte que toutes les parties du même tout tendent et conspirent également à produire une entière conviction.

Il est aisé de reconnoître M. Arnaud à ce caractère. La logique la plus exacte, conduite et dirigée par un esprit naturellement géomètre, est l'ame de tous ses ouvrages; mais ce n'est pas une dialectique sèche et décharnée, qui ne présente que comme un squelette de raisonnement; elle est accompagnée d'une éloquence mâle et robuste, d'une abondance et d'une variété d'images qui semble naître d'elles-mêmes sous sa plume, et d'une heureuse fécondité d'expressions : c'est un corps plein de suc et de vigueur, qui tire toute sa beauté de sa force, et qui fait servir ses ornemens mêmes à la victoire. Il a d'ailleurs combattu pendant toute sa vie. Il n'a presque fait que des ouvrages polémiques; et l'on peut dire que ce sont comme autant de plaidoyers, où il a toujours eu en vue d'établir ou de réfuter, d'édifier ou de détruire, et de gagner sa cause par la seule supériorité du raisonnement.

On trouve donc dans les écrits d'un génie si fort et si puissant tout ce qui peut apprendre l'art d'instruire, de prouver et de convaincre. Mais comme il seroit trop long de les lire tous, on peut se réduire au livre de la *Perpétuité de la Foi*, auquel M. Nicole, autre logicien parfait, a eu aussi une grande part; et à des morceaux choisis dans le livre qui a pour titre, *la Morale pratique*.

Le premier est une application continuelle des préceptes de la logique qui enseignent à renverser les argumens les plus captieux, et à démêler les sophismes les plus subtils, en les ramenant toujours aux règles fondamentales du raisonnement.

Le second est plein de modèles dans l'art de discuter les faits, de digérer et de réunir les preuves, les conjectures, les présomptions, pour leur donner une évidence parfaite ou du moins ce degré de vraisemblance et de probabilité, qui, dans les questions de fait, tient lieu, en quelque manière, de l'évidence, et équipolle presque à la vérité.

Il n'est pas même nécessaire de lire ces deux ouvrages en entier; et l'on peut appliquer ici ce mot d'un ancien, *Multum legendum, non multa* (1). La véritable manière de mettre à profit cette lecture, c'est de s'arrêter lorsqu'on a achevé de lire un des points que l'auteur a entrepris de prouver; de repasser successivement sur les différens degrés par lesquels il a conduit ses raisonnemens jusqu'au genre de démonstration dont la matière est susceptible d'en faire une espèce d'analyse, ou par une simple méditation, ou quelquefois même par écrit, afin de se rendre le maître de l'ordre qu'il a suivi, d'en faire son bien propre, et de se former comme une espèce de moule, où toutes nos pensées s'arrangent d'elles-mêmes dans leur place naturelle.

---

(1) PLIN. jun. *Lib. VII, epist. IX.*

L'étude d'une douzaine d'endroits, méditée avec cette attention, sera un travail plus utile que la lecture d'un grand nombre d'ouvrages dont on ne retire souvent pour tout fruit qu'une connoissance superficielle et une approbation vague du mérite d'un auteur : au lieu qu'en faisant, comme on vient de le lire, l'anatomie exacte de sa méthode dans quelques morceaux choisis, on apprend à devenir auteur soi-même, et à approcher au moins de son modèle, si l'on ne peut l'égaler.

Les ouvrages de M. Nicole, et sur-tout les quatre premiers volumes des Essais de morale, qui sont plus travaillés que les autres, et où il est plus aisé d'apercevoir un plan et un ordre suivi, entrent aussi dans la même vue ; et en y apprenant à bien ordonner les pensées de son esprit, on y trouvera l'avantage infiniment plus grand d'apprendre en même temps à bien régler les mouvemens de son cœur.

En voilà assez sur ce que l'on a appelé d'abord l'*art de prouver* ; et il est temps de donner aussi une notion générale de la manière d'apprendre à plaire en prouvant.

ART DE PLAIRE EN PROUVANT, ET POUR MIEUX PROUVER.

Ce second point demande moins de réflexions, parce qu'il se confond presque avec le premier.

On est toujours sûr de plaire quand on parvient à convaincre par une méthode qui sait conduire l'esprit sans effort, et presque sans travail, à la découverte de la vérité ; et c'est même par là qu'un homme public, qui ne parle que pour elle, doit chercher presque uniquement à plaire à ses auditeurs.

D'ailleurs les maîtres que l'on vient d'indiquer, soit pour donner des préceptes, soit pour fournir des exemples dans l'art de prouver, sont presque tous aussi d'excellens modèles dans l'art de préparer cette volupté innocente qui accompagne la conviction, ou qui dispose l'ame de l'auditeur à s'y livrer plus facilement.

Il ne reste donc ici qu'à parler des ouvrages qu'il est bon de lire avec attention, pour achever de se former à la pureté et à l'élégance du style, ou aux grâces et aux ornemens de l'élocution. On s'attachera principalement à ceux qui, suivant l'idée naturelle de l'éloquence, n'ont regardé l'art de plaire que comme un instrument utile et presque nécessaire à l'art de prouver.

Démosthène et Cicéron sont en possession depuis plusieurs siècles, d'être regardés en ce genre comme les plus grands modèles; et le premier peut-être encore plus que le second, si l'on s'attache à la force du raisonnement.

Mais comme les harangues de Démosthène perdent beaucoup de leur mérite dans les traductions, on peut commencer par la lecture de Cicéron, et remettre celle de Démosthène jusqu'au temps où notre jeune orateur, revenu de ses distractions philosophiques et juridiques, si elles méritent ce nom, aura renouvelé avec le grec une connoissance qui aille jusqu'à la familiarité.

Une lecture rapide des oraisons de Cicéron ne seroit pas suffisante. On peut s'en rassasier d'abord, si l'on veut; mais il faudra revenir encore sur ses pas, et en choisir quelques-unes, dont on fera une espèce d'analyse, pour y découvrir l'art caché de cet ordre oratoire, qui dans certaines matières peut être plus propre à manier les esprits que la méthode des géomètres ou des philosophes.

Après ceux qui ont été, pour ainsi dire, éloquens par état ou par profession, les historiens latins (car on ne parle point ici des grecs, par la raison qu'on vient de marquer), peuvent fournir des modèles aussi parfaits dans l'art de bien parler. et peut-être plus approchans de notre génie et de notre goût que Cicéron même.

Les harangues de Salluste, de Tite-Live, de Tacite, sont des chefs-d'œuvre de sens, de raison, et de cette éloquence de choses plutôt que de mots, qui persuade sans art oratoire, ou du moins saus en employer d'autre que celui dont le principal mérite est de savoir se cacher. Le corps entier de leurs histoires n'est pas moins utile à lire, soit pour se former le style de la narration, soit pour se remplir de réflexions qui préviennent l'effet de l'expérience, et qui donnent une maturité anticipée à la raison. Si l'on pouvoit même en apprendre par cœur les plus beaux endroits, on exerceroit utilement sa mémoire; et ce seroit le moyen, non seulement d'orner, mais d'enrichir et de fortifier son esprit.

La lecture des poëtes n'est pas non plus à négliger; et Cicéron souhaite quelque part à ceux mêmes qui n'écrivent qu'en prose, *verba propè poetarum.* La poésie inspire un feu d'imagination qui sert beaucoup à animer, à échauffer le style, et à l'empêcher de languir, surtout en traitant des matières sèches et épineuses, qui le refroidissent naturellement, et qui le mettent, pour ainsi dire, à la glace.

Mais c'est ici, plus qu'en tout autre genre de

lecture, que dans le bon il faut savoir choisir le meilleur, et dans le meilleur même, l'excellent. Je conseillerois donc à notre futur orateur de s'attacher presque uniquement à trois des poètes latins, et de les avoir continuellement entre les mains. Il devinera aisément que c'est de Térence, de Virgile et d'Horace que je veux parler. Il les connoît déjà trop pour avoir besoin que je lui en trace ici les différens caractères. On peut dire qu'ils sont *pares magìs quàm similes.* Mais s'il falloit faire un choix dans ce qui est également parfait, je louerois dans Térence cette pureté, cette naïveté, cette élégance de style qu'on ne sauroit trop imiter. J'admirerois dans Virgile la noblesse, l'élévation, la perfection de ses vers, et sur-tout ce fond de sentiment qui va jusqu'au cœur, et qui rend son style si intéressant, que c'est peut-être par là que l'imitateur et le rival d'Homère l'a emporté sur son original. Mais je finirois par donner la préférence à la lecture d'Horace, et sur-tout de ses satires, de ses épîtres, et de son art poétique, qui donne des leçons aux orateurs mêmes, quoiqu'il ne paroisse fait que pour les poètes.

Je dirois donc volontiers d'Horace ce que Quintilien a dit de Cicéron : *Ille se profecisse sciat, cui Horatius valdè placebit* (1). On y apprend non seulement à bien parler, mais à bien penser ; à juger sainement de ce qui doit plaire ou déplaire dans ceux avec qui nous vivons ; avoir le sentiment vif et délicat sur les caractères, sur les bienséances et les devoirs de la vie civile, et à connoître ce qui peut former

(1) *Inst. Orat. lib. X, cap.* 1.

l'honnête homme, l'homme aimable dans le commerce de la société.

Toutes les vertus du style s'y réunissent en même temps : une justesse d'expressions qui égale celle des pensées, un art à présenter des images toujours gracieuses, et toujours traitées avec cette sobriété qui sait s'arrêter où il faut, et faire succéder de nouvelles beautés qui semblent suivre naturellement les premières, et charmer l'esprit par leur variété, sans le fatiguer par leur multitude ou par leur confusion ; un choix dans les épithètes qui ne sont jamais oisives, et qui ajoutent toujours ou plus de force ou plus de grâce aux termes qu'elles acccompagnent ; une perfection dans les narrations, dont l'élégance et l'ornement ne diminuent point la simplicité et la rapidité. Enfin, on trouve en lui un maître toujours aimable qui, comme il le dit lui-même, enseigne le vrai en riant. et dont le savant badinage semble jouer autour du cœur (c'est l'expression de Perse) (1) pour y faire entrer plus agréablement ses préceptes. Mais en voilà trop sur le caractère de cet auteur : il faudroit être Horace lui-même pour en faire dignement le portrait ; et l'on profitera plus à le lire qu'à l'entendre louer.

Ce n'est pas qu'outre les trois poètes latins dont on vient de parler, il n'y en ait plusieurs autres dont la lecture ne soit pas à mépriser. La force et la véhémence de Juvénal, le grand sens et l'énergie de Perse, la morale, les pensées, les expressions mêmes de plusieurs endroits de Sénèque le tragique, la vaste imagination de Stace, la liberté et quelquefois la

(1) PERS. *Sat. I.*

grandeur de Lucain, la facilité et la fécondité de Claudien, peuvent avoir leur utilité pour élever et pour enrichir l'esprit d'un orateur. On peut donc lire ces poëtes ; mais il faut étudier les premiers. Le mélange des défauts rend souvent les vertus mêmes dangereuses, et l'on ne sauroit choisir des modèles trop purs et trop parfaits, quand on veut arriver soi-même à la perfection.

Au reste, ce seroit une erreur de croire que des auteurs latins ne puissent pas nous apprendre à bien écrire en français. Les perfections essentielles du style sont les mêmes dans toutes les langues. Les signes ou les instrumens, c'est-à-dire, les mots dont on se sert pour s'exprimer sont différens ; mais les règles générales, pour les mettre habilement en œuvre, sont toujours semblables ; et dans quelque langue qu'on parle ou qu'on écrive, on ne le fera jamais avec succès, si l'on ne présente à l'auditeur ou au lecteur le même enchaînement dans les pensées, la même suite dans les images, la même justesse dans les comparaisons, le même choix et la même exactitude dans les expressions.

Mais outre ces vertus communes à toutes les langues, elles ont aussi chacune des beautés qui leur sont propres ; et il y a d'ailleurs une espèce de mode dans le style même qu'on est obligé de suivre dans ce qu'elle a de bon, parce qu'on parle aux hommes de son temps. Ainsi il est nécessaire de joindre aux modèles que les anciens nous ont laissés dans leur langue, ceux que nous trouvons dans la nôtre, en s'attachant toujours aux meilleurs et à ceux qui approchent le plus de notre âge.

Tels sont les ouvrages de M. Fléchier, de M. Bossuet, du père Bourdaloue ; et sans vouloir faire ici des comparaisons toujours odieuses entre ceux qui ont excellé chacun dans leur genre, le dernier est peut-être celui qu'on peut lire avec le plus de fruit, quand on se destine à parler pour prouver et pour convaincre. La beauté des plans généraux, l'ordre et la distribution qui règnent dans chaque partie du discours, la clarté, et si l'on peut parler ainsi, la popularité de l'expression, simple sans bassesse, et noble sans affectation, sont des modèles qu'il est plus aisé d'appliquer à l'éloquence du barreau, que le sublime ou le pathétique de M. Bossuet, et que la justesse, la mesure ou la cadence peut-être trop uniforme de M. Fléchier.

Les Lettres provinciales, et sur-tout les dernières, par rapport à l'objet qu'on se propose de plaire en prouvant, peuvent se placer hardiment à côté de ces grands orateurs, et je ne sais quels sont ceux qui devront avoir le plus de peur du voisinage. La quatorzième lettre surtout est un chef-d'œuvre d'éloquence qui peut le disputer à tout ce que l'antiquité a le plus admiré, et je doute que les Philippiques de Démosthène et de Cicéron offrent rien de plus fort et de plus parfait.

Pour se rapprocher davantage de la sphère du barreau, on peut lire quelques-uns des plaidoyers de M. le Maître, où l'on trouve des traits qui font regretter que son éloquence n'ait pas eu la hardiesse de marcher seule, et sans ce cortège nombreux d'orateurs, d'historiens, de pères de l'Eglise, qu'elle mène toujours à sa suite.

Les plaidoyers de M. Patru, dégagés de cette pompe inutile, pèchent plutôt par l'excès contraire de la sécheresse ; mais la diction en est pure, le style très-français, et peut-être meilleur que celui du temps présent. On ne perdra donc pas son temps à les lire, aussi-bien que ceux de M. Erard, où l'on trouvera un style doux et coulant, un tour d'esprit naturel, une ironie assez fine et assez délicate qui en faisoit le principal ornement, mais qui laissoit à desirer cette force de raisonnement et ce progrès de preuves toujours plus pressantes l'une que l'autre, qui fait le principal mérite de ces sortes de discours.

Je n'ai point parlé jusqu'ici de deux auteurs qui ont été regardés autrefois comme les maîtres, et presque comme les fondateurs du style français, je veux dire de Coëffeteau et de Balzac, qu'on ne connoît presque plus aujourd'hui, quoique la lecture en pût être fort utile, si on la faisoit avec discernement.

L'histoire romaine du premier peut être lue sans aucun danger; et elle mérite de l'être, pour apprendre, non seulement la pureté, mais le caractère naturel et le véritable génie de notre langue.

Balzac doit être lu avec plus de précaution: on y trouve une affectation vicieuse dans les pensées, un goût peu réglé pour l'extraordinaire et pour le merveilleux, un génie qui prend souvent l'enflure pour la grandeur, et qui approche plus de la déclamation que de la véritable éloquence; défauts après tout qui sont trop marqués dans cet auteur pour être bien dangereux, et qui peuvent être utiles, parce qu'ils montrent les écueils que ceux à qui la nature a donné beaucoup d'esprit ont à éviter. Mais en récompense on y remarque un tissu parfait dans la suite et dans la liaison des pensées, un art singulier dans les transitions, un choix exquis dans les termes, une justesse rare et une précision très-digne d'être imitée dans le tour et dans la mesure des phrases, enfin un nombre et une harmonie qui semblent avoir péri avec Balzac, ou du moins avec M. Fléchier, son disciple ou son imitateur, et qui ne seroient peut-être pas moins utiles à notre avocat du roi que celles des Cantates de Corelli ou de Vivaldi.

Les défauts de cet auteur ont donc fait un grand tort à ses vertus : trop admiré pendant sa vie, il a été trop méprisé après sa mort. Mais le bon esprit consiste à savoir faire usage de tout ; et pourquoi ne pas profiter de ce qu'un auteur a d'excellent, parce qu'on y trouve des fautes qu'on ne sauroit excuser? On peut donc appliquer à Balzac ce que Quintilien (1) a dit de Sénèque, qui avoit presque les mêmes défauts ; ceux qui ont le goût déjà formé peuvent non seulement le lire impunément, mais le lire utilement, quand ce ne seroit que parce qu'il est propre à exercer des deux côtés le jugement, *vel ideò quòd potest exercere utrimque judicium.* Ce qu'il a de vicieux est l'objet d'une critique avantageuse qui sert à affermir l'esprit dans le goût du simple et du vrai : ce qu'il a de bon apprend à perfectionner la nature, sans cesser de la prendre pour modèle, et de travailler toujours d'après elle.

On devroit à présent parler des poètes français de même qu'on a parlé des poètes latins ; mais il seroit inutile de répéter ici ce qu'on a déjà dit sur les secours que l'éloquence peut tirer de la poésie ; et d'ailleurs nos poètes sont si connus, et si fort au goût de la jeunesse, qu'on n'a pas besoin de lui en recommander la lecture.

---

(1) *Lib. X, cap. I.*

Tout ce qu'on peut desirer d'elle à cet égard, c'est qu'elle proscrive d'abord tous ceux qui sont dangereux pour la religion et pour les mœurs ; que dans les bons, elle choisisse toujours les meilleurs, et que dans les meilleurs, elle s'attache principalement à ce qui les caractérise et les distingue entre leurs égaux, comme la structure et l'harmonie dans Malherbe ; l'élévation des pensées, la noblesse des sentimens et la profondeur des réflexions dans Corneille ; la beauté des images, la vivacité des mouvemens, et la félicité des expressions dans Racine ; le simple, le vrai, le gracieux dans Lafontaine ; et de même à l'égard de nos autres poètes. L'impression, et comme la teinture de ces différens caractères, se fait sentir dans les ouvrages de ceux qui les ont bien lus ; et il en est de leur style comme de ces carnations parfaites dans la peinture, où aucune des couleurs ne domine, et où néanmoins elles font toutes leur effet.

Je m'oublie en parlant si long-temps d'une matière qui naturellement flatte mon goût ; et je ferai mieux d'achever de remplir le plan que je me suis proposé, en passant de l'étude ou de la théorie à ce qui regarde l'exercice ou la pratique.

EXERCICE ou PRATIQUE.

On comprend aisément que les différens essais qu'on peut faire de ses talens doivent se rapporter aux deux objets qui ont été distingués dans ce qui regarde l'étude ; c'est-à-dire, à ce qu'on a appelé l'art de prouver, et l'art de plaire en prouvant.

A l'égard du premier point, pour s'exercer comme à l'ombre, et par un essai domestique, à ce qu'on doit faire au grand jour et dans l'exercice réel des fonctions publiques, rien ne sera meilleur que de prendre dans le *Journal des Audiences*, ou dans quelque autre recueil d'arrêts, un fait qui ait donné lieu d'agiter une question de droit, et sur-tout de droit romain, dont notre jeune candidat est plus instruit; de bien lire les moyens des deux parties, et le discours de l'avocat-général, qui n'y est souvent rapporté qu'en substance; et de composer ensuite un plaidoyer tel qu'on le feroit si l'on étoit obligé de parler sur une affaire semblable.

Deux ou trois essais de cette espèce, revus et corrigés par ceux qui sont capables d'en juger, seront plus utiles que tous les préceptes pour en apprendre le véritable tour et le caractère propre; pourvu que l'on ait la patience de les remanier et de les remettre sur l'enclume, jusqu'à ce qu'on les ait portés au point de perfection dont on peut les rendre susceptibles. Un ouvrage achevé forme plus, sans comparaison, l'esprit et le goût, que cent ouvrages commencés, et si le temps manque dans l'exercice actuel d'une charge pour perfectionner ainsi ce que l'on écrit, on sait au moins ce qu'il faut faire pour y parvenir, et l'on en approche toujours beaucoup plus que si l'on n'avoit jamais fait que des ébauches.

Un second exercice domestique qui peut être aussi d'une grande utilité, est de profiter des conférences que l'on fait sur le droit, pour acquérir l'habitude d'en digérer et d'en développer les principes dans un ordre qui, par des définitions, des distinctions et des preuves bien disposées, conduise sûrement l'esprit à prendre le meilleur parti.

Il faut pour cela commencer la conférence par une espèce de discours suivi, où en se proposant toujours pour modèle, autant qu'il se peut, la méthode géométrique, on épuise d'abord tout ce que le raisonnement peut fournir sur la matière que l'on traite, pour y joindre ensuite les autorités tirées des sentimens des jurisconsultes et de la jurisprudence des arrêts.

Ce discours ne doit être ni lu, ni appris par cœur; il suffira d'en avoir fait une espèce de plan ou de canevas; après quoi il faudra s'abandonner à sa facilité naturelle pour l'exécution, et être seulement attentif à éviter les fautes de langage, sans trop rougir de celles qui échappent. L'exercice en diminuera toujours le nombre; et c'est le meilleur moyen de se former l'habitude de parler, et de bien parler, sans avoir rien appris par mémoire, comme on doit le faire dans les plaidoyers. L'essentiel est que l'ordre le plus naturel règne toujours dans tout ce que l'on pourra dire; et quand on s'y est une fois accoutumé dans la jeunesse, il en coûteroit plus pour parler sans méthode, que pour le faire avec méthode.

Le second point, qui consiste à savoir plaire en prouvant et pour mieux prouver, ne demande pas moins d'exercice et de préparation que le premier, si l'on veut acquérir une élocution, non seulement pure et naturelle, mais noble et même fleurie jusqu'à un certain point. Ce ne seroit peut-être qu'un avantage frivole si elle ne servoit qu'à faire louer l'orateur, mais elle devient un objet solide quand on considère combien elle est utile pour faire triompher la justice.

De tous les travaux domestiques qu'on peut

entreprendre pour se former le style, il n'en est guère de comparable à celui de la traduction. Elle apprend à faire mieux sentir les vraies beautés de l'original; et comme ce travail excite une louable émulation de les égaler dans notre langue, il force l'esprit à chercher et à trouver des tours capables d'exprimer tout ce qu'il pense, tout ce qu'il sent même. Or c'est en cela précisément que consiste la véritable perfection du style. Toutes les expressions sont des images, et tout écrivain est un peintre qui a réussi dans son art lorsqu'il a su donner à ses portraits toute la vérité et toutes les grâces des originaux.

La traduction est donc comme l'école de ceux qui se destinent à peindre par la parole. La nécessité de frapper à plusieurs portes différentes, pour trouver une expression qui rende fidèlement en français toute la force du mot latin, nous ouvre enfin celle qui nous fournit le terme propre que nous cherchons. Nous découvrons par là dans notre langue des richesses qui nous étoient inconnues; et notre esprit acquiert une heureuse fécondité, en se rendant le maître d'un grand nombre d'expressions synonymes, ou presque synonymes, qui joignent dans ses discours la variété à l'abondance. Il apprend même (et c'est ce qui est encore plus important) à distinguer les termes vraiment synonymes de ceux qui ne le sont pas exactement; et de là ce forment ce goût pour la justesse et pour la propriété des expressions, et ce choix entre celles qui sont plus ou moins énergiques, et qui répandent non seulement plus de lumière, mais plus de force ou plus d'agrément sur nos pensées.

L'expérience fera encore mieux sentir l'utilité de ce travail que tous les raisonnemens. L'essentiel est de s'y attacher avec persévérance, et de choisir toujours les plus grands modèles, comme les narrations de Térence, les plus beaux endroits des oraisons de Cicéron, les harangues de Salluste, de Tite-Live, de Tacite, et les portraits qui se trouvent dans ces trois auteurs. C'est contre de tels émules qu'il est véritablement utile de jouter. Le combat est pénible, et presque toujours inégal; mais on y gagne même à être vaincu, par les efforts que l'on fait pour vaincre. On a au moins le plaisir de sentir qu'on approche toujours de plus près de son modèle; pourvu que, sans désespérer du succès, comme cela arrive quelquefois à des esprits vifs qui voudroient tout emporter du premier coup, on soit bien persuadé qu'avec le temps et l'application, il n'est point de difficulté qui ne cède à une heureuse opiniâtreté.

Au reste, il n'est pas nécessaire de se piquer toujours de faire des traductions exactement littérales. Il est bon même d'en mêler quelquefois de plus libres, qui approchent plus de l'imitation que de la traduction. On ne fait des copies que pour se mettre en état de produire à son tour des originaux; et c'est l'esprit des grands maîtres qu'il faut tâcher de leur dérober, pour ainsi dire, et de s'approprier, plutôt que leurs expressions ou leurs pensées mêmes.

Il y auroit bien d'autres genres d'ouvrages auxquels il seroit utile de s'exercer; comme des comparaisons des endroits presque semblables qu'on trouve dans différens auteurs; des jugemens ou des critiques de certains ouvrages, des parallèles de différens auteurs, ou de grands hommes dont on auroit lu la vie, à l'imitation de ceux de Plutarque. Mais le temps est trop court pour pouvoir faire tout ce qui seroit avantageux ; et, comme je l'ai déjà dit ailleurs, il seroit dangereux d'effrayer un jeune courage, en multipliant trop les objets de ses travaux. Je crains même d'être déjà tombé dans cet inconvénient, et à mesure que j'ai vu les pensées et les réflexions croître toujours sous ma plume, il m'est souvent venu dans l'esprit qu'on pourroit me dire : mais tout cela est-il bien nécessaire pour se mettre en état d'exercer une charge d'avocat du roi au Châtelet ? Est-ce donc un ministère si difficile à soutenir ? Et s'agit-il pour cela de former un chef-d'œuvre en genre de capacité, d'éloquence et de goût ? Tous ceux qui ont rempli une semblable fonction, et qui l'ont fait même avec succès, s'y étoient-ils préparés d'une manière si laborieuse ?

Je conviendrai volontiers que beaucoup ne l'ont pas fait, pourvu qu'on avoue aussi qu'ils auroient dû le faire. Mais d'ailleurs, celui qui est ici mon objet prétend-il se borner à être avocat du roi toute sa vie ? J'ai trop bonne opinion de lui pour penser qu'il veuille se contenter du pur nécessaire, en le bornant même à ce qui suffit pour remplir une charge qui ne doit être considérée que comme un passage et une espèce de noviciat. Il portera donc plus loin ses vues ; et s'il entre bien dans les miennes, il regardera le plan que je viens de lui tracer comme une préparation pour toute la suite de sa vie, beaucoup plus que pour le temps qu'il passera dans la charge d'avocat du roi, et il se mettra bien dans l'esprit ces paroles qu'il lira dans Quintilien : *Altiùs ibunt qui ad summa nitentur, quàm qui præsumptâ desperatione quò velint evadendi, protinùs circa ima substiterint.*

Je finis cette espèce d'instruction par deux avis qui ne lui seront peut-être pas moins utiles que tous les autres.

Le premier est de s'accoutumer à ne point parler, même dans le commerce ordinaire du monde, sans avoir une idée claire de ce qu'il dit, et sans être attentif à l'exprimer exactement. Rien n'est plus ordinaire que de voir des hommes de tout âge parler avant que d'avoir pensé, et manquer du talent le plus nécessaire de tous, qui est de savoir dire en effet ce qu'ils veulent dire. Le seul moyen d'éviter un si grand défaut, est de prendre dans la jeunesse l'habitude de ne dire que ce que l'on conçoit, et de le dire de la manière la plus propre à le faire concevoir aux autres. On apprendra par là à parler toujours juste, et à prévenir une certaine précipitation qui confond les idées, et qui est la source de tous les paradoxes et de toutes les disputes que la conversation fait naître entre des gens qui ne se battent que parce qu'ils ne s'entendent pas les uns les autres.

Le second est de ne pas croire qu'il ne faille s'expliquer correctement que quand on parle en public. La facilité de le faire dans un grand auditoire, sans le secours de la mémoire, ne s'acquiert parfaitement qu'en s'accoutumant, dans les conversations les plus communes, à suivre exactement les règles de la langue, à ne se permettre aucune faute, aucune expression mauvaise ou impropre, et à se réformer même sur-le-champ lorsqu'il en échappe. Parler correctement, parler proprement, c'est l'ouvrage de l'habitude, et l'habitude ne se forme que par des actes réitérés et presque continuels.

Je desire donc à notre jeune orateur sur ce point, comme sur tous les autres, le don de la persévérance ; et il méritera de l'obtenir s'il s'applique à s'instruire par principe de devoir, et sur-tout dans cet esprit de religion qui doit animer tous nos travaux, qui en adoucit la peine, et qui peut seul les rendre véritablement utiles.

FRAGMENT

D'UNE V.e INSTRUCTION

Qui n'a pas été achevée,

SUR L'ÉTUDE DU DROIT ECCLÉSIASTIQUE.

Notions générales sur la manière d'étudier le droit ecclésiastique.

I. DANS le droit civil de chaque nation, et dans tout ce qui appartient au gouvernement extérieur de la société, il y a unité de puissance, de législation, de loi, et, pour ainsi dire, de jugemens, parce qu'il n'y a qu'une seule autorité souveraine dont tout ce qui forme un droit émane comme de sa source, et qui est le centre commun où tous les rayons du cercle se réunissent.

On ne trouve point la même simplicité dans le droit ecclésiastique. L'Eglise est dans l'Etat, et non pas l'Etat dans l'Eglise, comme l'a fort bien observé un ancien auteur ecclésiastique ;

et saint Augustin a encore mieux exprimé les premières notions de cette matière, lorsqu'il a dit que le prince ne doit pas seulement servir Dieu comme homme, mais qu'il est encore plus obligé de le servir comme roi; c'est-à-dire, d'user de son pouvoir pour faire rendre à l'Etre suprême l'honneur et le culte qui lui sont dus; de protéger la religion et ses ministres; de tenir la main à l'observation, non seulement des règles communes à tous les chrétiens, mais des lois qui sont propres aux ecclésiastiques; d'ajouter ce qui manque à l'autorité de l'Eglise, en contenant par la terreur des peines temporelles ceux qui ne sont pas assez frappés de la crainte des peines spirituelles; en un mot de faire pour Dieu tout ce qui ne peut être fait que par un roi.

De cette doctrine il suit nécessairement qu'il doit se trouver dans le droit ecclésiastique un grand nombre de matières qu'on peut appeler *mixtes*, dans lesquelles la puissance temporelle concourt avec l'autorité spirituelle, et où ces deux puissances, sans être subordonnées l'une à l'autre, doivent se prêter un secours mutuel; afin qu'étant également émanées de Dieu, elles agissent, chacune dans leur genre, pour la gloire de leur auteur, et pour la félicité non seulement temporelle, mais encore éternelle de leurs sujets.

Il y a donc, pour ainsi dire, duplicité de puissances dans les matières du droit ecclésiastique, ou une double autorité, une double législation, de doubles lois, et des jugemens de deux espèces différentes; il y a aussi par conséquent deux sortes d'études qu'il faut toujours réunir pour s'instruire pleinement de ce droit: l'une est celle des règles établies par l'Eglise, l'autre est celle des lois que les princes y ont ajoutées ; et c'est sans doute par cette raison que les anciens collecteurs des canons, qui en ont voulu faire comme des codes ecclésiastiques, y ont souvent inséré les textes des lois des empereurs romains, et que Photius en particulier a donné à son recueil le titre de *Nomo Canon*.

II. De cette notion générale du droit ecclésiastique on peut conclure que, puisque ce droit considéré dans son intégrité, est l'ouvrage de deux puissances qui ont concouru à le former, la première étude que doivent faire ceux qui veulent s'en instruire solidement, est celle de la nature, de l'étendue et des bornes de ces deux puissances, toujours amies dans l'ordre et dans les desseins de Dieu, mais souvent ennemies par l'ignorance ou par les passions des hommes, dont la plus forte et la plus dangereuse est la jalousie de pouvoir et d'autorité.

C'est ce qui a formé ce qu'on appelle les *querelles* ou les *questions de puissance ;* questions souvent agitées dans les différens âges de l'Eglise, presque toujours mal soutenues des deux côtés, plutôt apaisées que clairement décidées, et dont la discussion a paru embarrassante, moins par la difficulté de la matière, que par la prévention de plusieurs de ceux qui les ont traitées.

Rien n'est plus utile que de s'instruire à fond de cette longue suite de querelles ; d'en étudier exactement les faits ; d'en peser attentivement les raisons ; de comparer les excès ou les extrémités dans lesquelles on a pu se jeter des deux côtés ; de considérer quelle en a été la fin, souvent contraire aux vues de ceux qui les avoient fait naître ; de remarquer enfin qu'en se fixant à des notions simples et incontestables, on découvre aisément le véritable principe qui auroit terminé toutes ces disputes, si les parties intéressées eussent mieux aimé s'entendre que se combattre mutuellement.

Mais quelque utile que soit ce travail, il demande tant de temps, de recherches et de discussions, qu'on ne croit pas devoir proposer à notre jeune avocat-général (1) de l'entreprendre dès à présent ; il retarderoit même trop long-temps l'acquisition de plusieurs connoissances, dont le besoin est beaucoup plus pressant pour lui dans la place qu'il remplit. Il peut donc se contenter aujourd'hui de se mettre au fait des principes généraux de cette matière, en lisant avec attention un petit nombre de livres où ces principes sont mieux expliqués qu'ailleurs, et en remettant l'examen des preuves de ces ouvrages à un temps où il aura moins de connoissances pressées à acquérir.

Il ne doit cependant jamais perdre de vue un examen si nécessaire, et il sera bon qu'il se forme dès à présent, comme je le dirai dans la suite, un plan général de l'ordre dans lequel il fera ce travail, afin de pouvoir le placer dans tous les intervalles de repos que les autres occupations de sa charge pourront lui laisser.

III. Après cette espèce d'étude préliminaire de la distinction des deux puissances, qui appartient en quelque manière à l'un et à l'autre droit, c'est-à-dire, au droit civil et au droit ecclésiastique, notre jeune avocat-général sera beaucoup plus en état de s'appliquer utilement

(1) M. d'Aguesseau avoit commencé cette instruction pour son fils aîné, qui venoit d'entrer dans la charge d'avocat-général.

à l'étude du fond des matières qui sont l'objet propre de la jurisprudence ecclésiastique.

Mais dans cette étude même, il y a encore des préliminaires qui sont communs aux deux parties, qu'on sera obligé de distinguer bientôt dans le même droit.

Telle est l'histoire qui en a été écrite par plusieurs auteurs.

Telle est la connoissance exacte qu'il faut acquérir de toutes les collections des canons, anciennes ou nouvelles, qui sont la source du droit ecclésiastique, et qui ont donné lieu de les réduire comme en art ou science méthodique. Il est d'autant moins permis de négliger cette connoissance, que c'est le seul moyen d'apprendre sûrement quel a été le progrès du droit canonique, de faire une critique judicieuse des différentes parties dont le corps de ce droit a été composé, et de juger sainement de l'autorité que les compilations successives qui en ont été faites ont eue dans certains siècles ou dans certains pays, et de celles qu'elles doivent avoir à présent.

Telle est enfin la lecture des meilleures institutions, ou des premiers élémens de la jurisprudence ecclésiastique ; et il est bon d'en lire de plus d'une espèce, non seulement parce que cela sert à affermir ces premières notions dans l'esprit, mais parce que les différentes manières dont elles sont présentées par des auteurs différens donnent lieu de les mieux envisager par toutes leurs faces, et de profiter des diverses réflexions que plusieurs hommes savans ont faites sur le même sujet ; ce qui, dans tout genre de science, contribue beaucoup à donner de l'étendue et de la supériorité à l'esprit.

En voilà assez sur les préliminaires ; il est

temps de passer à ce qui regarde l'étude du fond des matières.

IV. La division ordinaire du droit civil de chaque état, en droit public et en droit privé, ne peut guère s'appliquer au droit ecclésiastique. Comme presque toutes les dispositions de ce droit ont pour objet des ministères, des devoirs ou des fonctions publiques qui tendent directement au bon ordre et au bien commun de la société chrétienne, on peut dire que cette portion sacrée de la jurisprudence appartient presque entièrement au droit public; et ce qui en tenoit lieu chez les Romains, dans le temps du paganisme, n'a pas été regardé par eux d'une autre manière.

On peut cependant distinguer dans le droit ecclésiastique deux parties principales qui sont d'un ordre différent.

La première, que l'on peut appeler la partie supérieure de ce droit, comprend un genre de questions de puissance qui sont différentes de celles dont on a parlé dans le premier article. Elles ne s'agitent pas, si on peut parler ainsi, au dehors du gouvernement ecclésiastique, comme celles qui se forment entre la puissance temporelle et l'autorité spirituelle : elles naissent dans le sein du gouvernement ecclésiastique lui-même, et entre ceux à qui il est confié, comme entre le pape et les conciles généraux et particuliers, ou entre le même souverain pontife et les autres évêques, sur l'étendue et les bornes de leur autorité : telles sont encore celles qui, sans intéresser le chef de l'Eglise, ne se traitent qu'entre les autres ministres de l'Eglise, comme entre les primats et les archevêques ou les métropolitains; entre ceux-ci et les évêques; entre les évêques et les curés, ou d'autres ministres du second ordre.

Toutes les règles qui concernent la discipline générale de l'Eglise, les immunités ou les privilèges généraux des personnes ou des biens ecclésiastiques; la distinction du clergé séculier et du clergé régulier; l'établissement des corps qui se sont formés dans l'Eglise sous le nom d'*ordres* ou de *congrégations*, les maximes que cet établissement a rendu nécessaires, celles qui regardent les vœux de religion, les exemptions prétendues par des communautés religieuses ou par des chapitres; la jurisdiction quasi épiscopale que les uns ou les autres croient avoir acquis le droit d'exercer; enfin l'ordre et les degrés de la jurisdiction ecclésiastique; la forme des jugemens qui s'y rendent, et plusieurs autres matières semblables peuvent encore être mises dans la première classe des matières ecclésiastiques qui sont d'un ordre supérieur, comme plus générales, plus importantes, et ayant un rapport plus direct avec l'intérêt commun de toute la société ecclésiastique.

A l'égard de la seconde partie du droit ecclésiastique, qu'on peut regarder comme inférieure à la première, ce qui la caractérise principalement, est que les matières qu'elle renferme regardent plus directement les titres et les intérêts particuliers de certaines personnes ecclésiastiques, que l'ordre ou le bien général de tous; et que l'usage y a établi une espèce de droit de propriété, ou du moins de possession, pareil à celui qui a lieu à l'égard des biens profanes ou purement temporels.

Tels sont, par exemple, les droits des gradués, des indultaires et des autres expectans pour requérir des bénéfices; les différentes espèces de présentations ou de nominations qui appartiennent au roi ou à ses sujets ; les divers genres de collations ou de provisions ; la manière de procéder sur le possessoire ou sur le pétitoire des bénéfices, ou dans les affaires civiles ou criminelles des ecclésiastiques ; les prérogatives, les priviléges, les droits honorifiques qui appartiennent à certains corps ou à certaines dignités ; les questions qui s'agitent sur les dîmes, sur l'entretien et les réparations des églises et des presbytères ; et en général, comme on l'a dit d'abord, tout ce qui peut se réduire en droit, et ne pas consister seulement en devoir, en fonctions publiques, en règle de conduite et de discipline. C'est l'idée la plus naturelle qu'on puisse se former de cette seconde partie du droit ecclésiastique, d'un ordre fort inférieur à la première.

V. Par laquelle de ces deux parties est-il à propos de commencer l'étude de ce droit ?

S'attacher d'abord à la première, comme à la plus élevée, la plus importante, et à celle dont les principes supérieurs influent perpétuellement dans toutes les matières de la seconde, ce seroit l'ordre le plus naturel, et sans comparaison le meilleur, si l'on ne considéroit que ce qui tend à la perfection de l'ouvrage, plutôt que ce qui est possible à l'ouvrier, et ce qui lui est même le plus nécessaire.

Commencer au contraire par la seconde, c'est un ordre qui, quoique moins bon en lui-même, peut avoir aussi ses raisons, soit parce qu'il est souvent utile de commencer par le plus facile, soit parce que l'acquisition des connoissances dont le besoin est le plus pressant paroît mériter la préférence.

Mais après tout, il n'est point nécessaire d'opter entre deux partis qui peuvent être regardés comme deux extrêmes, entre lesquels il y a un milieu qui prévient les inconvéniens de chacun d'eux, et qui en réunit les avantages ; c'est de faire marcher de front deux études qui se prêtent un secours mutuel, parce qu'on trouve la théorie et les maximes générales dans l'une, la pratique et les règles particulières dans l'autre ; et il ne sera pas bien difficile de concilier ces deux études, en s'attachant à l'ordre suivant.

On peut étudier d'abord et en même temps les deux sortes de préliminaires qu'on a distingués dans les articles II et III ; c'est-à-dire, d'un côté ce qui regarde la distinction des deux puissances, et de l'autre ce qui sert également de préparation à l'étude de ces deux parties du droit ecclésiastique ; c'est ce qu'on a réduit à trois points, l'histoire du droit canonique, la critique des différentes collections qui en ont été faites, les institutions ou les élémens de ce droit.

De ces deux études qui s'allient fort bien ensemble, l'une est encore plus de raisonnement que de fait ; l'autre au contraire est beaucoup plus de fait que de raisonnement, et la seconde peut servir à délasser de la première.

Il sera temps après cela de s'engager dans une étude plus profonde des deux parties du droit ecclésiastique ; et pour les faire marcher toujours, autant qu'il est possible, d'un pas égal, il faudra se faire un plan général de l'ordre qu'on y suivra, et être fidèle à donner chaque jour pendant les vacations, un temps réglé à chacune de ces deux études.

Ce temps manquera, à la vérité, pendant la séance du parlement, où il faut nécessairement se livrer par préférence à l'expédition des affaires courantes. Mais outre les temps de fêtes, qui sont comme de courtes vacations, il y a quelquefois des intervalles favorables où un avocat-général n'est chargé que d'affaires légères ; et quand il aura fait un bon plan, il sera très en état de mettre ces intervalles à profit, pour exécuter quelque partie de son dessein général. Ces travaux particuliers, qui paroissent peu de chose quand on les examine séparément, forment à la fin un objet considérable : *In summam proficiunt.* Les intervalles mêmes où l'on peut les placer, et dont les momens sont précieux, croîtront tous les jours par l'effet de l'habitude et de l'exercice, qui, en augmentant la facilité de travailler, et en multipliant les connoissances, augmentera le nombre des matières légères, et diminuera dans les mêmes proportions celui des affaires pressantes. L'essentiel est d'être fidèle à son plan, et de ne laisser échapper aucune occasion d'avancer l'édifice qu'on veut élever, quand on ne feroit qu'y placer une seule pierre.

VI. Pour donner ici une première idée et comme une légère ébauche de ce plan, qu'il est si important de se former, et encore plus de suivre constamment, on peut distinguer deux objets principaux dans l'étude du droit ecclésiastique, comme dans celle de toute espèce de jurisprudence.

Le premier et le plus essentiel, mais qui cependant a besoin du second, est la connoissance exacte des lois, des actes, et des autres monumens publics qui forment comme le fond du droit dont on veut s'instruire.

Le second, qui, comme on vient de le faire entendre, est nécessaire pour faciliter et pour fixer l'intelligence du premier, est l'étude des jurisconsultes qui ont expliqué ou enrichi par des commentaires, le texte des lois et des actes publics, ou qui ont fait des traités généraux ou particuliers pour développer les principes de la jurisprudence ecclésiastique.

A l'égard du premier objet, si l'on vouloit ou si l'on pouvoit l'embrasser dans sa vaste étendue, il faudroit d'un côté y comprendre toute la suite des canons des conciles généraux ou particuliers, sur tout ce qui a rapport à la discipline de l'Eglise ; de l'autre, il seroit nécessaire d'y ajouter toutes les lois des empereurs romains, et toutes les ordonnances de nos rois sur les matières ecclésiastiques, sans parler des lois étrangères, dont il y en a plusieurs qui mériteroient aussi d'y tenir leur place, et d'un grand nombre d'arrêts des parlemens, qui forment une partie considérable de la science du droit ecclésiastique, soit à cause des principes qui y sont rappelés et établis, soit parce qu'il y a des matières dont les règles sont la suite d'une jurisprudence ancienne et uniforme, en sorte qu'on peut y appliquer ce qui a été dit de la régale en particulier : *Tota regalia præjudicatis constat.*

Mais un objet si immense seroit peut-être plus propre à dégoûter du travail qu'à y encourager ; et il n'est que trop ordinaire aux hommes de ne rien faire du tout, précisément parce qu'il y auroit trop à faire.

Il faut donc avoir égard jusqu'à un certain point à la foiblesse humaine, se réduire à ce qui est possible et plus proportionné aux forces de ceux mêmes qui ont beaucoup de courage, et faire un choix entre ce qui est véritablement essentiel, et ce qui est seulement utile.

Il y a même des degrés dans ce genre de

connoissance dans lesquels il est permis de s'arrêter pour un temps, en se réservant de monter plus haut dans la suite, à mesure que la facilité croît, et que l'expérience montre le besoin d'une étude encore plus étendue. Il est certain au moins que dans les commencemens, le plus sûr est de se contenter du nécessaire, parce qu'on ne sauroit l'acquérir trop promptement.

Enfin il reste à abserver que dans cette étude du nécessaire, on ne doit pas chercher à séparer ce qui appartient proprement à la partie supérieure du droit ecclésiastique de ce qui n'en regarde que la seconde, pour ne s'attacher d'abord qu'à l'une et revenir à l'autre dans la suite. On ne sauroit morceler ainsi l'étude des textes ; et c'est une des raisons qui m'ont donné lieu de penser que les deux parties du droit ecclésiastique devoient être étudiées en même temps.

Voici donc, après toutes ces réflexions, à quoi l'on peut réduire, quant à présent, l'étude du premier objet, c'est-à-dire, des lois, des actes et des monumens publics.

Je voudrois bien qu'on pût faire remonter cette espèce de tradition jusqu'aux lois des empereurs romains, depuis Constantin jusqu'à Justinien inclusivement, et y joindre l'étude des savantes et admirables notes de Jacques Godefroy, sur celles de ces lois qui sont dans le code Théodosien ; mais cette étude seule, si elle étoit bien faite, pourroit remplir une grande partie du temps des vacances présentes, et notre jeune avocat-général en aura besoin pour des choses encore plus pressées. Je ne laisse pas cependant d'en faire la remarque en cet endroit, afin qu'il sache qu'il faudra revenir dans la suite, et le plus tôt qu'il le pourra, à une étude si importante.

Je passe, par la même raison, tout ce qui regarde les anciennes collections des canons, les capitulaires mêmes de nos rois, et je me réduis tout d'un coup au moderne, parce qu'il est d'un usage plus pressant que tout le reste, sauf à reprendre dans la suite ce qui est plus ancien, mais moins nécessaire dans ce moment.

Je fixe donc l'époque du commencement de l'étude des lois, des actes, et des monumens ecclésiastiques, au temps de la pragmatique-sanction, c'est-à-dire, à l'année 1438.

Depuis cette époque jusqu'à présent on trouve comme trois corps de lois qui regardent les matières ecclésiastiques, et un grand nombre d'ordonnances générales et particulières qui doivent être comme le bréviaire d'un bon avocat-général par rapport à ces matières.

Le premier corps ou recueil de lois est la pragmatique-sanction.

Le second est le concordat passé entre le pape Léon X et le roi François I.er

Le troisième est le concile de Trente.

Il ne s'agit point d'examiner ici le degré d'autorité de chacun de ces recueils, ce sera un des objets de la judicieuse critique de notre avocat-général lorsqu'il les étudiera chacun en particulier ; mais en attendant, il doit savoir qu'il n'y en a aucun dont la lecture ne lui soit nécessaire. La pragmatique-sanction plus respectée, et plus respectable en effet que le concordat, n'a point été entièrement abrogée par cette espèce de traité fait entre le roi François I.er et le saint Siége. Le concordat, long-temps combattu, a enfin passé en usage, et a été employé

ployé en différentes occasions comme un titre entre la France et la Cour de Rome.

A l'égard du concile de Trente, il est vrai qu'il n'est pas reçu dans ce royaume en ce qui concerne la discipline, et qu'on l'y cite plutôt comme un exemple que comme une loi; mais d'un côté c'est ce point-là même, c'est-à-dire, celui de savoir pourquoi un concile d'ailleurs si respectable, n'a jamais pu être revêtu du caractère de l'autorité royale, malgré les instances vives et réitérées, mais toujours inutiles, que fit le clergé de France, et qu'il est très-important à un avocat-général de bien approfondir; et d'un autre côté, comme l'ordonnance de Blois et plusieurs ordonnances postérieures ont adopté le fond d'une partie des dispositions du concile de Trente sur la discipline, il est nécessaire d'en faire une étude sérieuse, quand ce ne seroit que pour être en état de bien le comparer avec les lois du royaume qui l'ont imité dans plusieurs points; et cette comparaison seule pourra suffire pour faire sentir par quelles raisons on a emprunté une partie de ses dispositions, pendant qu'on a négligé les autres, et pourquoi on a mieux aimé mettre sous le nom du roi ce qui a été tiré de ce concile, que de l'autoriser sous le nom du concile même.

A l'égard des ordonnances de nos rois sur les matières ecclésiastiques, les principales et les plus essentielles sont une partie de l'ordonnance de 1539; de celles d'Orléans, de Moulins, d'Amboise, de Blois, de Melun; les édits de 1606, ceux de 1678 et de 1684, sur les procès criminels des ecclésiastiques: l'édit de 1673, et la déclaration de 1682 sur la régale; les déclarations de 1686 et de 1690, sur les portions congrues ; enfin les lettres-patentes en forme d'édit de 1695, concernant la juridiction ecclésiastique ; les édits et les déclarations qui ont suivi jusqu'à présent. Il est bon de prendre d'abord une teinture générale de ces lois, pour y revenir dans la suite en étudiant chaque matière particulière. Il y auroit peut-être même un ouvrage général à faire sur ce sujet, qui seroit d'une grande utilité pour celui qui auroit le courage de l'entreprendre, et je pourrai en dire un mot dans la suite.

À ces différens textes des lois, qui sont comme la source de la jurisprudence présente sur les matières ecclésiastiques, j'ajouterai deux sortes d'ouvrages qui n'ont pas, à la vérité, le même caractère ou le même degré d'autorité, mais dont la lecture n'est peut-être pas moins utile pour un avocat-général qui veut s'initier dans les mystères et dans les grands principes de la partie supérieure du droit ecclésiastique.

Je veux parler d'abord des articles de M. Pithou sur nos libertés, ouvrage si estimé, et en effet si estimable, qu'on l'a regardé comme le *Palladium* de la France, et qu'il y a acquis une sorte d'autorité plus flatteuse pour son auteur, que celle des lois mêmes, puisqu'elle n'est fondée que sur le mérite et la perfection de son ouvrage, qui seroit cependant encore susceptible d'un bon supplément.

Je ne dis rien, quant à présent, des preuves de cet ouvrage, peut-être plus utiles encore que l'ouvrage même ; c'est une lecture importante qui occupera notre avocat-général une autre année.

Après les articles de M. Pithou, rien n'est plus propre à faire naître le goût des véritables principes de la partie la plus élevée du droit ecclésiastique, que les discours de MM. les avocats-généraux, sur-tout dans les affaires publiques où ils ont fait des remontrances ou des réquisitoires, soit pour réprimer les entreprises de la Cour de Rome, soit pour exercer leur censure sur des ouvrages contraires à nos maximes.

On trouve plusieurs de ces discours dans les preuves des libertés de l'Eglise gallicane. On en trouve encore dans les journaux des audiences, ou dans d'autres recueils : ils ont presque tous été imprimés dans leur temps ; et s'il y en a quelques-uns qui ne l'aient pas été, ce seroit un ouvrage digne d'un avocat-général de les faire chercher dans les registres du parlement pour tâcher d'en avoir un recueil complet, auquel il faudroit joindre aussi les remontrances qui ont été faites à nos rois par leurs parlemens, en différentes occasions, qui concernent la même matière. Comme les discours des avocats-généraux contiennent toujours une critique sévère des fausses maximes, ils montrent en même temps celles qui sont véritables. Ils accoutument ainsi l'esprit à en faire un juste discernement ; et par les notions générales qu'ils lui donnent, ils le mettent en état de mieux connoître l'usage qu'il doit faire de ses études, et de sentir plus aisément tout ce qui est digne de remarque dans les lectures qu'il se propose.

VII. Je passe maintenant au second objet de cette espèce de plan général que j'ébauche ici fort à la hâte, et sur lequel il me reste à parler des auteurs dont les ouvrages méritent non seulement d'être consultés, mais d'être lus, sur les deux parties du droit ecclésiastique.

Entre ces ouvrages, il y en a qui doivent être lus dès à présent, ou par lesquels il faut commencer ; il y en a d'autres dont la lecture peut être différée, mais qu'il est bon de savoir d'avance qu'on doit lire dans la suite, afin de les regarder toujours comme des créanciers qu'il faudra satisfaire le plus promptement qu'il sera possible.

Ouvrages à lire dès à présent.

On les placera ici suivant l'ordre des différens points qu'on a distingués en commençant. On se contentera sur ce point, comme sur les autres, d'indiquer les auteurs. On ne finiroit point si l'on vouloit porter ici un jugement exact sur leurs ouvrages, et il ne faut pas prévenir celui de notre avocat-général, dont ils doivent subir la critique. On y joindra seulement quelques notes très-courtes lorsqu'elles pourront être nécessaires.

Traité de M. Le Vayer sur l'autorité des rois dans l'administration de l'Eglise, et celui du même auteur sur l'autorité du roi à l'égard de l'âge des vœux de religion.

Ces deux ouvrages méritent non seulement d'être lus, mais d'être médités; il n'y en a guère de plus lumineux ni de plus méthodiques sur cette matière, et où l'on ait mieux su conduire l'esprit des commençans par les idées les plus claires, et par les principes les plus féconds.

GROTIUS, *de Imperio summarum Potestatum circà Sacra.*

C'est un livre digne de la profondeur du génie et de la vaste érudition de son auteur. Aucun ouvrage, au moins, n'est plus propre à donner lieu d'aller jusqu'au fond d'une matière si importante, dont on peut le regarder comme la partie métaphysique.

Il mérite peut-être par là qu'on en dise beaucoup plus de bien que de celui de M. Le Vayer; mais en récompense, on peut en dire aussi beaucoup plus de mal.

C'est donc un livre qu'on ne sauroit lire avec trop de précaution, si l'on veut y démêler exactement le vrai et le faux. La différence qui les sépare est quelquefois si déliée qu'elle échappe à des yeux médiocrement attentifs; et il vaudroit mieux ne point lire du tout cet ouvrage, que de ne le pas étudier avec assez d'application pour en tirer une utilité qui doit consister plutôt dans ce qu'il donne lieu de découvrir par ses défauts mêmes, que dans ce qu'il présente au premier coup-d'œil.

C'est pour en recueillir ce fruit qu'il faut s'attacher principalement à en épurer les premières notions, à examiner si les termes généraux y ont été définis assez exactement, s'il n'a point supposé ce qui avoit besoin d'être prouvé, et donné pour des axiomes ou pour des premiers principes, des propositions qui étoient très-disputables; en un mot, s'il n'est pas possible de remonter encore au-dessus de la métaphysique de Grotius, pour y trouver des idées supérieures aux siennes, d'autant plus dignes de recherches, qu'elles tendent à établir une véritable concorde entre les deux puissances, en accordant à chacune ce qui ne peut lui être justement refusé (1).

---

(1) Grotius donne une notion générale du terme de *suprême puissance*, où il a eu l'art de rassembler des caractères qui ne conviennent qu'à la puissance temporelle, pour en venir à ne reconnoître que cette seule puis-

La lecture de Grotius faite avec précaution, et en se tenant toujours en garde contre la simplicité et en même temps la profondeur apparente de ses raisonnemens, peut être infiniment utile. C'est un de ces ouvrages qu'on doit regarder comme la pierre de touche d'un bon esprit; et un jeune homme qui en aura su bien discerner le bon et le mauvais, aura fait avec moi des preuves de justesse, de précision et de solidité dans les jugemens.

SONGE DU VERGER,

Ou Dialogue du Clerc et du Chevalier.

C'est un ouvrage qui a eu une grande réputation, et il est important de le lire comme un monument de l'ancienne tradition de la France sur la distinction des deux puissances. On y trouve les meilleurs principes mêlés avec beaucoup de puérilités, qui étoient encore à la mode dans le temps que l'auteur a écrit. Quel est cet auteur, et dans quel temps a-t-il vécu? c'est sur quoi nos critiques ne sont pas d'accord. On peut lire la dissertation qui a été imprimée sur ce sujet dans la nouvelle édition *des Libertés de l'Eglise gallicane*, où le *Songe du Verger*, qui étoit devenu assez rare, a été compris parmi les traités qui remplissent les deux premiers volumes de cette édition.

Au reste, comme il y a bien des landes dans

---

sance. Ceux qui ont voulu ne reconnoître que la puissance spirituelle, ou en faire dépendre indirectement la temporelle, sont tombés dans l'excès opposé. La France a toujours reconnu deux puissances indépentes l'une de l'autre, et qui ont des caractères différens.

cet ouvrage, et même des digressions inutiles et souvent frivoles, il faut savoir le lire de telle manière, qu'en négligeant ce qui est de cette espèce, on ne s'attache qu'à ce qui peut mériter le temps qu'on y donnera.

LOISEAU et M. DOMAT.

Quoique ce que ces deux auteurs ont écrit sur la distinction des deux puissances soit fort court, ils avoient tous deux un si grand sens, que les momens qu'on emploiera à les lire ne seront pas perdus.

Articles de M. Pithou sur les Libertés de l'Eglise gallicane.

La lecture en sera bien placée après cette première étude des principes généraux de la matière.

Il sera bon de les lire dans l'édition *in-quarto*, avec les notes de M. Pithou.

Défense de la Déclaration donnée par le Clergé de France en 1682, par M. Bossuet.

Il suffira de lire, quant à présent, la troisième partie de cet ouvrage, qui contient cinq livres. Outre que les principes généraux de la matière y sont rappelés, on y voit la suite des faits qui y ont rapport, et la connoissance en est très-importante dans une matière qui dépend du fait presqu'autant que du droit. Entre le prince et ses sujets, c'est la loi qui fixe les principes, et elle se suffit pleinement à elle-même; mais entre les souverains ou entre deux puissances indépendantes l'une de l'autre, et naturellement jalouses, les exemples ont souvent plus de force que les lois.

Traité manuscrit de M. le Merre, de la discipline de l'Eglise de France, et de ses usages particuliers.

Cet ouvrage contient plusieurs réflexions aussi solides qu'utiles sur les différentes espèces de lois ecclésiastiques et leur autorité, aussi-bien que sur les matières que l'on doit regarder comme mixtes; et la lecture qu'on en fera servira comme de passage ou de transition entre ce qui est de raisonnement ou de spéculation, et ce qui est d'un plus grand usage dans la pratique.

Préliminaires de la seconde espèce, c'est-à-dire, qui appartiennent en entier au droit ecclésiastique.

PREMIER ARTICLE.

Histoire de ce droit.

Il y en a une, abrégée, à la tête de l'institution de l'abbé Fleury au *droit ecclésiastique;* mais elle est bien superficielle.

Il y en a une autre de M. Doujat, qui est plus étendue, et par laquelle on peut commencer.

Mais ce qu'il y a de meilleur à lire sur ce sujet pour les commençans, ce sont les *prénotions canoniques* du même auteur, ou du moins les cinq premiers livres de cet ouvrage, dans lequel il y a beaucoup de choses qui ne sont bonnes qu'à parcourir.

DEUXIÈME ARTICLE.

Notice, ou connoissance des différentes collections, ou Corps du droit canonique.

Outre ce qu'on aura déjà vu sur ce sujet dans les *prénotions canoniques* de M. Doujat, il faut lire avec attention le traité de François Florent, *de Origine et Arte Juris canonici*. C'est un des meilleurs ouvrages qui aient été faits pour initier la jeunesse dans l'étude de ce droit.

On peut encore y ajouter, si l'on en a le temps, la lecture des prolégomènes que Beveregius a mis à la tête du recueil qui a pour titre, *Pandectæ Canonum*, etc.

Il est bon, outre cela, de se familiariser avec ces différentes collections, en parcourant les différens recueils qui en ont été faits, comme celui de M. Pithou, celui de Justel, celui de Beveregius, etc.

La vue des pièces même affecte davantage que ce qu'on en lit dans les auteurs; et d'ailleurs on apprend par là où l'on peut les trouver quand on en a besoin. La connoissance des livres et de ce qu'on doit y chercher est une science plus nécessaire qu'on ne peut le dire à un bon avocat-général.

TROISIÈME ARTICLE.

Institutions au droit ecclésiastique.

Les plus aisées et les plus agréables à lire, peut-être même les plus utiles par rapport à nos usages, sont celles de M. l'abbé Fleury.

Le livre de Duaren, qui a pour titre, *de Sacris Ecclesiæ Ministeriis*, et qui est aussi une

10 *

espèce d'institution au droit ecclésiastique, a quelque chose de plus noble et de plus élevé; il est d'ailleurs si bien écrit et en si beau latin, que la lecture en est non seulement utile, mais agréable.

L'ouvrage de *Melchior Pastor* sur les *Bénéfices*, est encore un livre élémentaire en cette matière; et en y joignant les notes de Solier, on peut y acquérir une première teinture de la jurisprudence canonique, rapprochée de nos maximes et de nos usages.

Il ne sera pas inutile d'y joindre la lecture des *Paratitles* de *Canisius* sur les décrétales; c'est un ouvrage fort court, mais qui suffit pour donner une notion générale de ce qui est contenu dans chaque livre et dans chaque titre des décrétales, qui, sans être respectées en France comme des lois, y ont été néanmoins adoptées en quelque partie par l'usage, et qui ont toujours le mérite d'une collection méthodique, à laquelle nos auteurs même ont rapporté leurs travaux.

Enfin, un ouvrage qui peut aussi tenir lieu d'élémens, et qui doit être lu avec encore plus d'attention que les autres, est le traité des *Bénéfices de Fra Paolo*. On y trouvera même des principes sur la distinction des deux puissances qui sont au-delà de l'objet propre de ce livre; et il est bon de commencer à faire connoissance avec un auteur dont il y aura bien d'autres ouvrages à lire dans la suite.

Au reste, en finissant cet article, il n'est pas mauvais de rappeler encore ce que j'ai remarqué plus haut, que l'étude des deux espèces de préliminaires du droit ecclésiastique doit être faite conjointement, en donnant une partie du temps qu'on y destine à la lecture des ouvrages qu'on vient d'indiquer sur la distinction des deux puissances, et l'autre partie à l'étude de l'histoire, à celle de la critique des différentes collections, et enfin à celle des institutions du droit ecclésiastique.

Comme il ne s'agit à présent que de se remplir l'esprit des premières notions générales, la simple lecture sera suffisante, sans y joindre un autre genre de travail ; et comme en lisant les livres dont on a parlé, on verra les mêmes choses répétées en plusieurs manières différentes, il sera bien difficile qu'il n'en reste toujours une grande partie dans une tête qui a encore tous les avantages de la jeunesse. Les idées qu'on aura saisies, quoique superficiellement, s'éclairciront, se digéreront et s'affermiront plus parfaitement dans la suite par le travail qui doit les suivre.

ÉTUDE DU FOND DES MATIÈRES.

1.° *Étude des Textes.*

ARTICLES PREMIER ET SECOND.

Pragmatique-Sanction et Concordat.

Avant que d'en commencer la lecture, il faut lire l'histoire que M. Dupuy a écrite de l'une et de l'autre ; c'est la meilleure préparation avec laquelle on puisse entreprendre cette lecture, et elle servira beaucoup à diriger le jugement qu'on doit porter de ces deux ouvrages.

Il y en a des commentaires différens : la glose du président Guimier sur la Pragmatique est un ouvrage estimé depuis long-temps, et on le rendroit beaucoup meilleur si on en retranchoit tout l'inutile. Mais il n'est pas encore temps de se jeter ni dans cette lecture, ni dans celle des interprètes du Concordat, ou des auteurs qui ont écrit sur les matières qu'il renferme. Je ne sais même si ce temps viendra jamais, et si l'on ne fera pas mieux de regarder ces ouvrages comme des livres bons à consulter sur les difficultés particulières qui se présentent dans le courant des affaires, plutôt que d'employer son temps à les lire de suite avec plus de peine et d'ennui que de véritable utilité.

La bonne manière d'étudier d'abord la Pragmatique et le Concordat, comme la plupart des lois, est de travailler à en bien entendre le texte, et à se former une idée claire de leurs dispositions.

On peut en faire une espèce de précis ou d'analyse, pour les graver plus profondément dans la mémoire. Toutes les matières qu'on y trouve ne méritent pas même que l'on prenne cette peine; et il suffira de le faire sur les titres: *de Collationibus*, *de Causis*, *de pacificis Possessoribus*, *de frivolis Appellationibus*, qui se trouvent également dans l'une et dans l'autre, en y ajoutant pour le Concordat, le titre *de Regiâ ad Prælaturas nominatione faciendâ*.

Il ne faudra pas oublier de joindre aux titres de la Pragmatique et du Concordat, *de Collationibus*, tout ce qui se trouve sur les gradués dans les ordonnances antérieures et postérieures au Concordat, moyennant quoi on aura épuisé en quelque sorte une matière qui est d'un grand usage, au moins pour tout ce qu'il est nécessaire de savoir, afin de se mettre en état d'étudier les questions particulières qui se présentent fréquemment sur ce sujet.

Il y aura bien d'autres choses qu'il faudra lire dans la suite par rapport à la Pragmatique et au Concordat ; mais on ne parle à présent que de ce qui presse le plus.

TROISIÈME ARTICLE.

Concile de Trente.

Tout ce que l'on vient de dire dans l'article précédent peut s'appliquer aussi à l'étude du concile de Trente.

Lire les sessions qui regardent la discipline, tâcher dans cette première lecture d'en bien entendre le texte, et sans se piquer, quant à présent, d'apprendre exactement sur ce concile tout ce qui est de critique et d'érudition, se contenter d'en acquérir une notion suffisante pour être en état de le mieux étudier dans la suite ; c'est à quoi se réduit tout ce que j'ai à demander d'abord sur ce sujet. Il seroit bon seulement d'y joindre la lecture des *notes manuscrites de M. le Merre sur ce concile*, pour commencer à y bien distinguer ce qui est contraire et ce qui est conforme à nos maximes ou à nos usages, et apprendre les principales règles de notre droit, en les comparant avec celles du droit que le concile de Trente avoit voulu établir.

Il viendra un temps où il faudra reprendre plus à fond l'étude de ce concile, en lire les deux célèbres histoires, et les comparer l'une avec l'autre, au moins dans les endroits les plus intéressans pour les maximes de la France ; voir les différens recueils des pièces (1) qui

(1) On trouve des pièces et des faits sur la publi-

ont rapport à ce concile, et les principaux écrits qui ont été faits pour en favoriser ou pour en empêcher la réception dans ce royaume.

Étude des ordonnances sur les matières ecclésiastiques.

On les trouvera presque toutes rassemblées dans un recueil qui forme le troisième volume du nouveau traité des Bénéfices ecclésiastiques, en trois volumes *in-quarto* (1).

Il est bon de lire d'abord de suite les textes de ces lois, en y joignant seulement, si l'on veut, les notes sur l'ordonnance de 1539; sur celles d'Orléans, de Moulins, etc. qui sont imprimées dans le recueil de Néron.

Il n'est pas possible sans doute qu'il n'échappe beaucoup de ce qu'on aura lu d'une manière si rapide; mais il en reste toujours une notion générale, qui montre au moins tout ce que l'on doit savoir, et elle fait à-peu-près le même effet que la vue des cartes générales dans l'étude de la géographie : on n'en retient point le détail; mais les positions des provinces et des villes principales demeurent toujours dans l'esprit, et forment comme des points auxquels on rapporte les connoissances plus exactes que l'on acquiert dans la suite.

---

cation du concile de Trente dans les pays soumis alors à la maison d'Autriche, dans un traité de Stokmans intitulé *Jus Belgarum*. Les articles dressés en 1593, contenant les raisons qui ont empêché la réception de ce concile en France, sont dans Bochel. *Decret. Eccles. Gallic. lib. V*, *pag.* 916.

(1) Il y a eu une seconde édition en 1736, dont le troisième tome contient cette collection.

Il faudra bientôt passer de cette notion superficielle à une étude plus parfaite des ordonnances sur les matières ecclésiastiques ; et c'est ici que je dois m'acquitter de ce que j'ai promis plus haut, je veux dire l'indication d'un travail qu'on peut faire sur ces ordonnances, pour les fixer entièrement dans sa mémoire, et se mettre en état de les avoir toujours, pour ainsi dire, dans sa main.

Le code Henri, où le président Brisson, émule de Tribonien, qui a voulu imiter le code de Justinien jusque dans ses défauts, fournit non seulement le plan, mais l'exécution en grande partie du travail qu'il seroit à propos de faire sur les ordonnances.

Il les a arrangées suivant l'ordre des matières ; il a subdivisé chaque matière en différens titres ; et dans chacun des articles de ces titres, il a réuni toutes les dispositions semblables des ordonnances pour n'en former que comme un seul article de loi, et il est évident qu'on ne peut pas imaginer une meilleure méthode pour mettre à profit l'étude des ordonnances, et pour se les rendre toujours présentes.

Mais sans examiner si l'ordre général de ce code est bien bon, et si l'auteur a mieux réussi dans l'ordre particulier de chaque matière, il est certain d'un côté, que cet ouvrage exige un très-grand supplément par rapport à tout ce qui l'a suivi ; et de l'autre, qu'il a besoin d'être remanié et perfectionné dans les choses mêmes qu'il contient.

En l'examinant sur les matières ecclésiastiques, qui sont à présent notre unique objet, on trouvera qu'il y aura des titres à y ajouter ; que dans ceux qui y sont, il y en a qu'il faudroit subdiviser; et qu'enfin il seroit peut-être bon d'en changer tout l'ordre général.

Il faudroit donc en former d'abord un nouveau plan, et faire la table des titres; après quoi on auroit deux ouvrages à faire en détail sur chaque titre, comme je viens de l'indiquer. L'un seroit de suppléer ce qui manque au code Henri; l'autre de perfectionner ce qui s'y trouve.

L'ordre des temps paroîtroit demander que l'on s'attachât d'abord au premier; mais comme ce que le président Brisson a fait peut suffire par provision pour ce qui l'a précédé, il sera beaucoup plus utile de ne penser d'abord qu'à y suppléer ce qui l'a suivi, en observant toujours sa méthode, c'est-à-dire, en réunissant dans le même article toutes les dispositions semblables des ordonnances postérieures, comme si l'on avoit à en faire une nouvelle loi, sans oublier de citer à côté les articles de chaque ordonnance qui avoient été comme fondus en un seul; et c'est aussi ce que le président Brisson a eu soin de faire exactement.

Ainsi, pour rédiger un titre entier suivant cette idée, il faudra commencer par écrire dans l'ordre qu'on se sera prescrit, les articles qui sont dans le code Henri, avec les renvois aux ordonnances dont ils sont tirés, et mettre ensuite les nouveaux articles qu'on aura formés des dispositions des ordonnances postérieures.

On aura par là une espèce de code ecclésiastique complet, et en le relisant une fois l'année, au commencement de chaque parlement, on y ajoutera les nouvelles lois, s'il y en avoit qui eussent été faites dans le cours de l'année précédente, sur les matières ecclésiastiques, en sorte que le code croîtra successivement avec les années ; et chaque chose étant ainsi mise à sa place, rien n'échappera à notre avocat-général, que je regarde ici comme cet orateur parfait que Cicéron et Quintilien cherchoient, et dont ils travailloient à se former une juste idée.

Il observera en passant (c'est-à-dire notre avocat-général) que tous les articles du code Henri à la tête desquels on ne trouve que la date de 1585, sans aucun renvoi à des ordonnances, ne sont l'ouvrage que du président Brisson, qui avoit fait ces additions aux lois précédentes, dans la vue de faire autoriser son code par le roi Henri III. Ainsi tous ces articles seront à retrancher dans un travail qui ne doit avoir pour objet que de mettre en ordre ce qui a vraiment force de loi : en trouvera d'ailleurs en beaucoup d'endroits, que les ordonnances postérieures ont suppléé aux vues particulières du président Brisson.

Au reste, ce genre d'ouvrage n'est pas de ceux qu'on doit faire dans un temps fixe et rendre à un jour certain. L'essentiel est de le commencer bientôt et de le continuer avec persévérance. Il est même de nature à pouvoir être aisément exécuté par parties, et il n'y en a point dont on puisse faire un usage plus commode pour remplir les vides légers et les intervalles peu considérables que les occupations d'un avocat-général peuvent lui laisser.

Etude des Commentaires et des Traités sur le Droit ecclésiastique.

Pour bien expliquer l'usage qu'on peut en faire, il faudroit distinguer, 1.° les anciens et les nouveaux interprètes, dont les uns ont réciproquement leurs avantages sur les autres.

2.° Les auteurs ultramontains qui doivent être lus avec précaution, et les auteurs français qui ont suivi des maximes conformes à celles de la France, entre lesquels il faut préférer ceux qui sont le plus généralement estimés.

3.° Ceux qui ont fait des commentaires perpétuels ou des ouvrages généraux sur tout le droit canonique, et ceux qui n'ont travaillé que sur une partie de ce droit : les derniers valent ordinairement beaucoup mieux que les premiers.

Quel jugement doit-on porter sur tous ces auteurs ? Qu'est-ce qu'on doit en lire, et quand faudra-t-il placer cette lecture ? Je ne dirai qu'un mot sur une matière qu'il seroit trop long de traiter par écrit, et il faudra y suppléer par la conversation. Je commence par ce qui regarde les commentateurs.

Entre les anciens, les plus estimés sont Innocent IV, qui, d'interprète du droit canonique, devint auteur d'une partie de ce droit par les décisions qu'il donna depuis qu'il fut élu pape ; Jean André, Hostiensis, Bouhich, Panorme, ou l'abbé de Palerme, Zabarella, Joannes de Anania, etc.

Entre les modernes, les plus célèbres et les plus utiles de ceux qui ont suivi les opinions ultramontaines, et qui ont regardé le corps du droit canonique comme un recueil de véritables lois, sont Fagnan et Gonzalez.

Parmi les interprètes français, ou ceux qui ont écrit à-peu-près dans le même esprit, et en se rapprochant de nos maximes, les meilleurs sont Florent, la Coste, et Van-Espen.

L'étude des anciens commentateurs a deux avantages principaux.

Le premier est qu'on y trouve plusieurs faits

singuliers qui sont arrivés de leur temps, et qui peuvent servir beaucoup à illustrer la jurisprudence canonique, où les exemples ne sont guère moins importans à savoir que les lois.

J'ai souvent désiré que quelque jeune homme laborieux entreprît de lire les anciens canonistes dans cette vue, c'est-à-dire, pour en extraire tous les faits qui y sont rapportés, dont on peut se servir pour exemples ; c'est un travail qu'un avocat-général ne sauroit faire, et le peu de temps qui lui reste doit être employé encore plus utilement ; mais s'il pouvoit trouver dans la jeunesse du barreau quelque avocat d'assez bonne volonté pour se charger de cette entreprise, il en résulteroit un ouvrage qui seroit non seulement utile, mais curieux, qu'on pourroit donner au public sous le titre d'*Anecdotes de la Jurisprudence ecclésiastique* ; et en y joignant ce que l'on peut trouver sur ce sujet dans les historiens contemporains, et dans les recueils de pièces ou de monumens historiques, on en feroit un livre dont la lecture seroit intéressante pour les jurisconsultes, et même pour ceux qui ne le sont pas.

Le second avantage de la lecture des anciens interprètes est de connoître par ce moyen le progrès des opinions ultramontaines. On remarque souvent dans ces auteurs que les maximes de leur temps étoient plus pures, moins éloignées de la saine discipline, moins favorables à des prétentions exorbitantes ; qu'on ne pensoit pas encore à soutenir, ou qu'on ne proposoit que foiblement les maximes des modernes, dont la flatterie a enchéri dans certains points sur celle de leurs prédécesseurs. Nos jurisconsultes français en ont souvent tiré des armes pour combattre les partisans de la pleine puissance du Pape. L'abbé de Palerme, par exemple, et Adrien VI, qui, de même qu'Innocent IV, avoit écrit comme docteur avant que de décider comme pape, sont cités heureusement par les défenseurs de nos maximes, contre le système de l'infaillibilité du Pape, telle que les Italiens la soutiennent aujourd'hui. Ce seroit donc encore un ouvrage très-utile de recueillir dans ces anciens interprètes tout ce qui tend à confirmer la doctrine de la France, ou à faire mieux sentir les excès des Ultramontains modernes. Cet ouvrage est bien avancé par ceux de nos auteurs qui ont le mieux écrit sur nos maximes; mais on pourroit encore y ajouter beaucoup de semblables autorités. Et quoique ce travail, non plus que le précédent, ne puisse pas être exigé d'un avocat-général, il est bon cependant qu'il ait lui-même cette notion dans l'esprit, afin que lorsqu'il sera obligé de consulter les anciens interprètes sur les questions qu'il aura à traiter, il remarque, chemin faisant, ce qui peut servir à l'usage que je viens d'indiquer.

Les interprètes modernes ont réciproquement plusieurs avantages sur les anciens.

Cette instruction n'a pas été finie.

ESSAI

D'UNE INSTITUTION

AU DROIT PUBLIC.

Il y a dans ce titre deux termes qui paroissent avoir besoin d'être définis ou expliqués chacun séparément, pour donner d'abord une juste idée de ce qui doit être l'objet de cet essai.

Le droit, considéré en général, est le premier de ces termes.

Le droit public est le second, et son objet est moins étendu que celui du premier.

DÉFINITIONS.

I. Ce qu'on appelle *le droit* considéré en général n'est autre chose, par rapport à l'objet présent, que l'assemblage ou la suite des règles par lesquelles nous devons faire le discernement de ce qui est juste et de ce qui ne l'est pas, pour nous conformer à l'un et nous abstenir de l'autre.

II. Le caractère général de toutes ces règles, ou ce qu'elles ont de commun, est qu'elles tendent également à diriger la conduite d'un être intelligent qui ne doit pas vivre au hasard, et à qui la raison a été donnée pour être comme sa première loi. Il est donc évident que toutes ses actions doivent avoir un motif raisonnable; et il ne l'est pas moins que ces règles ne lui sont données que pour le conduire à sa perfection et à son bonheur.

III. Tel est en effet le véritable objet de tout ce qui porte le nom de *droit*, soit qu'on applique ce terme à tous les hommes considérés en général comme formant la société universelle du genre humain ; soit qu'on le renferme dans ces sociétés moins nombreuses, qu'on appelle *nation*, *royaume* ou *république* ; soit enfin qu'on restreigne encore plus le terme de *droit*, en le bornant à ce qui regarde les intérêts des particuliers.

IV. Lorsqu'on s'arrête à la première espèce de droit, c'est-à-dire à ces règles qui sont communes à tous les hommes, parce qu'elles ont pour fin la perfection et le bonheur de l'humanité considérée en elle-même, on les appelle *droit naturel*, comme si l'on disoit droit que le nature ou plutôt la raison, pour parler encore plus correctement, que l'auteur de la nature et de la raison dicte également à tous les hommes.

V. Si l'on passe au second objet, c'est-à-dire, à ces sociétés moins étendues qui forment les nations, les royaumes, les républiques, on y découvre sans peine l'origine du second terme qu'on a cru devoir définir : c'est celui de *droit public*, et l'on aperçoit aussi aisément la raison qui lui a fait donner ce nom.

Comme le droit naturel se rapporte essentiellement à la perfection et au bonheur de la grande société du genre humain ; de même le droit public a pour objet direct et immédiat la perfection et le bonheur de chacune de ces sociétés moins nombreuses, dont les différentes nations ou les divers états sont composés ; et c'est ce qui caractérise véritablement le *droit* qu'on appelle *public*.

VI. Mais ces sociétés doivent être envisagées sous deux points de vue différens.

On peut les regarder d'abord comme les membres principaux de ce grand corps qui renferme tous les hommes ; et en les considérant de cette manière, on conçoit aisément qu'elles ont des règles à observer entr'elles, ou des devoirs réciproques à remplir, si elles veulent assurer leur perfection et leur bonheur.

Mais on peut aussi n'envisager ces grandes sociétés qu'au dedans d'elles-mêmes, en tant qu'elles forment un corps distinct et séparé de tous les autres, dans lequel ceux qui vivent sous la même domination sont aussi assujétis aux mêmes lois ; et si on les regarde dans cette vue comme ne formant qu'un seul tout, cette partie du *droit public* a encore pour objet la perfection et le bonheur du corps entier.

VII. On doit donc distinguer deux sortes de droit public.

La première est le droit public *extérieur*, ou le droit que les différens états doivent suivre entr'eux pour leur perfection et leur félicité commune ; et c'est ce que l'on doit nommer proprement le *droit des gens*, (*jus gentium*), le droit des nations, qu'il seroit peut-être encore mieux d'appeler le *droit entre les nations* (*jus inter gentes*).

La seconde espèce du droit public est le droit public *intérieur* qui est propre à chaque état, et qui tend à la perfection et à la félicité dont il est capable.

VIII. Enfin, si l'on prend le terme de *droit* dans le sens le plus limité, c'est-à-dire, comme ne contenant que les règles qui doivent avoir lieu entre les membres de chaque état, dans les différentes relations qu'ils ont entre eux, ou dans les divers engagemens qu'ils contractent les uns avec les autres, on donne à ce droit le nom de *droit privé*, parce qu'il a pour objet direct l'intérêt particulier de ceux qui vivent sous la même domination, plutôt que le bien de tout le corps, quoiqu'il doive toujours s'y rapporter.

IX. Il ne reste plus, après toutes ces définitions, que d'appliquer à la France la notion générale que l'on vient de donner du droit public.

Ainsi le *droit public extérieur* de ce royaume, est le droit qu'il doit observer avec les nations voisines, ou avec celles qui ont avec lui des relations de commerce, ou d'autres semblables; et le *droit public intérieur* de la France, est le droit qui est établi dans cet état pour le bien commun, ou, ce qui revient au même, pour la perfection et la félicité de la nation et de la monarchie.

X. Il est fort important de remarquer ici, en achevant ces définitions, que toutes les espèces de droit dont on vient de parler renferment toujours un mélange de ce *droit naturel et primitif*, qui est la source et le fondement de toutes les lois. On peut dire même que, comme les principes du droit public ont un rapport plus direct et plus immédiat avec le bonheur des hommes, que les règles qui ne regardent que le *droit privé*, il y a encore plus de droit naturel dans l'un que dans l'autre; et c'est par cette raison que les souverains qui ne suivent pas les uns à l'égard des autres les règles que l'auteur de notre être impose à tous les hommes, pèchent encore plus contre le droit naturel que les

les particuliers qui s'en éloignent dans leur conduite.

Ainsi le droit public étant principalement fondé sur le droit naturel, il est nécessaire de se former d'abord une notion générale de ce droit primitif, avant que de traiter du droit public, qui n'en est qu'une émanation.

NOTIONS générales du droit naturel.

I. S'il y a un droit qui mérite véritablement ce nom (comme on ne sauroit en douter, et comme l'on en sera encore plus convaincu par l'exposition même de ce droit), il doit consister uniquement dans des règles que la raison enseigne à tout homme exempt de passion et attentif à envisager de sang froid ce qui tend à sa perfection et à son bonheur; ou, si l'on veut exprimer la même pensée d'une autre manière, on peut dire que le droit naturel consiste dans ces lois primitives, qui étant également reconnues par tous les hommes, même par ceux qui les violent, sont regardées avec raison comme gravées dans le fond de notre être par la main de son auteur.

De là vient que ce droit a été encore appelé un droit commun à toutes les nations. Il n'en est aucune qui n'ait une idée du juste et de l'injuste, qui n'approuve et ne loue les actions conformes à cette idée, qui ne blâme et qui ne punisse même les actions contraires. Il n'est aussi aucun homme qui ne soit content de lui-même, lorsqu'il a suivi les règles de l'équité naturelle; qui n'en soit mécontent au contraire, lorsqu'il a blessé ces règles, et qui n'en soit bientôt puni par le trouble de son ame, et par un remords vengeur qui suit promptement le crime, et qui est comme le premier tourment du coupable. C'est ainsi que tous rendent témoignage à ce droit supérieur à tout autre, qui est né, pour ainsi dire, avec nous, et qui a précédé tous les préceptes et toutes les lois.

II. Mais en quoi consistent les règles de ce droit naturel? C'est ce qu'on ne sauroit bien expliquer qu'après avoir ébauché un léger tableau de l'état de l'homme dans ce monde.

III. Placé par une main invisible et toute-puissante entre Dieu qui l'a créé, et d'autres êtres qui lui sont égaux, l'homme s'aperçoit aisément qu'il y a trois objets principaux auxquels se rapportent toutes ses pensées, tous ses désirs, toutes ses actions.

Le premier est Dieu, auteur et dernière fin de son être.

Le second est lui-même, dont il se fait souvent une espèce de divinité, en rapportant tout à lui par un amour-propre qui devroit le conduire à son véritable bonheur s'il étoit bien réglé, et qui fait ordinairement son malheur parce qu'il ne l'est pas.

Il trouve son troisième objet dans ses semblables, c'est-à-dire, dans les autres hommes avec qui il est lié, comme ils le sont avec lui, par une espèce d'inclination naturelle, et même par des besoins réciproques.

IV. Lorsque l'homme se considère dans ces trois points de vue, il n'a pas besoin de maître pour sentir que sa félicité dépend de la manière dont il se conduit à leur égard, et qu'il ne peut être heureux qu'autant qu'il est bien avec Dieu, avec lui-même, avec ses semblables. Et comme il aspire continuellement, nécessairement, invinciblement à être heureux, il reconnoît en même temps que c'est dans son union à ces trois objets qu'il doit trouver le principe et la règle de tous ses devoirs naturels.

V. Toute société humaine, ou toute nation particulière n'étant que l'assemblage de plusieurs hommes unis ensemble par des liens plus étroits que ceux qui ne sont formés que par la nature, peut être considérée comme un seul homme. Ainsi il est évident que ce qui est vrai de chaque membre d'un corps n'est pas moins vrai du corps entier : d'où il résulte nécessairement que le bonheur et les devoirs généraux ou primitifs de tout royaume ou de tout état, doivent consister aussi à être bien avec Dieu, avec lui-même, avec ses semblables, c'est-à-dire, avec les autres états avec qui il est lié par les mêmes relations ou les mêmes besoins qui rendent les particuliers dépendans les uns des autres. Ainsi tout ce que l'on va dire des devoirs naturels de l'homme, par rapport aux trois grands objets de son amour, doit être appliqué à chaque nation, ou à chaque état, comme à chaque homme envisagé séparément.

VI. Après ces observations préliminaires, il est temps d'entrer dans un plus grand détail, en s'attachant d'abord au premier objet, je veux dire à Dieu ; et je demande qu'il me soit permis de parler ici en mon nom, pour m'exprimer d'une manière plus abrégée et plus sensible sur des devoirs qui me sont communs avec tous les hommes.

Devoirs *naturels de l'homme envers Dieu.*

I. Ce sont ces devoirs qui forment ce que l'on peut appeler *le droit naturel entre le Créateur et la créature.*

Mais comment ma raison pourra-t-elle s'en

former une juste idée ? Je ne connois point d'autres moyens pour y parvenir que de considérer ce que je suis, et ce que Dieu est, de tourner mes premiers regards vers mon être borné pour les élever ensuite vers l'être infini. C'est ce qui peut me faire mieux connoître mes devoirs par rapport à Dieu, et j'espère de trouver dans ce double regard la source de toutes les règles que je dois suivre à l'égard de l'Etre suprême.

II. Au premier coup-d'œil que je jette sur moi-même, je vois qu'il a donné à l'homme deux facultés différentes, par lesquelles il a bien voulu imprimer sur lui quelques traits de ressemblance avec son auteur.

La première est une intelligence ou un entendement capable de connoître.

La seconde est une volonté faite pour aimer.

L'objet de l'un et de l'autre est infini.

L'œil ne se rassasie point de voir ; l'esprit a un désir de connoître qui n'a point de bornes, qui croît, qui se multiplie avec ses connoissances mêmes, parce que tout ce qu'il découvre étant borné, il veut toujours voir au-delà de ce qu'il a vu.

La volonté de l'homme aussi insatiable que son intelligence, et peut-être encore plus, éprouve également que tout ce qui est fini ne fait qu'irriter sa faim, bien loin de l'apaiser. Dégoûtée bientôt des objets qu'elle possède, elle en cherche toujours de nouveaux, sans en trouver jamais aucun qui remplisse ce vide immense qu'elle sent au fond de son être.

III. Si j'ose élever ensuite mes foibles yeux vers l'Etre suprême qui a allumé en moi cette soif ardente et continuelle du vrai et du bien, je sens d'un côté qu'un Dieu souverainement juste ne sauroit avoir formé en moi ce désir éternel et inépuisable, qui est comme le fond de mon être imparfait, pour ne le contenter jamais; et je ne sens pas moins de l'autre que lui seul peut satisfaire pleinement ce désir, parce qu'il n'y a qu'un objet infini dont la possession puisse remplir la capacité d'une intelligence et d'une volonté qui, quoique finies dans leur nature, sont cependant infinies dans leurs désirs.

IV. De cette espèce de comparaison de l'homme avec Dieu, je conclus naturellement que si la possession de l'être infini peut seule me rendre heureux, c'est parce qu'elle me fait participer au bonheur de Dieu même.

V. Me sera-t-il permis de remonter encore plus haut, et de chercher à me former au moins une idée imparfaite de ce bonheur que nous pouvons à peine entrevoir au travers des ombres de la vie présente? Il me semble cependant que je peux supposer sans témérité que la félicité de l'être divin consiste dans la vue, et, pour ainsi dire, dans la jouissance de lui-même, ou, si l'on aime mieux cette autre expression, dans la satisfaction infinie que lui donne le spectacle éternel de sa perfection infinie.

Mais comment l'être imparfait pourroit-il acquérir la perfection qui lui manque, si ce n'est par sa ressemblance et par son union avec l'être souverainement parfait? union par laquelle la perfection du Créateur devient en quelque sorte la perfection de la créature, qui entre par là en partage du même bonheur.

VI. De toutes ces notions générales, qui sont comme la métaphysique du droit naturel entre Dieu et l'homme, il me semble que je peux tirer aisément, et par des conséquences immédiates, toutes les règles essentielles de cette espèce de droit; et je les appelle essentielles, parce qu'elles renferment éminemment toutes celles qui en résultent par des conséquences plus éloignées, et dont le détail seroit infini. Je réduis donc ces règles à sept principales, et je commence par celles qui regardent mon intelligence.

VII. Comme elle ne peut être satisfaite que par la connoissance de l'être infini, ma première règle ou mon premier devoir à l'égard de Dieu, sera de travailler à développer toujours en moi cette première idée qu'il lui a plu de me donner de lui-même, et que le spectacle admirable de l'univers qui publie si hautement la gloire de son auteur, retrace continuellement dans mon esprit.

Je sais en général que c'est un être souverainement parfait; mais ma foiblesse m'obligeant à séparer dans mon esprit ce qui est essentiellement un pour l'envisager plus facilement, en distinguant ce que l'on appelle les propriétés ou les attributs de l'être divin, qui portent tous également le caractère de sa perfection infinie, je tâcherai de me former l'idée la plus étendue qu'il me sera possible de sa science, de sa sagesse, de sa puissance, de sa justice, de sa bonté infinie, et les réunissant ensuite, comme elles le sont en effet dans l'Etre suprême, je parviendrai par là autant que la mesure bornée de mon intelligence me le permet, à remplir mon premier devoir, qui est de faire tous mes efforts pour connoître celui qui m'a fait ce que je suis.

VIII. Mais ma volonté n'a pas moins besoin de règles que mon intelligence, et j'ai remarqué qu'elle ne peut être rassasiée que par la possession d'un bien infini : ainsi ma seconde règle sera de tendre constamment par tous les désirs, par toutes les affections, par tous les mouvemens de mon ame, à m'unir autant qu'il m'est possible à l'Etre suprême, qui est l'unique et l'inépuisable source de ma félicité.

IX. Je conclurai de là, et ce sera ma troisième règle, que si je m'aime moi-même, comme je ne saurois m'en empêcher, si je ne m'aime véritablement qu'autant que je crois approcher de la perfection de mon être ; enfin si je ne peux la trouver que dans Dieu, je suis obligé de l'aimer, je ne dis pas autant, mais plus que moi-même ; ou, pour parler plus correctement, je sentirai que je ne peux m'aimer raisonnablement qu'en lui, ou, pour exprimer encore mieux ma pensée, je dirai que c'est Dieu que j'aime véritablement en m'aimant moi-même comme je le dois ; puisque ce *moi* n'est aimable qu'autant qu'il est uni à l'être souverainement parfait dans lequel il se confond, pour parler ainsi, et en devenant un avec lui, comme les sages mêmes du paganisme l'ont senti par les seules lumières de la raison naturelle.

X. Par conséquent ma quatrième règle sera de me représenter toujours Dieu comme le seul être qui soit véritablement aimable, le seul qui puisse soutenir ma foiblesse, suppléer à mon indigence, et donner à mon ame toute espèce de satisfaction ; et il est non-seulement mon bien, mais mon unique bien, ou plutôt il est tout bien pour moi. Ce qui me flatte même dans les autres êtres à qui je prodigue ce nom ne consiste que dans ce sentiment agréable qu'il plaît à Dieu de me donner à leur occasion. Malheur à moi si j'en abuse pour m'attacher à des biens indignes de mon amour, et incapables de le satisfaire ! Mais si je le fais, c'est moi seul qui deviens mauvais, et Dieu demeure toujours souverainement bon, parce qu'il ne me donne un pareil sentiment que pour me faire tendre à celui qui en est l'auteur.

XI. Il est le maître de m'affliger par des sentimens douloureux, comme de me faire goûter une douce satisfaction : arbitre suprême des biens et des maux, il les tient également en sa main, et il les dispense comme il lui plaît suivant les règles de sa bonté et de sa justice. Ma cinquième règle sera donc de craindre souverainement de lui déplaire, et de le craindre d'autant plus, que je l'aimerai davantage. La crainte du mal naît en moi de l'amour du bien, et ces deux sentimens sont naturellement la mesure l'un de l'autre.

XII. Ainsi regardant Dieu comme disposant de tout ce qui me paroît aimable, et de tout ce que je trouve redoutable, j'en tirerai cette conséquence, qui sera ma sixième règle : Que l'homme est naturellement obligé d'invoquer et d'implorer continuellement le secours divin. Je reconnoîtrai que c'est lui que je dois supplier de m'accorder les vrais biens, et de détourner de moi les véritables maux, quand même je serois assez aveugle pour demander comme un bien ce qui doit être regardé comme un mal, ou pour craindre comme un mal ce qui est en effet un bien véritable : prière dont les poètes profanes de l'antiquité nous ont laissé le modèle, tant ils ont senti, par les seules lumières de la raison, que cette prière étoit une suite nécessaire de la nature de l'homme, comparée avec l'être de Dieu.

XIII. Mais il est évident que l'être infiniment parfait ne peut se rendre favorable ni s'unir qu'à ceux qui lui ressemblent : vérité qui n'a pu aussi être obscurcie par les ténèbres du paganisme ; et les philosophes mêmes de l'antiquité en ont conclu que l'homme devoit travailler continuellement à retracer, à perfectionner en lui cette image du souverain être qu'il trouve dans sa nature.

Ma septième règle sera donc de joindre à l'invocation de cet être l'imitation de ses divines perfections ; et elle ne peut consister que dans la conformité de mes pensées et de ma volonté avec les pensées et la volonté de mon auteur. Juger de tout comme Dieu, autant qu'il m'est possible de le connoître ; vouloir tout ce qu'il veut, rejeter tout ce qu'il ne veut pas : ce sera dans cette heureuse conformité que je ferai consister le principal effet d'un amour qui me porte naturellement à l'imitation de l'être souverainement parfait.

XIV. On me demandera, sans doute, comment ma foible raison pourra parvenir à pénétrer, pour ainsi dire, dans le secret de l'intelligence et de la volonté d'un être qui surpasse infiniment toutes mes connoissances. Mais j'ai déjà prévenu en partie cette question, lorsque j'ai remarqué qu'au milieu même des ténèbres qui nous environnent, nous apercevons au fond de notre ame un rayon de lumière qui nous éclaire assez pour nous faire connoître au moins que Dieu est un être infiniment parfait, en science, en sagesse, en puissance, en justice, en bonté ; et c'est en travaillant à nous former l'idée la plus sublime et la plus étendue de ces perfections, que nous pouvons parvenir à connoître, quoiqu'imparfaitement, comment nous devons nous conduire pour conformer notre intelligence et notre volonté à celles de Dieu.

J'ajoute seulement ici que, quelque bornées que soient nos connoissances, elles nous suffisent pour nous faire sentir au moins ce qui nous manque, et ce que nous ne pouvons trouver qu'en Dieu. Tel est l'effet et la conséquence naturelle de la comparaison que nous faisons de notre être borné avec l'être qui n'a point de bornes ; en sorte que la vue même de notre imperfection nous élève par degrés jusqu'à la connoissance de la perfection, telle que nous pouvons la voir par les seules forces de la raison.

XV. Ainsi, pour entrer dans un plus grand détail sur l'utilité de cette comparaison de l'imperfection humaine avec la perfection divine, mon plus grand soin sera de méditer attentivement sur l'élévation et la bassesse de l'homme, sur sa force et sa foiblesse. Je chercherai à découvrir en quoi peut consister la perfection bornée de son intelligence et de sa volonté ; ce qui peut le rendre heureux ou malheureux ; ce qu'il a reçu et ce qu'il reçoit continuellement de l'auteur et du conservateur de son être ; ce qu'il doit en craindre, ce qu'il doit en désirer, et ce qu'il peut en attendre ou en espérer, s'il est toujours fidèle à chercher dans l'être infini ce qui manque à son être fini.

XVI. Cette première manifestation des lois que le seul nom de Créateur impose à la créature, est ce que l'on appelle *révélation naturelle*, par laquelle Dieu fait connoître à l'homme ce qu'il exige d'un être raisonnable qu'il n'a créé que pour l'élever à lui, et le rendre aussi parfait et aussi heureux qu'il le peut être par la connoissance, par l'invocation, par l'imitation de son auteur ; et c'est à cette même révélation que l'on donne aussi quelquefois le nom de *religion naturelle*, dans laquelle est renfermée cette espèce de droit primitif et immuable qui a lieu, comme je l'ai dit, entre le Créateur et la créature.

XVII. J'éprouve cependant tous les jours que, soit par la foiblesse de ma raison, soit par les nuages des passions qui en obscurcissent souvent la lumière, ou qui lui font perdre de vue son véritable objet, mes connoissances sont comme enveloppées d'une obscurité qui m'afflige. Mais si je sais en faire un bon usage, ce seront ces ténèbres mêmes qui me porteront à désirer de savoir s'il n'a pas plu à l'être souverainement bon de joindre à cette révélation naturelle et imparfaite dont je viens de parler, une révélation plus expresse, plus lumineuse, plus étendue; dans laquelle il ait daigné nous parler lui-même, venant ainsi au secours de notre raison impuissante, pour nous révéler ce que nous devons connoître de son intelligence et de sa volonté, sur la vraie perfection, sur le bonheur solide et durable de notre être, sur la voie qui nous y conduit, sur le culte par lequel il veut être honoré; en un mot, sur tous nos devoirs par rapport à lui, et sur les forces qu'il nous donne pour les remplir.

XVIII. S'il y a eu une révélation de cette nature, ma raison même doit m'exciter à faire tous mes efforts pour la bien connoître, comme le plus grand présent que la bonté de Dieu ait pu faire au genre humain, puisqu'il l'a mis par là en état de le chercher et de le trouver.

XIX. Il me semble même que mes foibles lumières me font découvrir deux vérités également importantes sur ce sujet.

L'une, que si Dieu a bien voulu parler lui-même à l'homme, il aura sans doute accompagné sa parole de tant de signes éclatans et de prodiges évidemment surnaturels, que tout esprit raisonnable et attentif dut être convaincu que c'est Dieu en effet qui avoit parlé.

L'autre, que pour accomplir ce qu'il nous aura commandé, nous pouvons espérer de sa bonté un attrait puissant, un secours capable de nous faire résister au charme ou à la violence des passions, et surmonter tous les obstacles qui nous empêchent de tendre véritablement à notre perfection et à notre félicité.

XX. Quelle sera donc ma satisfaction si je parviens à m'assurer que Dieu a parlé; qu'il s'est fait connoître sensiblement aux hommes pour les éclairer, pour les instruire lui-même; qu'il y a une religion qui porte les caractères que je viens d'indiquer, et qui peut se glorifier d'être la seule dépositaire de cette *révélation surnaturelle*, où je trouve abondamment tout ce qui m'est nécessaire pour me rendre parfait et heureux par la connoissance et par l'amour?

Il est temps de finir cette espèce de digression, où je suis sorti en quelque manière de ma sphère. Mais si je m'en suis écarté pour un moment, je ne saurois cependant m'en repentir, puisque je me suis convaincu que le dernier effort de ma raison est de me conduire et de m'amener par degrés jusqu'à la porte de la véritable religion.

XXI. Je reviens donc ici à mon objet, je veux dire aux devoirs dont la révélation naturelle m'apprend que je suis obligé de m'acquitter envers Dieu. Je les ai renfermés dans un petit nombre de règles générales, dont toutes les autres, comme je l'ai dit, ne sont que des conséquences plus ou moins éloignées; et il me semble même que je pourrois réduire toutes ces règles à une seule, puisqu'après m'être convaincu d'un côté que ma souveraine perfection est d'être uni à Dieu; et de l'autre, que cette perfection fait mon souverain bonheur, il est évident que mon attention continuelle doit être de tendre constamment à cette union, comme à la dernière fin de mon être. Sa véritable essence consiste dans une inclination raisonnable qui ne m'attache ni à moi-même ni à aucun autre objet, que pour me rendre parfaitement et solidement heureux; à quoi ma raison m'apprend que je ne peux parvenir que par la possession de l'Etre suprême.

XXII. Mais après tout, je dois observer que le nom de *droit* naturel entre le Créateur et la créature, que j'ai donné à ces devoirs, ne peut s'entendre que dans un sens impropre, puisqu'à la rigueur le nom de *droit* semble signifier des obligations réciproques entre ceux qui y sont soumis; et puis-je penser que, comme l'homme est naturellement obligé de suivre à l'égard de Dieu les règles dont je viens d'ébaucher l'idée, Dieu est aussi tenu d'observer certaines règles à l'égard de l'homme, comme si en le tirant du néant il avoit contracté, par la création même, une espèce d'engagement avec l'ouvrage de ses mains?

Toute réciprocité suppose une égalité de droit, plus ou moins parfaite. Et qui est-ce qui peut avoir des droits contre Dieu? L'être infini est, à ce titre même, le plus libre et le plus indépendant de tous les êtres : il a un droit suprême et universel sur tout ce qu'il a fait, et rien de tout ce qu'il a fait n'a aucun droit sur lui : sa volonté est la seule règle, la seule mesure de ses actions; ses promesses ne sont que le libre effet de sa bonté infinie. L'homme doit donc tout à Dieu; mais, dans l'exacte vérité, Dieu ne doit rien à l'homme. Et si l'on attache au terme de *droit naturel* l'idée d'un engagement réciproque, on ne peut, sans doute, l'appliquer proprement à Dieu.

Mais dans cette extrême inégalité qui est essentiellement attachée aux qualités de *Créateur* et de *créature*, l'homme a le bonheur de trouver le titre de son espérance dans les idées que Dieu lui donne de ses perfections infinies; et il est aisé d'en conclure que l'homme traite, pour ainsi dire, avec Dieu beaucoup plus sûrement, sans aucune comparaison, qu'il ne peut le faire avec un homme semblable à lui. Il n'en faut pas davantage pour faire connoître le sens légitime que l'on peut attacher au terme de *droit naturel entre Dieu et l'homme.*

DEVOIRS *naturels de l'homme envers lui-même.*

I. Avant que d'entrer dans l'explication de ces devoirs, ou des règles générales de ce droit naturel qui a lieu entre moi et moi-même, je ferai d'abord deux observations préliminaires.

L'une, que toutes ces règles doivent être renfermées dans cette proposition dont je me suis déjà convaincu; je veux dire, que si je suis raisonnable, si je m'aime véritablement moi-même, je tendrai toujours à mon bonheur par ma perfection.

L'autre, que je suis composé de deux substances différentes; l'une matérielle, que je nomme mon corps; l'autre spirituelle, que j'appelle mon ame; et que ces deux substances, dont la nature est si essentiellement différente, sont cependant unies par un lien invisible, mais qu'une expérience continuelle me fait sentir à chaque instant, et sont tellement assorties l'une à l'autre, que les biens et les maux leur sont communs en quelque manière, par l'impression qu'elles en reçoivent chacune selon sa nature.

II. La première conséquence que je tirerai de ces deux observations, ou la première règle générale de mes devoirs à l'égard de moi-même, sera donc que je suis naturellement obligé de travailler à la perfection de mon corps, à la perfection de mon ame, et enfin à celle de ce tout, ou de ce moi tout entier, qui est composé de l'un et de l'autre.

III. Pour commencer par ce qui regarde le corps, ce droit naturel que je dois observer à l'égard de moi-même m'oblige de prendre un soin raisonnable de conserver, de rétablir, d'augmenter même, s'il est possible, la bonne disposition, la force, l'adresse de mon corps, d'éviter avec soin les plaisirs ou les excès qui peuvent y être contraires, et tout ce qui est capable de déranger ou de détruire une machine si admirable, mais si fragile.

Je trouve un avantage dans l'observation de cette règle; c'est que la perfection de mon corps ne m'est pas seulement agréable en elle-même : je sens qu'elle m'est encore très-utile pour la perfection de mon ame, qui remplit bien plus aisément toutes ses fonctions lorsqu'elle n'est point troublée par le dérangement et l'altération d'un corps dont les organes lui sont si nécessaires dans les opérations même les plus spirituelles.

Ainsi mon plus noble objet, dans l'attention que j'aurai pour mon corps, sera de l'entretenir dans une situation où, loin de se rendre inhabile au service de mon ame, et souvent même d'y mettre un obstacle, il soit entre ses mains comme un instrument souple et docile, dont elle dispose à son gré pour parvenir à sa propre perfection.

IV. C'est ce qui me conduit naturellement à parler de ce que je dois à mon ame.

Personne, dit un des sages du paganisme, ne sait honorer son ame autant qu'elle le mérite. C'est en effet dans cette seule partie de mon être que je peux trouver une image de la Divinité. Je respecterai donc cette image; et connoissant tout ce qui élève l'esprit infiniment au-dessus du corps, je me prescrirai pour seconde règle générale de travailler beaucoup plus, sans comparaison, à la perfection de mon être spirituel qu'à celle de mon être corporel.

Mais il est évident que cette perfection ne peut consister que dans le bon usage de mon intelligence pour connoître le vrai bien, et de ma volonté pour l'acquérir. C'est par là que ma perfection me conduit à mon bonheur. Ainsi toute mon attention doit se porter à chercher les moyens de faire cet usage de mes deux facultés, en observant avec une fidélité persévérante les règles que je vais expliquer.

V. Le premier et le plus général de ces moyens, dont je ferai ma troisième règle, est de m'appliquer à établir et entretenir dans mon ame un ordre et une proportion parfaite entre ses facultés et ses différentes observations.

Mais en quoi peut consister cet ordre ou cette proportion? si ce n'est,

1.° Dans la conformité des jugemens de mon esprit avec mes perceptions ou mes idées claires.

2.° Dans l'accord parfait et constant de mes

sentimens, ou des mouvemens de mon cœur avec les jugemens de mon esprit.

3.° Dans la fidèle correspondance de mes paroles et de mes actions avec mes jugemens et mes sentimens.

Ainsi la règle qui est l'objet de cet article en renferme trois, dont le concours tend directement à ma perfection et par là à mon bonheur.

VI. Mais le pays où mon intelligence peut voyager n'a point de bornes : celui qui s'offre continuellement aux désirs de ma volonté en a moins encore, s'il est possible, comme je l'ai déjà observé. C'est cette immensité même, ou cette multiplicité infinie des objets de ma pensée ou de mon amour, qui est une des principales causes de mes égaremens ; parce que l'activité de mon esprit et l'avidité de mon cœur ayant besoin d'une nourriture continuelle, il m'arrive souvent de l'amuser plutôt que de le rassasier, en saisissant le premier objet qui se présente à mes regards ou à mes désirs.

Ce sera donc pour éviter cet inconvénient que je ferai consister ma quatrième règle à être en garde contre ces premières impressions qui détournent et qui débauchent, pour ainsi dire, mon entendement ou ma volonté, en lui dérobant la vue de son véritable objet, qui est sa perfection intérieure. J'éloignerai donc avec soin tout ce qui peut distraire mon ame d'un si grand objet, afin que l'ayant toujours devant les yeux, elle soit attentive à diriger vers lui les pensées de son esprit et les mouvemens de son cœur.

VII. Ce seroit peu cependant d'éviter la méprise qui me fait courir vainement d'objets en objets inutiles, ou même nuisibles à ma perfection, si je tombois dans un inconvénient contraire par un excès d'esprit ou de métaphysique mal entendue, en voulant trop fixer mes regards sur les objets mêmes qui sont véritablement dignes de mon attention.

C'est ce qui m'arrive lorsque, par une curiosité téméraire et dangereuse, je cherche à découvrir, ou sur Dieu, ou sur moi-même, plus qu'il ne m'est permis de savoir. Je regarderai donc comme une des connoissances les plus nécessaires pour moi, celle de la mesure de mes forces; et j'en jugerai comme de tout le reste, par les idées claires que je trouve dans mon ame.

Tout ce qui peut se résoudre par ces idées ou par des conséquences non moins évidentes, me paroîtra un objet proportionné à la capacité de mon intelligence bornée.

Mais tout ce qui n'a point ce caractère, tout ce qui appartient à des connoissances que je n'ai pas, et que je ne saurois acquérir, soit parce qu'elles sont fondées sur des idées qui surpassent la portée de mon esprit, soit parce qu'elles dépendent d'une volonté positive de Dieu qu'il ne lui a pas plu de me révéler dans cette vie, je le regarderai comme un objet qui est hors de la sphère de mon esprit. Plus content de l'ignorer sagement, que si j'osois le sonder témérairement, je me ferai une cinquième règle de savoir jusqu'où je peux aller, et de m'arrêter au point qui sépare pour moi le connu de l'inconnu, afin de garder constamment une juste mesure dans le bien, et de mériter, si je le peux, la louange qu'on a donnée à un grand homme de l'antiquité, lorsqu'on a dit de lui, qu'il avoit su tempérer l'ardeur de sa curiosité par sa raison, et être sobre dans sa sagesse même (1).

VIII. Jusqu'ici j'ai envisagé séparément la perfection de mon être corporel, et celle de mon être spirituel, pour me prescrire distinctement les règles qui sont propres à l'un et à l'autre. Mais j'ai déjà remarqué que je ne devois pas être moins occupé du *tout* qui est formé par l'union de ces deux substances, c'est-à-dire, de la perfection de l'homme entier. Il me reste donc à parler des règles qui conviennent à ce tout.

IX. L'affection naturelle que j'ai pour ce *moi*, qui résulte de l'union de deux substances si différentes, seroit bien peu raisonnable si, après avoir étudié la nature de l'un et de l'autre, mon esprit ne s'attachoit à connoître, autant qu'il lui est possible, celle du lien qui les unit. Il sait par une expérience continuelle, qu'elles agissent réciproquement l'une sur l'autre; et il ne peut douter que ce ne soit Dieu qui est l'auteur et le conservateur perpétuel de ce pouvoir. Il ne m'en faut pas davantage pour en conclure, comme je le fais dans ma sixième règle, que je pécherois contre les lois de l'union intime qui est entre mon ame et mon corps, si j'abusois de la puissance que j'exerce par mon ame sur mon corps, ou par mon corps sur mon ame, pour nuire à la perfection de l'un ou de l'autre, ou à celle d'un si admirable composé, à laquelle l'un et l'autre doivent concourir de leur côté, selon la proportion de leur nature.

---

(1) *Incensum et flagrantem animum mitigavit ratio et ætas, retinuitque, quod est difficillimum, ex sapientiâ modum.* (TACIT. *In Vitâ Agricolæ.*)

X. J'ajoute cette restriction, parce que les soins qu'ils exigent de moi pour la conservation des avantages qui leur sont propres, ne m'empêchent pas de sentir combien la première substance est plus excellente que la seconde; et j'en tire cette septième règle, que s'il m'est permis, et même ordonné de cultiver attentivement l'union que Dieu a formée entre mon corps et mon ame, je dois, en les appréciant à leur juste valeur, donner la préférence à celle de ces deux substances qui est, sans comparaison, la plus parfaite, et la seule qui soit capable du bonheur que je ne cesse jamais de désirer.

XI. S'il se trouve donc des occasions où la perfection de l'une soit incompatible avec la perfection de l'autre, un amour éclairé de nous-mêmes n'hésitera point à se déclarer pour la partie la plus noble; et la raison dont il suit les leçons lui dictera cette huitième règle, que je dois sacrifier généreusement les intérêts d'une substance fragile et périssable à ceux d'une substance non seulement plus durable, mais immortelle.

XII. Cette huitième règle me paroît même d'une si grande importance, que je croirai travailler utilement pour ma perfection, si je m'attache à l'approfondir et à la développer encore plus, en l'appliquant aux biens et aux maux sensibles, ou au plaisir et à la douleur que nous éprouvons à l'occasion de ces biens ou de ces maux. Ce sera le moyen de tirer de nouvelles conséquences des principes que je viens d'établir sur cette espèce de *droit naturel* qui a lieu entre l'homme et l'homme même.

XIII. Tout bonheur ou tout plaisir actuel naît en moi de l'opinion que j'ai de posséder un bien ; opinion qui me trompe souvent par excès ou par défaut, c'est-à-dire, parce qu'elle ajoute ou parce qu'elle retranche à l'idée réelle que je dois avoir de la véritable valeur de ce bien. Ainsi, pour éviter cette double méprise, qui est souvent également nuisible à mon ame et à mon corps, la première conséquence que j'en tirerai, sera que je dois juger toujours de l'objet qui excite mon amour, non par l'impression sensible que j'en reçois, mais relativement à la valeur réelle que cet objet a par rapport à moi. Je ne chercherai donc point à diminuer cette valeur par un mépris purement philosophique, et par le vain honneur de résister aux opinions communes. Je n'éviterai pas moins de l'augmenter par une facilité aussi imprudente et plus ordinaire à suivre le rapport de mes sens, ou le jugement trompeur de mon imagination ; et pour garder un juste milieu entre ces deux extrémités, je ferai toujours passer comme par le creuset d'une raison épurée, si j'ose me servir de cette image, tout ce que les hommes appellent un bien, pour connoître ce qu'il a de réalité, et en fixer la véritable estimation.

XIV. Par une juste conséquence de cette estimation, et de la comparaison que je ferai des différentes espèces de biens, je comprendrai aisément que je dois préférer le bien le plus durable à celui qui l'est moins ; et à plus forte raison le bonheur parfait, qui remplit tous mes désirs, et qui, comme je l'ai dit ailleurs, ne se trouve que dans mon union avec Dieu. Je mépriserai donc à la vue de ce bonheur toute satisfaction imparfaite et passagère qui irrite ma soif au lieu de l'apaiser ; et je sacrifierai sans peine une joie plus sensible et de peu de durée, à un contentement moins vif, mais stable et permanent, qui me procure, non pas un seul acte de plaisir, mais une habitude persévérante de bonheur.

XV. Pour m'affermir dans la pratique de cette règle, j'envisagerai les plaisirs, non seulement en eux-mêmes, mais dans leurs suites ; et à la vue des maux qui naissent précisément de ce qui m'avoit paru un bien par l'illusion du plaisir, je tirerai cette troisième conséquence, que des délices innocentes qui ne m'exposent à aucun retour de douleur, doivent me paroître bien au-dessus de celles qui, quoique plus agréables dans un moment rapide, deviennent pour moi la source d'une longue suite de déplaisirs.

XVI. Comme le mal et la douleur sont le contraire du plaisir, j'en ferai le discernement par les mêmes principes; parce que les règles qui m'apprennent ce que j'ai à rechercher, me montrent en même temps ce que je dois faire et éviter.

XVII. Si je compare donc les peines avec les plaisirs, je reconnois aisément (et ce sera la quatrième conséquence que je tirerai de ma huitième règle) que la seule exemption de toutes sortes de peines est par elle-même un si grand plaisir, que s'il faut l'acheter par la souffrance d'une peine passagère, je ne dois pas hésiter à prendre ce parti, comme je le prends en effet toutes les fois qu'il s'agit de la conservation ou du rétablissemant de ma santé, qui n'a cependant pour moi que le simple plaisir de ne sentir aucune douleur ou aucune impression désagréable à l'occasion de mon corps.

XVIII. Par conséquent (et c'est ma dernière conclusion) la crainte d'une peine actuelle doit encore moins m'arrêter lorsqu'il s'agit de parvenir non seulement à l'exemption de toute douleur, mais à un état permanent qui m'assure la jouissance d'un plaisir beaucoup plus grand que la peine par laquelle je puis arriver à cet état. Or tel est le plaisir que j'éprouve lorsque je reconnois, par le témoignage intérieur de ma conscience, que je suis dans la voie qui me conduit à la perfection de mon être ; et comme ce plaisir croît à mesure que j'en approche davantage, il n'y aura point de peine qui ne me paroisse supportable quand je la comparerai avec une si grande satisfaction, soit que cette peine consiste dans une simple privation, ou même qu'elle soit portée jusqu'à un sentiment triste et pénible pour moi.

Jusqu'ici j'ai envisagé les deux premiers objets de mon intelligence et de ma volonté, je veux dire Dieu et moi-même, pour y trouver les premiers principes de mes devoirs, ou les premières règles de cette espèce de *droit naturel* que je dois suivre à l'égard de l'un et de l'autre ; il me reste à me considérer par rapport au dernier des trois grands objets avec lesquels j'ai un rapport essentiel : ce sont mes semblables ou les autres hommes. Mais avant que d'entrer dans l'explication de ces règles, il ne sera pas inutile de faire d'abord un petit nombre de réflexions préliminaires sur l'état où les hommes se trouvent réciproquement les uns avec les autres ; lorsque l'on ne considère en eux que la nature qui leur est commune. Il en naîtra des notions générales et semblables à celles que les géomètres appellent des *axiomes* ou des *demandes*, qu'ils placent à la tête des élémens de leur science, comme la semence ou le germe de toutes les preuves des vérités qu'ils se proposent de démontrer.

Réflexions préliminaires sur l'état de l'humanité, ou du genre humain considéré comme composé d'êtres absolument semblables.

I. Tous les hommes sont sortis égaux des mains de la nature, ou plutôt de celles de son auteur; et malgré la différence des conditions ils demeurent égaux aux yeux de celui devant qui les rois mêmes ne sont pas plus grands que leurs sujets. Tous ont un corps entièrement semblable; tous ont une ame qui renferme également en elle-même une intelligenee et une volonté. La différence des talens, l'éducation et les réflexions peuvent y mettre une espèce d'inégalité; mais il n'y en a point dans leur essence, et on ne les considère ici que par rapport à cette essence, sans parler des qualités qui les unissent plus étroitement, telles que celles de pères et d'enfans, entre lesquels il y a une supériorité et une infériorité dans l'ordre même de la nature.

II. Tous les hommes ainsi considérés doivent se regarder comme des frères, comme les enfans du même père, comme une seule famille composée de tout le genre humain, qui a un droit égal à l'héritage paternel, c'est-à-dire, à la suprême félicité attachée, comme il a déjà été dit, à la possession de Dieu même.

III. S'il y a donc une règle qui exige naturellement leur soumission, elle doit avoir ces deux caractères :

L'un, d'être commune à tous, puisque tous sont égaux.

L'autre, d'être l'effet d'une intelligence et d'une volonté supérieure qui impose à tous la même loi, et qui la leur manifeste par une révélation

révélation naturelle, c'est-à-dire par la manifestation que Dieu nous fait lui-même de sa volonté, avec des signes qui ne nous permettent pas de douter que ce ne soit Dieu même qui a parlé.

IV. Tous les hommes ont un plaisir naturel à voir leurs semblables, encore plus à vivre en société avec eux. Une solitude entière et de longue durée leur est pénible, ou plutôt insupportable; le spectacle même de toutes les beautés que la nature offre à leurs yeux a quelque chose de languissant et presque d'inanimé à leur égard, jusqu'à ce qu'ils voient des êtres semblables à eux, avec qui ils puissent en jouir.

On aperçoit dans une partie des brutes mêmes, comme une image de la société, et une espèce d'instinct et de mécanique naturelle qui les porte à vivre avec leurs semblables.

V. L'usage de la parole, qui n'a été accordé qu'à l'homme, suffiroit seul pour montrer qu'il est né pour la société. C'est le canal par lequel Dieu lui a donné le moyen de communiquer ses pensées et ses sentimens à ses semblables : et à quoi lui serviroit ce don précieux dont il tire de si grands avantages, s'il n'étoit pas fait pour converser avec eux?

VI. A cette inclination commune qui forme la première liaison naturelle entre les hommes, il a plu à l'auteur de leur être de joindre un autre lien qui naît du besoin réciproque qu'ils ont les uns des autres. Si on les considère du côté du corps, combien manque-t-il de choses à chaque homme considéré séparément et hors de toute société, soit pour sa nourriture, pour son vêtement, pour se mettre à l'abri des injures de l'air, pour conserver, ou pour rétablir sa santé et ses forces; soit pour se garantir et se mettre à couvert des insultes auxquelles il seroit continuellement exposé s'il vivoit dans la solitude ?

Si on l'envisage du côté de l'esprit, on reconnoît aisément qu'il n'a pas moins besoin du secours de ses semblables pour s'éclairer par une communication mutuelle de lumières ; pour étendre la sphère de son intelligence ; pour apprendre à diriger utilement les mouvemens de sa volonté ; en un mot, pour corriger les défauts et augmenter la perfection de son être spirituel.

Pourrois-je douter, après cela, que Dieu n'ait voulu unir l'homme à ses semblables par son imperfection, par son indigence même ? Incapable de suffire seul à ses besoins corporels ou spirituels, il est comme forcé d'y suppléer par le secours de ceux qui ont ce qui lui manque. Tel est l'ordre, et, pour ainsi dire, le secret admirable de la Providence, que la pauvreté naturelle de l'homme, et cette espèce de nudité dans laquelle nous naissons, devient la cause de notre abondance, par les ressources que nous trouvons dans la société. Plus les nécessités sont grandes des deux côtés, plus les liens se multiplient et se resserrent réciproquement. Le désir de la commodité et le goût même du superflu les augmentent encore ; et l'homme le plus occupé de lui-même est obligé de reconnoître qu'il se nuit quand il nuit aux autres, parce qu'il se prive de leur secours ; comme au contraire, il se sert lui-même en servant les autres, puisqu'il entre par là en partage des biens qu'il n'a pas, et qui sont entre leurs mains.

VII. Telles sont en général ces premières notions, ces idées fondamentales sur l'état de l'homme comparé avec ses semblables, que l'on peut regarder comme des axiomes clairs par eux-mêmes, ou comme des propositions si évidentes, que personne ne peut y refuser son acquiescement sans se déclarer l'ennemi de la raison.

Ainsi tout esprit attentif en conclura nécessairement qu'il doit rejeter avec mépris le système de ces philosophes anciens ou modernes, qui ont pris le désordre et le trouble des passions pour l'état naturel de l'homme ; comme si l'on devoit le considérer par la corruption qui l'a dégradé, et non tel qu'il est par sa nature primitive, ou supposer qu'un être qu'on ne peut pas s'empêcher d'appeler un être raisonnable, doit commencer par agir directement contre la raison, contre son propre intérêt, contre sa perfection, contre son bonheur. Mais ce n'est pas ici le lieu d'examiner et de réfuter exactement une opinion si injurieuse, si pernicieuse même au genre humain ; il suffit d'en avoir indiqué le vice en passant, et de s'en tenir à ce principe évident par lui-même, qu'un être raisonnable doit agir raisonnablement, et que c'est là ce qui forme véritablement son état naturel.

Il faut entrer à présent dans l'exposition abrégée des règles générales de ce droit, que j'ai appelé *le droit naturel entre l'homme et ses semblables.*

DROIT *naturel entre l'homme et ses semblables.*

I. Je le répète ici : cette grande société qui embrasse tout le genre humain, et qui est uniquement fondée sur les liens réciproques qu'une nature commune a formés entre tous les hommes, est la seule que je dois envisager présentement. Si je veux découvrir d'abord les règles que la raison me dicte par rapport à cette immense société, je n'y considérerai mes semblables qu'en tant qu'ils sont hommes comme moi : et en effet, il ne m'en faut pas davantage pour m'obliger à dire comme ce vieillard de Térence : je suis homme ; et dans tout ce qui intéresse le genre humain, il n'y a rien d'étranger pour moi :

Homo sum : humani nihil à me alienum puto.
TERENT. *Heaut. Act. I, scen. I.*

II. Mais plus je médite sur ce sujet, plus je reconnois que comme l'objet direct et légitime de mon affection pour moi est de tendre à mon bonheur par ma perfection, mon amour pour mes semblables doit avoir la même fin, et aspirer à les rendre heureux en les rendant plus parfaits. Tel est en général le but de tout amour bien ordonné ; et en ne consultant même que mon intérêt propre, je suis convaincu par un sentiment intérieur, qu'en travaillant à la perfection et à la félicité des autres, j'augmente réellement la mienne.

De cette réflexion générale, il me semble que je peux tirer aisément les conséquences suivantes, que je regarde comme autant de règles de ce droit qui est commun à la société universelle du genre humain.

III. J'en conclus d'abord que je dois être toujours dans la disposition réelle et effective de leur faire du bien ; et comme l'exemption du mal est le premier de tous les biens, ma première règle sera aussi de ne faire à mes semblables aucun mal réel et véritablement nuisible. Je leur épargnerai même, s'il se peut, ces maux qui n'existent que dans leur imagination : car quoiqu'ils ne soient qu'apparens lorsqu'on les considère dans l'exacte vérité, il en résulte cependant une peine pour eux et un mal certain pour moi, je veux dire la perte ou la diminution de cette amitié de mes semblables, qu'il m'est aussi utile qu'à eux de conserver, en prévenant tout ce qui seroit capable de l'altérer. Par conséquent je ne dois jamais m'exposer à cet inconvénient, si ce n'est lorsqu'il s'agit des véritables biens, c'est-à-dire, de notre perfection et de notre félicité commune, pour laquelle tout mal, comme tout bien imaginaire, doit être méprisé.

IV. Mes semblables n'auront donc rien à craindre de ma part ni pour leurs biens, ni pour leur vie, ni pour leur honneur; et je me ferai même une seconde règle d'empêcher, autant qu'il m'est possible, les autres hommes de leur nuire, sans quoi il ne seroit pas vrai de dire que je fais tout ce qui est en moi pour ne pas nuire à leur perfection et à leur bonheur.

V. J'ai déjà dit que la parole étoit le lien qui unissoit le plus étroitement l'homme avec l'homme; ainsi je me garderai bien d'en faire au contraire une source de division: et je prévois aisément que c'est ce qui arriveroit si je m'en servois pour induire les autres en erreur, soit en leur cachant le vrai, soit en leur présentant le faux; et je regarderai le mensonge, quoiqu'il ne tombe que sur des faits qui peuvent être ou n'être pas, comme une des plus grandes infractions des droits de la société humaine, à la perfection de laquelle je dois travailler comme à la mienne.

La vérité régnera donc toujours de ma part dans un commerce dont elle fait la sûreté; et la fausseté en sera bannie, parce qu'elle en est la destruction.

VI. Si je me conduis ainsi lorsque la vérité n'a pour objet que des faits purement contingens, que sera-ce lorsque je serai obligé de parler de ces vérités nécessaires, immuables, éternelles, qui sont le fondement des devoirs naturels de l'homme? Le mensonge qui iroit jusqu'à les trahir, à les altérer ou à les déguiser, me paroîtra un attentat sur les droits de l'humanité, puisqu'il tend directement à pervertir les jugemens ou à corrompre les mœurs de mes semblables, en leur donnant des idées fausses, ou en leur inspirant des sentimens vicieux qui ne peuvent que les rendre imparfaits, et par conséquent malheureux. J'irai même encore plus loin, et considérant ces vérités respectables comme ayant leur source dans l'être divin dont elles sont une émanation, je regarderai le premier genre de fausseté qui ne tombe que sur des faits qui peuvent être ou ne pas être, comme un mensonge qui attaque principalement les hommes; et le second, qui est contraire aux vérités nécessaires et éternelles, comme un mensonge, ou plutôt comme un blasphême qui attaque directement la majesté de Dieu même.

VII. Mais me contenterai-je de remplir ces devoirs qu'on peut appeler *négatifs*, parce qu'ils ne consistent qu'à ne point faire de mal à mes semblables? La nature de mon être, et même l'amour que j'ai pour moi, s'il est raisonnable, ne m'inspireroit-il pas le désir de leur faire du bien, non-seulement par un motif intéressé, je veux dire par l'espérance du retour, mais par l'attrait de cette satisfaction intérieure qui est naturellement attachée à l'exercice de la bienveillance et au plaisir de faire des heureux? C'est encore une règle qui me paroît être de la dernière évidence ; et il ne s'agit ici que d'expliquer plus en détail les effets de cette disposition générale.

VIII. La première intention qu'il me semble qu'elle m'inspirera naturellement aura pour objet la conservation de leur vie corporelle.

Ainsi, assister les misérables et les indigens, soutenir les foibles, défendre les opprimés, consoler les malheureux, et donner à tous les secours qui dépendent de moi, par rapport à ce qu'on appelle les biens du corps, me paroîtront non seulement des actes de bonté, ou d'une générosité purement volontaire de ma part, mais des devoirs fondés sur cette justice naturelle dont j'explique ici les véritables règles.

IX. Pour m'en convaincre encore plus, je considérerai que, quoique tous les hommes soient égaux dans l'ordre de la nature, il y a néanmoins une grande inégalité entr'eux du côté des avantages et des biens extérieurs. Or, je ne saurois concevoir qu'un Dieu souverainement juste ait laissé introduire une telle différence entre des êtres parfaitement égaux, s'il n'avoit voulu les lier plus étroitement par cette inégalité même, en donnant lieu aux grands et aux riches d'exercer abondamment une bienveillance dont ils seroient avantageusement récompensés par les services qu'ils recevroient des pauvres.

On a eu raison de dire il y a long-temps que Dieu a mis le nécessaire du pauvre entre les mains du riche. Mais il n'y est que pour en sortir : il ne peut y rester sans une espèce d'injustice qui blesse non seulement la loi de la providence, mais la nature même de mon être qui le porte à se répandre au dehors, et qui m'inspire de former une communication réciproque entre moi et les autres hommes, par les biens que je verse sur ceux qui en sont privés, et par ceux que je reçois d'eux à mon tour.

En effet (et c'est une réflexion qui peut mettre cette vérité dans un plus grand jour) ce n'est pas seulement le riche qui a de quoi fournir aux besoins du pauvre, c'est le pauvre qui a aussi dans sa main ce qui manque au riche. L'un fait pour ainsi dire le fond de cette société en argent, l'autre la sert peut-être encore plus utilement par son industrie; ou pour se servir d'une autre image, le premier fournit le prix, le second donne la marchandise; et c'est par cette espèce d'échange que chacun trouve de quoi remplir ses besoins.

On peut dire même, en un sens, que le riche est encore plus dépendant du pauvre que le pauvre ne l'est du riche. Quel est le prince, le souverain, l'homme puissant, quelque grand qu'il soit, qui puisse seul se suffire à lui-même, et satisfaire également à tout ce que la nécessité exige, que la commodité demande, ou que la cupidité désire? Plus les riches et les puissans croient que leur fortune les met en état de suivre aveuglément les mouvemens de leurs passions, plus, sans y faire réflexion, ils augmentent leur indigence. A des besoins réels ils en ajoutent d'imaginaires, éprouvant ainsi une espèce de pauvreté au milieu de l'abondance même: *Magnas inter opes inops*, ou comme dit un autre poète: *Semper inops quicumque cupit.* Le pauvre au contraire mesure ses désirs sur les vrais besoins de la nature; et plus il sait se contenter du peu qu'elle exige, moins il est dépendant du riche, et plus il approche du bonheur de se suffire à lui-même. C'est encore une vérité qui s'est fait sentir aux poètes de la profane antiquité ; et tout ce que l'on vient de dire est renfermé dans ces vers d'Horace :

Multa petentibus
Desunt multa : benè est cui Deus obtulit
Parcâ quod satis est manu.
HORAT. *Lib. III*, *od. XI.*

X. Je passe aux besoins de l'esprit, et je reconnois sans peine que mon affection naturelle pour mes semblables me porte à goûter encore plus de plaisir quand je peux leur communiquer cette seconde espèce de biens.

J'en suis convaincu par la satisfaction que j'éprouve lorsque je peux leur apprendre ce qui est utile, faire croître leurs lumières en y joignant les miennes, étendre les bornes de leur intelligence, et sur-tout leur faire connoître les véritables biens et les véritables maux.

Je regarderai donc comme un devoir essentiel pour moi l'obligation de partager avec eux les richesses de l'esprit, de même que les biens du corps ; et les avantages que j'en recevrai me feront connoître de plus en plus que je m'aime véritablement moi-même en aimant mes semblables comme moi.

XI. Non seulement donc la parole ne me servira jamais à les tromper sur les vérités de fait ; mais je leur communiquerai avec candeur toutes celles qu'il leur importera de savoir, sans qu'elles puissent nuire à d'autres ; et je leur serai toujours utile par mes paroles, si je ne peux pas l'être toujours par mes actions.

XII. Je leur ferai part avec encore plus de libéralité des connoissances qui tendent plus directement à leur perfection et à leur bonheur, je veux dire de ces vérités invariables qui sont la règle de notre vie ; et si je suis plus instruit qu'eux de la route qui conduit à la solide félicité, je ferai consister une partie de la mienne à leur montrer ce chemin. Je m'y porterai même d'autant plus volontiers, que suivant l'expression d'un ancien poète, je ne perds rien en souffrant qu'ils allument leur flambeau à celui qui m'éclaire. Au contraire, il me semble que ma lumière croît à mesure qu'elle se répand sur mes semblables : leur approbation la redouble et la rend plus éclatante pour moi-même, comme par une espèce de réflexion.

XIII. Si je repasse à présent sur ces vérités dont je viens de me convaincre, elles concourent toutes à me faire reconnoître que tous les devoirs réciproques de l'homme à l'égard de l'homme se réduisent en effet à ces deux grandes règles où se trouve tout ce qui est nécessaire pour la perfection et pour le bonheur, soit de chaque homme considéré séparément, soit de la société entière du genre humain.

La première est que je ne dois jamais faire aux autres ce que je ne voudrois pas qu'ils fissent contre moi.

La seconde, que je dois pareillement agir toujours pour leur avantage, ainsi que je desire qu'ils agissent toujours pour le mien, comme nous sommes réciproquement obligés de le faire, quand nous ne consulterions que nos besoins mutuels.

Nous avons même la satisfaction de voir que les leçons de l'expérience s'accordent parfaitement sur ce point avec celles de la raison ; en sorte que les deux principales sources de nos connoissances conspirent à affermir ces deux règles fondamentales qui renferment les premiers principes de toute morale, comme de toute jurisprudence.

Je ne serai donc point surpris si j'apprends dans la suite que la vérité éternelle ayant daigné s'unir à la nature humaine, nous a dicté elle-même ces deux grandes règles, comme la source de toutes les lois. Je les respecterai par conséquent, je les aimerai, je les observerai avec d'autant plus de fidélité et de persévérance, que j'y admirerai davantage ce concert parfait de la raison et de la religion, et cette heureuse conformité qui se trouve entre le véritable intérêt de l'homme, et ce que Dieu exige de lui.

Je pourrai expliquer ailleurs dans un plus grand détail les conséquences directes et immédiates qui naissent de ces deux grands principes. Mais je dois achever auparavant de me former les premières notions de ce *droit naturel* dont je me sais proposé de développer les différentes règles.

XIV. Il me reste pour cela de prévoir un cas qui malheureusement n'est que trop commun. Ce ne sera pas moi qui manquerai à mon devoir par rapport à mes semblables, ce seront eux qui y manqueront à mon égard.

Non seulement ils me refuseront toute communication des biens qu'ils possèdent, mais ils chercheront à me priver de ceux qui m'appartiennent; ils s'efforceront de me nuire, ou par la force et la violence, ou par la fraude et l'artifice; et en cas que j'éprouve ce malheur, quelle doit être ma conduite, si je veux continuer de suivre inviolablement les principes de la loi naturelle?

XV. Pour commencer par le cas de la violence, il faut convenir que dans l'état purement naturel, où l'on ne suppose aucun gouvernement établi, aucune autorité supérieure, aucun tribunal à qui l'offensé puisse avoir recours pour se mettre à couvert des violences de l'offenseur ou pour en demander une réparation convenable, il semble qu'on peut dire qu'il n'est pas défendu, en supposant cet état qui n'existe point dans aucune nation policée, de repousser la force par la force. Mais dans cette supposition même je devrois observer les règles suivantes :

1.° Ne chercher jamais à grossir les sujets de mon aversion, et éviter avec soin de joindre au mal réel que les autres me font, des maux imaginaires qui n'ont d'existence que dans mon opinion.

2.° N'agir jamais par les mouvemens d'une haine aveugle et implacable qui n'écoute point les conseils de la raison, et qui se livre impétueusement à ceux de la passion; ni dans la seule vue de goûter le plaisir inhumain, dangereux et souvent funeste, de la vengeance.

3.° Regarder comme un bien pour moi de pouvoir me défendre contre les attaques de mes ennemis, sans leur faire aucun mal réel et sensible.

4.° Comme la société entière du genre humain doit encore m'être plus chère que moi-même, je ne ferai rien pour ma défense qui puisse nuire au bien général de l'humanité; et je serai disposé à souffrir un mal particulier qui ne tombe que sur moi seul, lorsque je ne pourrai le détourner ou le réparer qu'en faisant un plus grand mal au genre humain par le violement des lois qui en assurent la tranquillité.

L'équité de ces règles, l'obligation même de les observer, ont été expressément reconnues par des jurisconsultes païens, lorsqu'ils ont dit que le droit naturel permettoit, à la vérité, de repousser la force par la force, mais avec la modération que la défense doit avoir pour être irrépréhensible; *Cum moderamine inculpatæ tutelæ.*

XVI. Du cas de la violence je passe à celui de la fraude ou de l'artifice, et je trouve ce cas beaucoup plus susceptible de difficultés que le premier.

Si je ne consulte que cette égalité naturelle qui est entre tous les hommes, et qui leur donne réciproquement le même pouvoir l'un sur l'autre, il me semble que je peux me défendre avec les mêmes armes que celles dont on se sert pour m'attaquer; et par conséquent opposer la fraude à la fraude, comme la force à la force, et rendre aux autres le traitement que j'en ai reçu:

> Quæque prior nobis intulit, ipse ferat.
>
> Ov. *Ep. Herm. Œnone Paridi.*

Telle étoit la morale des poètes de l'antiquité; et c'est ce qui avoit donné lieu à Virgile de dire:

> Dolus an virtus, quis in hoste requirat?
>
> *Æneid, lib. II.*

Regarderai-je donc cette maxime comme une règle du droit naturel! Mais je sens je ne sais quoi dans le fond de mon ame qui y répugne: ma droiture naturelle en est alarmée, et je crois en apercevoir ici la raison.

Il est vrai que celui qui a employé la fraude contre moi mérite, à la rigueur, que j'en use réciproquement contre lui: et si je le fais, il n'est pas en droit de me dire que je manque à ce que je lui dois, parce que c'est lui-même qui m'a mis en état de ne lui devoir rien. Mais ce n'est pas seulement à lui que je suis redevable ; je le suis à moi-même, je le suis encore plus à Dieu, notre maître commun ; et la suspension momentanée de l'exercice d'un devoir naturel à l'égard de celui qui manque le premier à ce qu'il me doit, ne fait point cesser deux autres devoirs si essentiels et si inviolables.

Or, 1.° je manque à ce que je me dois lorsque j'use de fraude et d'artifice, soit parce qu'en le faisant je nuis à la perfection de mon être, et par conséquent à son bonheur ; soit parce que je donne atteinte à cette bonne foi, à cette confiance réciproque qui fait le bien et la sûreté de toute société entre les hommes : je les avertis même, par ma conduite, de se défier de moi en particulier, comme capable d'abuser de la parole, ou d'autres signes semblables pour tromper les autres hommes.

2.° Je manque en même temps, et encore plus à Dieu, qui est la volonté par essence, et qui veut par conséquent qu'elle règne dans mes actions comme dans mes paroles. Je pèche donc contre le respect que je lui dois lorsque je la trahis, ou même que je l'altère ou que je la déguise pour tromper mon semblable, quoiqu'il soit devenu mon ennemi. Il a tort, sans doute, de m'en donner l'exemple ; mais faut-il que je devienne coupable parce qu'il l'est? c'est à quoi ma rectitude naturelle s'oppose avec raison.

Je ne pécherai peut-être pas à la rigueur contre la justice que je dois à mon semblable en trompant celui qui m'a trompé ; mais je serai véritablement injuste et envers moi et envers Dieu, parce que je manque également et à Dieu et à moi, lorsque je trahis la vérité pour me venger de celui qui la trahit à mon égard.

XVII. La conséquence que je tirerai de ces réflexions sera donc, que si mon semblable a voulu me nuire par la fraude, je n'aurai point recours à un pareil moyen pour m'en garantir. Je regarderai tout artifice et tout déguisement comme indigne d'un être raisonnable; et je n'oublierai jamais cette belle maxime d'un jurisconsulte païen : *Tout ce qui blesse la vertu, l'honneur, notre réputation, et en général tout ce qui est contraire aux bonnes mœurs, nous devons le regarder comme impossible.*

XVIII. Il est temps à présent de prévoir une question qu'on pourra me faire sur le terme de *droit naturel*, ou de la loi naturelle, que j'ai donné aux règles qui me montrent mes devoirs par rapport à Dieu, à moi-même, aux autres hommes.

Pourquoi, me dira-t-on, nous le présenter sous cette idée? rien ne mérite le nom de *droit* ou celui de *loi* que des décisions ou des commandemens émanés d'une autorité légitimement établie, qui peut se faire obéir par la crainte d'une peine inévitable, ou par l'espoir d'une récompense assurée.

Or, dans le temps qui a précédé toutes les espèces de gouvernement; dans cet état purement naturel où les hommes, considérés comme égaux et indépendans les uns des autres, sont supposés n'avoir pas encore de maître commun sur la terre qui puisse leur imprimer cette crainte ou leur donner cette espérance, et mettre en mouvement ces deux grands ressorts du cœur humain, il peut bien y avoir des règles qu'un esprit raisonnable doive se prescrire à lui-même pour son propre bien; mais peut-on dire qu'il y ait un droit obligatoire ou de véritables lois coactives? Ne manque-t-il pas toujours aux règles les plus conformes aux lumières naturelles cette partie de la loi qu'on appelle la *sanction*, c'est-à-dire cette disposition pénale, souvent plus efficace que l'attrait de la récompense, qui seule peut assujétir l'homme et le contraindre à l'observation de la loi? Ainsi, me diront les mêmes critiques, donnez, si vous le voulez, à vos règles le nom de *devoirs naturels*; appelez-les des principes ou des préceptes de morale; mais ne prodiguez pas le nom de loi à des règles impuissantes, auxquelles il manque des armes ou des grâces pour dominer par la crainte, ou pour régner par l'espérance.

Ce raisonnement est-il aussi solide qu'il se présente sous une forme spécieuse et presque séduisante? Cette question mérite bien que je m'arrête ici pour l'examiner avec toute l'attention qu'elle demande.

Les règles qu'une raison éclairée inspire à l'homme sur ses devoirs naturels à l'égard de Dieu, de lui-même, de ses semblables, peuvent-elles porter justement le nom de DROIT, *et être regardées comme de véritables lois?*

I. Si j'avois voulu écarter entièrement cette question, pour m'épargner la peine de la résoudre, je n'aurois eu besoin que d'une réflexion bien simple qui s'offre d'elle-même à mon esprit.

Que m'importe en effet qu'on donne le nom de *lois* aux règles que je me suis prescrites, ou qu'on les appelle simplement des devoirs ou des préceptes de morale qui par eux-mêmes n'exercent pas sur moi un empire de contrainte? ne me suffit-il pas de savoir, comme je m'en suis convaincu, que l'observation de ces règles est nécessaire pour la perfection, et par conséquent pour le bonheur de mon être ?

Ai-je besoin qu'une puissance extérieure vienne m'effrayer par la terreur des peines dont elle me menace pour me contraindre à aimer tout ce que je dois aimer ? Et qu'est-ce qu'une loi positive pourroit ajouter à l'efficacité des motifs qui m'y engagent ? En un mot, la force de ces règles ne dépend point de leur nom. Et quelle loi peut exercer une contrainte plus douce, et en même temps plus puissante, sur un être raisonnable, que celle qui agit sur lui par ce désir permanent et invincible qu'il a d'être heureux, en sorte qu'il est obligé d'aimer cette loi, et de s'y conformer par l'amour continuel qu'il a pour lui-même ?

II. Mais je ne me contenterai pas de fermer la bouche, par cette seule réflexion générale, à ceux qui veulent douter de la force du *droit naturel*, et je ne craindrai point d'entrer avec eux dans une discussion plus profonde de la question qu'ils me donnent lieu d'agiter.

Je les prierai donc d'abord de se souvenir que, suivant leurs principes mêmes, ce qui fait la force des lois les plus impérieuses, n'est pas tant l'attrait de la récompense (motif qui se trouve rarement dans les lois humaines) que la terreur qu'elles impriment par la crainte des peines dont elles menacent les réfractaires.

Il n'y a même personne qui ne sente que la crainte du mal agit beaucoup plus puissamment sur la plupart des hommes que l'espérance du bien. C'est par la force de cette crainte que la loi se fait respecter. Il n'y a que Dieu, comme on le dira dans la suite, dont la volonté essentiellement et souverainement efficace opère immédiatement tout ce qui lui plaît. Le législateur absolu, le monarque le plus puissant n'a point d'autre voie pour faire exécuter ses lois, que de répandre la terreur par la menace des peines dont il dispose. C'est à quoi se réduit cette espèce de contrainte ou de coaction qui est attachée à la loi positive, et sans laquelle elle ne seroit plus qu'un simple conseil, ou un précepte presque toujours inefficace.

III. J'admets donc volontiers ce principe, et je crois qu'il me suffit pour convaincre tout esprit raisonnable que les règles du droit naturel ont tout les caractères essentiels à une véritable loi, puisqu'elles ont aussi celui de régner sur l'homme par la crainte, et par une crainte d'un ordre supérieur à celle qu'inspirent les lois émanées des législateurs les plus redoutés.

IV. Pour établir cette proposition, et pour développer encore mieux ma pensée, je distingue trois sortes de crainte qui affermissent l'autorité des lois humaines, et qui leur font donner le nom de lois coactives.

La première leur est commune avec celle qui fait en grande partie la force des lois naturelles; c'est celle que chaque homme a de lui-même, et des reproches de sa conscience.

La seconde est la crainte qu'inspire le caractère ou l'autorité du législateur, et cette crainte est toujours proportionnée à la grandeur des maux et des peines qui sont à sa disposition.

La dernière est celle que chaque homme a des autres sujets du même législateur, qui sont les ministres, les exécuteurs, ou les vengeurs de ses lois.

Si je trouve donc que ces trois genres de crainte se réunissent, et même dans un degré supérieur, pour m'obliger à observer les lois naturelles, ne serai-je pas en droit d'en conclure que rien ne manque à ces lois pour en porter justement le nom, c'est-à-dire, pour renfermer cette espèce de coaction qui assure l'exécution des lois positives? C'est ce qui mérite d'être discuté plus exactement dans les trois articles suivans.

ARTICLE PREMIER.

Premier genre de crainte fondé sur le caractère ou sur la puissance du législateur.

I. Quel est le législateur, ou l'auteur et le fondateur du *droit naturel!* Je ne saurois douter que ce ne soit Dieu même. Qu'est-ce en effet que la loi naturelle, si ce n'est un ordre visiblement dicté par l'auteur de la nature, une suite, ou une conséquence nécessaire de l'idée qu'il nous donne de son être suprême et de notre être borné; des rapports essentiels qui sont entre l'un et l'autre; des relations qui nous lient, qui nous unissent avec nos semblables, et qui forment une société non seulement agréable, mais utile, mais nécessaire pour notre perfection et notre félicité? loi favorable, par conséquent, à chaque homme envisagé séparément, favorable à tous les hommes considérés comme ne faisant qu'un tout et qu'un seul corps; loi toujours conforme aux lumières de la raison, c'est-à-dire, à ce don du ciel qui nous est commun avec tous nos semblables, loi enfin dont un amour-propre éclairé suffiroit seul pour nous apprendre les règles, et qui porte justement le nom de loi naturelle, puisque d'un côté elle est l'ouvrage de l'auteur de la nature entière, et que de l'autre elle renferme ce qui convient le mieux à celle de notre être particulier.

De là vient sans doute que, comme je l'ai remarqué ailleurs, cette loi est gravée dans le cœur de tous les hommes. Les passions peuvent bien l'obscurcir quelquefois et pour un temps, mais elles ne l'effacent jamais. C'est à cette loi que tous les hommes appellent toujours leurs semblables, comme à la conservatrice et la protectrice du genre humain. C'est par elle qu'ils condamnent les autres hommes. par elle qu'ils se condamnent eux-mêmes ; et il est évident qu'une impression si générale, un sentiment si commun à tous les peuples, et inséparable de la nature humaine, ne peut venir que d'une cause commune, c'est-à-dire, de l'auteur même de cette nature.

II. Il est évident que trois sortes de sentimens concourent à former cette impression de crainte que le législateur, considéré en lui-même, fait sur notre esprit.

1.° La connoissance que nous avons de la vérité constante et reconnue de son pouvoir.

2.° L'idée que nous nous formons de la justice avec laquelle il l'exerce.

3.° La persuasion où nous sommes de l'étendue de sa puissance ou de ses forces, et de l'impossibilité d'y résister.

En un mot, certitude de l'autorité, justice de l'autorité, étendue de l'autorité ; ce sont les trois caractères dont la réunion rend le législateur vraiment redoutable ; et l'efficacité de ses lois est toujours proportionnée au degré dans lequel il possède ces trois caractères.

III. Je reprends après cela les trois caractères qui sont le fondement de la crainte qu'inspire la menace du législateur, certitude, justice, étendue de son autorité; et je demande, ou plutôt je n'ai pas besoin de demander, s'il y a ou s'il peut y avoir un législateur dans lequel ces trois caractères réunis aient quelque proportion avec la plénitude ou l'immensité dans laquelle Dieu les possède.

Le législateur le plus puissant sur la terre n'est qu'un homme, et par conséquent un être limité. Quoique son autorité puisse croître à mesure que ces trois caractères reçoivent en lui un nouvel accroissement, il est cependant vrai de dire qu'à quelque degré qu'ils soient portés, son pouvoir demeurera toujours fini comme son être. Mais dans l'être infini, tout est fini; nulle imperfection, nulles bornes ne peuvent le restreindre ou le terminer. Sa puissance est donc infiniment certaine et infiniment juste. Je conclus, par une conséquence nécessaire, que le rapport du pouvoir des plus puissans auteurs de toute loi humaine à celui de Dieu, auteur de la loi naturelle, est le rapport du fini à l'infini.

IV. Si j'ose donc transgresser la loi naturelle, je résiste à l'ordre établi par un législateur qui possède seul la suprême autorité, seul la véritable justice, seul l'étendue immense du pouvoir; devant lequel tout genou fléchit, toute puissance, toute force s'évanouissent, qui tient en sa main tous les biens que je peux desirer, tous les maux que je peux craindre, et qui est le maître, non seulement de punir, mais d'anéantir l'être qu'il a créé et qui ose être rebelle à sa loi.

Mais si cela est, comme je n'en saurois douter, quelle crainte fondée sur la menace d'un législateur mortel et fragile comme moi, peut jamais être comparée avec la terreur que m'impriment des lois dictées par un législateur éternel, toujours armé d'une puissance infinie, et dont les paroles sont des paroles de vie et de mort pour moi !

V. Telle est l'idée que ma raison me donne de l'autorité des lois naturelles, et il ne m'en faudroit pas davantage pour me convaincre pleinement qu'il ne leur manque rien du côté de la qualité du législateur pour être encore plus obligatoires, encore plus coactives qu'aucunes lois positives. Mais mon esprit se plaît à s'affermir de plus en plus dans la connoissance de cette vérité par des preuves de sentiment, toujours plus intéressantes, et souvent non moins convaincantes que celles de raisonnement. C'est par la réunion des unes et des autres que je joindrai l'acquiescement de mon cœur à la conviction de mon esprit.

VI. Je remarque d'abord qu'une impression secrète m'avertit tous les jours que la crainte de la puissance du suprême législateur est née, pour ainsi dire, avec moi, comme la connoissance de ces lois. Il semble que Dieu ait confié la garde de mon ame à cette crainte salutaire, pour la contenir dans l'ordre qui convient à sa perfection et à son bonheur ; pour exercer continuellement sur elle cette espèce de contrainte qui l'assujettit à des lois dictées par une puissance à laquelle rien ne peut résister.

VII. Ce sentiment ne m'est pas propre ; il m'est commun avec tous mes semblables, parce que ces lois ont été faites pour eux comme pour moi. Ils ont reconnu la réalité de ce sentiment dans les temps, dans les lieux mêmes où leur esprit étoit obscurci par les ténèbres de la plus profonde ignorance ; et ceux qui sont encore dans cet état ne le reconnoissent pas moins. Il n'est point de nation où l'on ne trouve des preuves de cette crainte naturelle à l'homme de la justice et de la puissance d'un être supérieur toujours prêt à punir le crime et à protéger l'innocence.

N'est-ce pas en effet par l'impression de cette crainte qui les suit par-tout, qu'ils rougissent de certaines actions, qu'ils voudroient pouvoir les cacher, non seulement aux autres, mais à eux-mêmes, quand, malgré les efforts qu'ils font pour en détourner leur vue, ils sentent bien qu'ils ne sauroient éviter les regards pénétrans de l'être qui voit tout, qui connoît tout, et qui porte le flambeau jusque dans les replis les plus ténèbreux du cœur humain; un remords intérieur leur représente la Divinité comme toujours armée contre l'injustice; et de là vient encore qu'ils menacent les autres de cette puissance qu'ils redoutent pour eux-mêmes, qu'ils leur reprochent amèrement les infractions de la loi naturelle; qu'ils les citent à ce tribunal suprême qui doit exercer sa rigueur sur tous les violateurs de cette loi.

Il n'est pas même nécessaire, pour leur en faire reconnoître l'équité, l'utilité, la nécessité, que ceux qui la méprisent leur fassent actuellement un mal réel; il suffit qu'ils n'aient point d'intérêt présent qui les porte à en éluder l'autorité: justes et souvent sévères censeurs de la conduite des autres dans le temps qu'ils sont indulgens pour eux-mêmes, ils jugent très-sainement des règles du droit naturel lorsqu'ils sont exempts des passions qui troublent ou qui obscurcissent leur raison.

Tant il est vrai que tout le genre humain conspire unanimement à attester la réalité et la force de cette terreur efficace qui assure l'observation des lois que leur auteur a dictées et enseignées, comme par une révélation naturelle, à tous les êtres raisonnables.

VIII. Je vais encore plus loin, et je ne craindrai point de dire que l'impiété même, ou plutôt l'extravagance de l'athéisme me fournit malgré elle des preuves non suspectes de cette vérité.

J'entends des poètes me dire que c'est la crainte qui la première a formé, et pour ainsi dire, enfanté les dieux :

> Prima in orbe deos fecit timor.
> PETRON. *Satyr. Strat. Thebaid. lib. III.*

Je ne m'arrête pas à leur répondre qu'on ne craint point ce que l'on ignore, et dont on n'a même aucune idée ; d'où je conclurois que si les hommes ont craint la Divinité, il falloit donc qu'ils la connussent.

Mais sans raisonner ainsi sur leurs paroles, j'en tire cette conséquence nécessaire, que la crainte de la Divinité a tant de pouvoir sur l'homme, et est tellement née avec lui, qu'elle l'a porté à imaginer des dieux, comme convaincu que le genre humain avoit besoin d'être contenu par une frayeur généralement répandue dans l'univers, et d'être forcé par là à subir le joug de ces premières lois, qui font en effet toute sa sûreté.

Si un fameux disciple d'Epicure (1), voulant donner à son maître la vaine et folle gloire d'avoir osé s'élever le premier contre le sentiment de tous les hommes, me représente le genre humain comme opprimé par le fantôme

(1) LUCR. *Lib. I.*

de

de la religion, qui levant sa tête du haut du ciel, effrayoit les mortels par un aspect redoutable, il me fait voir, par sa peinture même, que ce qu'il appelle un mal est un mal commun à toutes les nations de la terre, et par conséquent que la crainte de la Divinité a toujours été, comme je l'ai déjà dit, la plus grande de toutes les terreurs : crainte naturelle ou innée à l'esprit humain, et aussi inséparable de son être que la connoissance de Dieu et de lui-même.

IX. Faut-il confirmer encore cette vérité par une autre preuve de sentiment? Je la trouverai dans un lieu presque aussi éloigné de la véritable religion que l'athéisme, et ce sera dans l'idolâtrie.

Personne n'ignore jusqu'à quel excès l'aveuglement et la foiblesse de l'homme l'avoient porté. Conservant toujours dans le fond de son ame l'idée de la Divinité, et cherchant à la trouver dans tout ce qui frappoit ses sens, il avoit consacré et comme déifié tous les objets de ses craintes ou de ses désirs ; en sorte que divisant l'être divin en autant de parties qu'il avoit de besoins à remplir ou de passions à contenter, il offroit des sacrifices à des dieux qu'il regardoit comme malfaisans, pour détourner les maux dont il se croyoit menacé, pendant que sa main, non moins criminelle, immoloit des victimes à d'autres divinités, appelées bienfaisantes, pour en obtenir les biens qui excitoient sa cupidité. Mais de tant de cultes insensés, et de cette multiplication absurde de dieux imaginaires, je suis toujours en droit de conclure que la crainte de la Divinité est le plus général de tous les motifs qui agissent sur le cœur de l'homme. On diroit en effet que, convaincu par une persuasion intime et invincible de la dépendance continuelle où il est d'un être supérieur, il n'ait cherché qu'à multiplier les vengeurs de ses crimes, ou les rémunérateurs de ses bonnes actions ; et comme ce sentiment accompagne toujours le mépris ou l'observation des règles du droit naturel, il n'y a point de loi positive qui puisse imprimer une crainte aussi juste et aussi puissante.

X. Si je veux approfondir encore plus cette matière, en réunissant les preuves de sentiment et les preuves de raisonnement, je supposerai d'abord, ou plutôt je reconnoîtrai que je porte dans moi-même un pressentiment secret de l'immortalité de mon ame, et l'attente d'une vie future qui n'aura jamais de fin. En vain voudrois-je étouffer cette opinion dans mon cœur, et écouter ceux qui cherchent à l'obscurcir. Je sens en moi un principe, et comme un germe d'immortalité qui ne me permet pas d'en douter. La dissolution des organes de mon corps ne me paroît point entraîner avec elle la destruction de cet être spirituel qui lui est uni. Je ne vois dans un être indivisible et essentiellement un aucune cause de séparation ou de corruption ; et je ne conçois pas pourquoi un Dieu aussi sage que puissant n'auroit tiré cet être du néant que pour l'y faire rentrer après ce court intervalle qui est entre la naissance de l'homme et sa mort ; intervalle qui n'est qu'un instant, et encore moins aux yeux de l'être éternel.

Je me dis donc à moi-même, comme Horace, et dans un meilleur sens que lui :

Non omnis moriar ; multaque pars mei
Vitabit Libitinam.

HORAT. *Lib. III, od. XXIV.*

Je trouve en moi une autre idée qui achève de me confirmer dans ce sentiment.

En effet, si je ne saurois concilier la supposition de la mortalité de mon ame avec l'idée que j'ai de la sagesse de Dieu, je peux encore moins l'accorder avec celle que j'ai de sa justice.

Le partage très inégal des biens et des maux du monde présent, la prospérité dans laquelle je vois souvent couler les jours de l'homme injuste, l'adversité qui n'accompagne pas moins souvent ceux du juste ou de l'homme de bien, m'annoncent également qu'un Dieu, qui est la justice même, ne sauroit permettre qu'un si grand désordre dure toujours, en laissant le vice éternellement sans punition, et la vertu éternellement sans récompense.

J'en conclus donc qu'il viendra un temps, et qu'il y aura après cette vie destinée à l'épreuve des bons et des méchans, un état où une inégalité si surprenante sera avantageusement réparée, et où le juste souverainement heureux, l'injuste souverainement malheureux, feront également, s'il est permis de parler ainsi, l'apologie de la Providence.

En vain quelques-uns de mes semblables, à qui leur ame prophétise comme à moi un avenir favorable aux observateurs de la loi naturelle et redoutable à ses violateurs, voudroient pouvoir écarter cette pensée importune qui trouble et qui empoisonne leurs plaisirs. Elle les suit par-tout malgré eux; elle redouble leurs frayeurs à mesure qu'ils approchent du terme fatal de leur course; et tôt ou tard ils sont forcés de reconnoître que l'homme trouve également dans lui-même, et une réponse de mort par rapport à son être corporel, et une réponse de vie ou d'immortalité par rapport à son être spirituel.

Non-seulement le plus grand nombre des philosophes, mais presque tous les poètes, sans en excepter les plus profanes, me font voir que cette opinion ne m'est pas propre, et que tel est le sentiment perpétuel et universel du genre humain.

La fable même a rendu témoignage sur ce point à la vérité; et il ne seroit pas possible que toutes ses fictions sur l'état des ames séparées de leur corps, sur les supplices des méchans, sur les récompenses des bons, eussent acquis une si grande autorité dans l'esprit des peuples, si elles n'eussent été fondées sur une très-ancienne tradition qui remontoit jusqu'à l'origine de l'humanité, et qui, quoiqu'obscurcie par un mélange fabuleux d'images grossières, s'étoit conservée et transmise d'âge en âge dans toutes les nations; en sorte que c'est ici une de ces matières où l'on peut dire que le faux même est une preuve du vrai.

XI. Rien ne fait mieux sentir combien une opinion a jeté d'anciennes et de profondes racines dans l'esprit de tous les hommes que lorsque la tradition peut en être prouvée, non-seulement par le témoignage de ceux dont les écrits ont résisté à l'injure des temps, mais par des faits même qui en sont comme des témoins muets, et par là encore plus irréprochables; j'entends parler ici des mœurs et des usages observés dans tous les pays de la terre qui nous sont connus. Or, tel est le caractère de l'opinion que tous les hommes ont naturellement d'un Dieu vengeur qui punit rigoureusement après la mort tous les infracteurs de la loi naturelle.

C'est sur ce sentiment qu'est fondé l'usage établi en tous lieux, soit de ces juremens familiers, pour ainsi dire, qui ne sont que trop souvent dans la bouche de tous les hommes lorsqu'ils veulent assurer la vérité d'un fait et exiger qu'on les croie sur leur parole ; soit de ce serment solemnel qu'ils regardent comme le plus ferme appui des engagemens humains, parce qu'ils y rendent Dieu même garant de leur bonne foi et de la stabilité de leurs promesses. On diroit que la nature ait gravé dans leur cœur ces paroles de S. Paul (1), *Que les hommes jurent par celui qui est plus grand qu'eux*, et que toutes leurs querelles, tous leurs différends se terminent par le serment, qui est regardé comme la plus grande assurance qu'ils puissent se donner réciproquement.

Pourquoi donc ce respect, cette vénération pour le serment a-t-elle fait une impression si profonde sur le genre humain ? Ce n'est pas seulement parce que, suivant la remarque d'un ancien philosophe, l'homme y atteste et y prend à témoin la vérité de Dieu même, comme s'il disoit : Le fait que j'assure ou l'engagement que je contracte est aussi certain ou aussi inviolable, qu'il est vrai qu'il y a un Dieu qui l'entend, un Dieu incapable de tromper ou d'être trompé. Mais une raison encore plus sensible et plus à la portée de tous les esprits, a rendu la religion du serment encore plus redoutable à tous les peuples de la terre : c'est la persuasion intime où ils ont toujours été, et où ils sont encore, que Dieu est le juge sévère et inévitable de la violation du serment, comme d'un outrage fait à la Divinité. Ils ont regardé, et ils regardent le parjure comme un crime de

(1) *Heb. VI*, v. 16.

lèse-majesté divine, dont Dieu se doit à lui-même le châtiment et la vengeance.

En effet, cette expression de Saint Paul (1), *Deum testem invoco in animam meam*, j'invoque, j'appelle Dieu à témoin contre mon ame si je trahis la vérité, est renfermée, au moins tacitement, dans tout genre de serment. Quiconque le prête prononce une imprécation, un anathême contre lui-même en cas qu'il manque à sa parole; c'est une vérité que toutes les anciennes formules, toutes les cérémonies religieuses des sermens prouvent également.

Ainsi, pour remonter à la plus haute et la plus sainte antiquité, nous voyons que cette espèce de traité qui fut fait entre Jacob et Laban, sur les limites de leurs possessions, contient une menace expresse des jugemens de Dieu (2): *Que Dieu*, dit Laban, *que le Dieu d'Abraham et de Nachor, le Dieu de leurs pères, voie et juge entre nous*; et Jacob jure de son côté par le Dieu que son père avoit révéré avec une sainte frayeur.

Si l'on croit que les preuves tirées des auteurs profanes soient encore plus propres en un sens, à montrer l'opinion commune et le sentiment naturel de tous les peuples, écoutons celui que la Grèce a appelé le divin Homère, et qu'elle a respecté, non seulement comme le plus grand des poètes, mais comme renfermant tous les mystères ou tous les symboles de sa théologie (3).

Dans ce serment solemnel qui précéda le combat singulier de Ménélas et de Pâris, on

(1) *Epit. II. Cor. ch. I*, v. 23.
(2) *Gen. Cap. III*, v. 31.
(3) *Iliad. Lib. III.*

voit d'un côté que l'on apporte deux agneaux dont le sang répandu devoit être l'image de la peine des parjures, et dont les *poils*, pour le figurer encore mieux, furent distribués de part et d'autre aux deux armées. On remarque d'un autre côté qu'avant que d'égorger les deux victimes, Agamemnon, en présence du roi Priam, lève les mains au ciel, et prononce ainsi son serment en forme de prière, dont il suffit ici de rapporter la substance.

« Père des dieux, Jupiter, soleil qui vois » tout, et qui entends tout, fleuves et terre, » et vous qui punissez les mortels lorqu'ils » descendent dans les enfers, si quelqu'un se » parjure aujourd'hui, soyez-en les témoins, » et les conservateurs de la sainteté des ser- » mens ».

En achevant ces mots, il porte le fer dans la gorge des agneaux, et après les libations ordinaires, les Troyens se réunissent avec les Grecs pour prendre encore les Dieux à témoin.

« Grand Jupiter, disent-ils, et vous tous, » dieux immortels, si quelqu'un des deux peu- » ples viole ce serment, que sa cervelle et celle » de ses enfans soit répandue sur la terre comme » le sang qu'on vient de verser ».

Le récit de ces cérémonies fera-t-il encore plus d'impression dans la bouche des historiens que dans celle des poètes ; on les trouvera renfermées dans la formule du serment qui, selon Tite-Live, précéda le célèbre combat des Horaces et des Curiaces.

Ecoutez, *Jupiter* (1), dit le héraut du peuple romain), *et vous*, *Albains*, *prêtez l'oreille : si*

---

(1) TITE-LIV. *Lib. I*, n. 24.

le peuple romain manque à l'observation du traité qui vient d'être récité publiquement, frappez-le alors, Jupiter, comme je vais frapper aujourd'hui ce porc, et d'autant plus durement, que vous avez plus de force et de puissance. Et en achevant ces paroles, il frappa le porc avec un caillou.

Si le christianisme a fait abolir cette ancienne cérémonie, on y avoit substitué pendant plusieurs siècles des menaces de la vengeance divine, des imprécations et des anathêmes beaucoup plus capables de faire impression sur des esprits raisonnables, que le spectacle allégorique d'une victime immolée à des Dieux imaginaires. C'est même ce qui avoit fait établir, pendant quelque temps, l'usage d'avoir recours aux ministres de l'Eglise, et sur-tout au souverain Pontife, pour assurer l'observation des traités passés entre des princes chrétiens, par le respect de la religion, et par la crainte des peines spirituelles, plus redoutables en effet que les peines temporelles.

L'abus que les flatteurs de la Cour de Rome ont voulu faire de ces anathêmes, pour en conclure que le Pape avoit un pouvoir, au moins indirect, sur le temporel des rois, a fait cesser cet usage; mais le fond de l'obligation qui se contracte par le serment, et cette imprécation tacite, mais réelle, qu'il renferme essentiellement, n'en subsiste pas moins. La crainte d'un Dieu vengeur y demeure toujours inséparablement attachée; et dans tous les temps, comme dans tous les pays, il sera vrai de dire que cette crainte, commune à tout le genre humain, est regardée comme le plus puissant motif de la soumission qui est due à l'autorité des lois, et sur-tout de la loi naturelle.

De là vient cette horreur avec laquelle on regarde les parjures. Détestés par-tout comme coupables d'une infidélité qui peut être appelée sacrilége, ils portent, dès cette vie, une partie de la peine que mérite leur crime, et ils deviennent une preuve vivante de l'impression que la religion du serment, et par conséquent la crainte de la justice divine, fait sur tous les cœurs.

XII. A tant de preuves qui me convainquent que du côté du législateur il ne manque rien aux lois naturelles pour avoir cette force coactive qui dépend de la crainte des peines, je dois ajouter encore deux réflexions importantes, que je réunis à cause de la grande liaison qu'elles ont entr'elles.

PREMIÈRE RÉFLEXION.

Je vois que Dieu, auteur de toute puissance, comme je le dirai bientôt, a permis à toutes celles qui règnent sur la terre de donner des lois aux peuples qui leur sont soumis. Mais comme dans ce monde elles n'ont point de supérieur visible qui puisse leur en donner à elles-mêmes, il n'y a que Dieu qui règne sur les puissances souveraines; et le seul frein capable de les contenir est la crainte du maître commun, de l'arbitre suprême de tous les êtres, qui par cette raison est appelé *le roi des rois.*

C'est ce qu'Horace exprimoit par ces deux vers:

> Regum timendorum in proprios greges,
> Reges in ipsos imperium est Jovis.
>
> HORAT. *Lib. III, od. I.*

Mais dans ce haut degré de puissance qui les rend supérieurs à tous leurs sujets, et inférieurs à Dieu seul, ils sentent qu'ils sont hommes, et la ridicule ambition des princes qui ont voulu passer pour des dieux a été regardée comme une folie. En vain aspiroient-ils à partager les honneurs de la Divinité : on n'en disoit pas moins d'eux, que celui qui prétendoit se faire adorer par les peuples comme un Dieu, n'étoit certainement qu'un homme à ses propres yeux. Forcés de reconnoître qu'ils sont hommes, ils sentent par conséquent qu'ils sont mortels ; que le moment de la mort les égalera au moindre de leurs sujets ; et qu'ils retomberont alors entre les mains d'un juge redoutable, au tribunal duquel il n'y a point d'acception de personnes, et par qui, comme il le déclare lui-même dans ses écritures (1), les puissans qui auront abusé de leur pouvoir seront aussi le plus puissamment tourmentés.

Telle est donc l'impression de cette crainte sur l'esprit de ceux mêmes qui ne craignent personne, qu'elle suffit seule pour les assujettir à l'empire des lois naturelles. Ils font gloire d'en respecter, d'en suivre les règles : ils souffrent impatiemment le reproche de les avoir violées. On n'en a presque point vu dans quelque pays que ce fût et de quelque religion qu'il fît profession, même pendant le règne de l'idolâtrie, qui n'ait recommandé le culte d'un être suprême, à qui il devoit lui-même rendre compte de ses actions ; enfin, qui ne se soit reconnu soumis à ce droit naturel qui avoit sa source dans la Divinité même. C'est en effet aux lois naturelles que l'on doit principalement appliquer ces

(1) *Sagess. chap. VI*, v. 7.

belles paroles de deux empereurs romains (1). « La majesté du souverain ne s'explique jamais plus dignement que lorsqu'il reconnoît » hautement que son pouvoir est borné par les » lois. Se soumettre à leur empire, c'est quelque chose de plus grand que l'empire même. »

DEUXIÈME RÉFLEXION.

Si les lois naturelles ont assez de force pour régner sur les rois mêmes, par la crainte de l'auteur de ces lois, elles ne règnent pas moins entre les rois ou entre les différentes nations comparées les unes avec les autres. Elles sont le seul appui ordinaire de ce droit, qui mérite proprement le nom de *droit des gens*, c'est-à-dire, de celui qui a lieu de royaume à royaume, ou d'état à état.

Aucun supérieur commun, aucune autorité humaine n'a le pouvoir de commander ou de donner des lois à l'un et à l'autre : également et réciproquement indépendans, ils n'ont pour règle que leur seule volonté. Quel est donc le motif qui les contient mutuellement dans de justes bornes ; qui suffit communément, et hors les temps de guerre, pour empêcher des deux côtés l'infraction du droit naturel ; qui, pendant la guerre même, leur fait conserver, jusqu'à un certain point, le respect dû aux droits de l'humanité ? Il est évident qu'on ne peut en imaginer aucune autre raison, que cette crainte de la Divinité qui est commune à tous les hommes. Ceux qui gouvernent sentent, comme ceux qui sont gouvernés, que toutes les nations, comme

(1) Théodose le jeune et Valentinien III. *Cod. lib. I, tit. XIV, de Legibus. Leg. IV.*

tous les hommes considérés séparément, ont un maître suprême, dont un de nos plus grands poètes a dit :

Des plus fermes états la chute épouvantable,
Quand il veut, n'est qu'un jeu de sa main redoutable.
Esther, *act. III*, *scène IV*.

C'est la crainte et la seule crainte de ce bras tout-puissant qui met un frein à la fureur des peuples ; et c'est ce qui les oblige à se renfermer dans les justes bornes de leurs droits réciproques. Heureux quand ils suivent ces règles de la loi naturelle, qui sont la source du droit des nations ! malheureux quand ils s'en écartent ! ils sont toujours instruits par leurs malheurs mêmes de l'obligation de se conformer à cette loi salutaire qui décide de leur félicité ou de leur infortune.

Ne suis-je donc pas en droit de conclure également de ces deux réflexions que, comme il y a des lois primitives que la nature dicte à tous les hommes, il y a aussi une crainte générale qu'elle leur inspire pour l'autenr suprême de ces lois : craintes dont la force et l'efficacité n'éclatent jamais davantage que lorsqu'on voit d'un côté qu'elle règne sur les rois mêmes, et de l'autre, qu'elle se suffit à elle-même pour devenir comme une digue et une barrière puissante, à laquelle viennent se briser les flots ou les mouvemens impétueux des nations les plus indépendantes les unes des autres ?

XIII. Je peux à présent réduire à une seule proposition tout ce que je viens de dire sur cette espèce de coaction ou de contrainte qu'une utile frayeur attache aux lois naturelles ; et la vérité de cette proposition est si évidente, qu'elle n'a pas besoin de démonstration.

Les peines dont les puissances de la terre nous menacent pour nous faire obéir à leurs lois positives et temporelles, sont aux peines que Dieu prépare aux violateurs des lois naturelles et éternelles, comme le législateur est au législateur, ou comme l'homme est à Dieu, c'est-à-dire comme le fini à l'infini; et il semble que cette espèce de proportion soit clairement renfermée dans les derniers termes de la formule de serment que Tite-Live (1) nous a conservée : *Tantò magis ferito, quantò magis potes, pollesque.* Comme si le héraut qui prononçoit cette formule, avoit dit : *Dieu, autant que votre force et votre puissance l'emportent sur celles de l'homme, frappez le parjure infiniment plus que je ne peux frapper cette victime.*

Il n'y a donc aucune comparaison à faire entre les divers genres de crainte que le pouvoir du législateur divin et l'autorité des législateurs humains nous inspirent, ni par conséquent entre les différens degrés de coaction que des craintes si disproportionnées attachent aux lois naturelles et aux lois civiles.

C'est ce qui a fait dire aux jurisconsultes romains, qu'une loi positive peut être détruite ou abrogée par une autre loi positive; mais qu'une pareille loi ne peut jamais donner aucune atteinte à la loi naturelle (2) : *Civilis ratio civilia quidem jura corrumpere potest; naturalia verò non utique.* Et c'est aussi ce qui peut servir à fixer le véritable sens de ces paroles remar-

---

(1) TITE-LIV. *Lib. I.* n. 24.

(2) *Instit. de legitimâ agnat. tutelâ. Lib. III.*

quables d'un empereur romain (1) : *Jurisjurandi contempta religio satis Deum ultorem habet ;* c'est-à-dire que, pour assurer la religion du serment et l'engagement redoutable qui en est effet, il suffit de savoir que c'est Dieu même qui est le juge et le vengeur du parjure : paroles qu'on peut appliquer également à toute infraction des lois naturelles. La justice de l'auteur de ces lois n'est pas moins armée contre ceux qui les transgressent que contre les violateurs du serment, qui n'ajoute rien à l'obligation de les observer ni à la force de nos engagemens, et qui ne sert qu'à nous rappeler le souvenir de cette justice inexorable.

XIV. Je n'ai employé jusqu'ici que des preuves de sentiment et de raisonnement pour faire voir que les règles du *droit naturel*, ouvrage du divin législateur, ne méritent pas moins le nom de lois coactives que les lois civiles ou positives qui sont émanées des législateurs humains. Mais s'il étoit nécessaire d'y joindre des preuves d'un autre genre, je pourrois accumuler ici une foule d'autorités pour faire voir que cette vérité a été reconnue et attestée par les hommes de tous les pays, de tous les temps, de toutes les conditions. Mais c'est un détail qui mèneroit trop loin, et j'ai peut-être à me reprocher de m'être trop étendu sur ce premier point. Il est temps de passer au second, et d'envisager la même matière sous une autre face ; je veux dire, qu'après avoir considéré combien la loi naturelle est obligatoire et coactive, à n'envisager que l'autorité du législateur,

---

(1) Alexandre-Sévère, *lib. IV*, *tit. I*, *leg. II*, *cod. de Reb. cred. et de Jurejurando.*

je dois me convaincre à présent qu'elle ne l'est pas moins lorsque j'en juge par les sentimens et la disposition de celui à qui elle est imposée, c'est-à-dire de l'homme.

ARTICLE DEUXIÈME.

Second genre de coaction ou de contrainte, attaché à la loi naturelle. La crainte que l'homme a de lui-même.

I. Tout ce que j'ai observé dans le premier article sur les effets de la terreur que la puissance du suprême législateur imprime dans le cœur de l'homme pour le soumettre à la loi naturelle, convient aussi à l'article présent, parce que le jugement intérieur que je porte de moi-même, et la crainte que j'ai des reproches ou des remords de ma conscience, se mêlent et se confondent tellement avec l'opinion que j'ai de la justice divine, et la frayeur qui en est l'effet, qu'on peut dire que je ne me crains moi-même que parce que je crains Dieu. Mais sans m'arrêter a rechercher ici trop subtilement la différence, ou à mesurer la distance de deux sentimens qui ont une liaison si intime, je ne saurois douter que je ne les aie l'un et l'autre. Je crains Dieu, et c'est ce qui a fait la matière de l'article premier ; je me crains moi-même : c'est l'objet de l'article présent.

II. Mais comment peut-il se faire que je me craigne moi-même ? C'est une question à laquelle je pourrois me dispenser de répondre. La vérité, la réalité de cette crainte me sont intimement connues ; et quand l'existence actuelle d'un fait est certaine, la possibilité en est plus que démontrée. Mais il ne sera peut-être pas inutile de m'arrêter ici un moment à examiner quelle est la cause et la nature d'une crainte qui paroît d'abord si singulière, parce que cette recherche pourra répandre un plus grand jour sur ce que je dirai dans la suite de cet article.

Je me demande donc encore une fois, comment il peut être vrai que je me crains véritablement. Par quel changement extraordinaire mon amour-propre se changeroit-il en une espèce de colère ou d'indignation contre moi-même ? N'est-ce pas cet amour qui me fait regarder tous les mouvemens, toutes les opérations de mon ame avec une secrète complaisance ? Il met un voile sur mes défauts ; il les transforme même quelquefois en vertus. Comment donc cet approbateur, ce flatteur perpétuel deviendroit-il pour moi un moniteur importun et un censeur sévère ? C'est un problême que Médée, ou plutôt Ovide, semble avoir résolu il y a long-temps, lorsqu'il lui fait dire :

> Video meliora, proboque,
> Deteriora sequor.
>
> Ov. *Lib. VII. Metam. I.*

La théologie du paganisme, peu éloignée sur ce point de celle du christianisme, distinguoit donc, si l'on peut parler ainsi, deux hommes dans le même homme, et comme deux ames dans une seule.

D'un côté, une ame éclairée, intelligente, raisonnable, qui connoît son devoir, qui sait en quoi consiste la perfection de son être, et qui sait que c'est là qu'elle doit chercher son bonheur.

De l'autre, une ame troublée et obscurcie par les nuages que les passions y répandent ;

aveugle sur ses véritables intérêts ; entraînée par l'impression séduisante des objets sensibles, plutôt que conduite par les lumières de son intelligence ; cherchant son bonheur dans ses égaremens mêmes, et s'en éloignant toujours de plus en plus, parce qu'elle veut le trouver dans ce qui fait son imperfection.

Voilà ce qui avoit porté l'ancienne philosophie à donner deux ames à l'homme : l'une, raisonnable ; l'autre, qu'elle appeloit sensitive : la dernière faite pour obéir à la première ; mais cherchant toujours à en secouer le joug, et n'y réussissant que trop souvent.

S'il a paru absurde de vouloir faire deux ames d'une seule et de partager un être indivisible, une meilleure philosophie, et même la théologie la plus sublime, en nous apprenant le changement arrivé dans l'état de l'homme, a substitué aux anciennes chimères la célèbre distinction de la nature primitive de l'homme où tout étoit sain et dans l'ordre, et de la nature altérée et corrompue ; de l'homme spirituel, qui sait soumettre le sentiment à la raison, et de l'homme terrestre et animal, en qui le sentiment ou la passion usurpe souvent l'empire de la raison.

Une conscience intime et une expérience continuelle m'apprennent, comme à tous mes semblables, la réalité de cette distinction. Je sens tous les jours mon cœur partagé et comme déchiré par deux mouvemens contraires ; l'un, qui le porte vers le bien que ma raison lui montre intérieurement ; l'autre, qui l'entraîne vers le mal, revêtu d'une apparence de bien que les sens ou son imagination lui présente. Mais dans le temps même de cette espèce de sédition domestique, ou plutôt intestine, qui s'élève entre moi et moi-même (état violent où il m'arrive souvent de ne pas faire le bien que je veux, et de faire le mal que je ne veux pas), je ne cesse point d'apercevoir et de craindre le jugement de ce censeur rigoureux que je porte dans mon sein. Je ne saurois m'empêcher de prévoir ce triste retour que mon ame fera tôt ou tard sur elle-même, ou ce reproche inévitable qu'elle se fera un jour, d'avoir sacrifié sa perfection, et par conséquent son véritable bonheur, à la douceur passagère et rapide d'un plaisir criminel, dont il ne lui reste qu'un souvenir amer et un repentir cruel, en sorte que, par la crainte même de cette espèce de tourment, je rends malgré moi un témoignage certain à la justice et à la force de la loi naturelle, dans le temps même que je m'en écarte le plus.

III. Veux-je me convaincre de la réalité, et, pour ainsi dire, de l'universalité de ce sentiment que la nature, ou plutôt son auteur a gravé dans le cœur humain, je reconnois d'abord que mes semblables regardent tous comme un véritable supplice pour l'homme d'être mal avec lui-même. En vain cherchent-ils à l'éviter, en détournaut leurs yeux d'un objet qu'ils ne peuvent voir sans douleur, et en se fuyant eux-mêmes. C'est ce qui a fait dire à un ancien poète ;

Hoc se quisque modo semper fugit.

Mais Sénèque (1) répond fort bien : *Quid prodest, si non effugit !* Que sert à l'homme de se fuir, s'il ne peut échapper et se dérober à lui-même ; si l'idée de son crime le poursuit en

(1) *De Tranquill. animi, cap. II.*

tous lieux, et, pour me servir d'une expression de l'Ecriture-sainte (1), si *son péché couche toujours à sa porte*, sans lui permettre jamais de dormir en repos ? C'étoit la crainte de cet état qui dictoit à Horace le conseil qu'il donnoit à son ami ; de consulter les sages pour apprendre d'eux à diminuer ses inquiétudes, se rendre ami de lui-même, et s'affermir dans une parfaite tranquillité :

Quid minuat curas, quid te tibi reddat amicum;
Quid purè tranquillet, etc.

HORAT. *Lib. I, ep. XVIII, ad Lollium.*

IV. La fable même qui, dans son origine, n'a souvent été qu'une espèce de morale présentée aux yeux du peuple sous des images sensibles, devient pour moi une nouvelle preuve de cette vérité.

Personne n'ignore la fiction célèbre dans l'antiquité profane, de cet anneau trouvé par le pasteur Gygès, qui le rendoit invisible quand il tournoit la pierre de son côté, et qui le mettoit par là en état de commettre impunément les plus grands crimes, parce qu'il ne craignoit pas d'en avoir des témoins.

Mais cet anneau, qui le cachoit à la vue des autres hommes, ne le déroboit point à la sienne ; et c'est ce qui a donné lieu à Platon (2) de traiter ce fameux problême de morale, où il examine si, supposé qu'un pareil anneau tombât entre les mains de l'homme de bien, il demeureroit fidèle à la justice, ou si l'assurance de l'impunité le rendroit injuste et coupable. Mais

(1) *Genes. Chap. IV*, v. 7.
(2) *De Republ. Lib. II.*

ce problême ne mérite pas même ce nom, si l'on en croit ce grand philosophe et ceux qui ont marché sur ses traces. Que serviroit, selon eux, à l'homme de bien cet anneau de Gigès? Il veut être juste pour lui-même, et non pour en avoir la réputation dans l'esprit des autres hommes. S'il craint leur censure, il redoute encore plus celle de sa conscience, et il ne veut point se mettre dans un état où, pour parler comme un de nos plus grands poètes, il ne pourroit *sans horreur se regarder lui-même.*

Cicéron (1), voulant enchérir sur Platon même à cet égard, semble avoir imaginé la méthode la plus ingénieuse pour arracher cet aveu à ceux qui dans le fond de leur ame voudroient que la justice ne fût qu'une chimère.

Je leur demande, dit cet orateur philosophe, ce qu'ils feroient de l'anneau de Gigès s'il tomboit entre leurs mains? Ils me répondent que l'histoire de ce berger n'est qu'une fable imaginée par Platon, qui suppose une chose impossible. Mais, leur dis-je, elle ne l'est point absolument, elle peut même se réaliser dans plusieurs occasions où l'homme se trouve en état de pécher contre la loi naturelle, avec aussi peu de crainte d'être découvert que s'il avoit à son doigt ce fameux anneau. Je les presse donc de me dire ce qu'ils feroient dans cette supposition; et s'ils se contentent toujours de nier la possibilité du fait, je leur réponds que ce n'est point de la possibilité qu'il s'agit entre nous, et que toute la question est de savoir ce qu'ils feroient si ce qu'ils regardent comme impossible devenoit en effet possible. Enfin, s'ils

---

(1) *Offic. Lib. III, cap. IX.*

refusent encore de s'expliquer clairement, j'argumente contre eux de leur refus même. Il ne peut être fondé que sur ce qu'ils sentent bien que s'ils me faisoient une réponse précise, il arriveroit de deux choses l'une ; ou qu'en avouant que s'ils pouvoient se rendre invisibles, ils se livreroient sans mesure aux passions les plus injustes, ils seroient forcés d'avouer en même temps qu'ils sont des scélérats ; ou que s'ils faisoient une meilleure réponse, ils ne pourroient s'empêcher de reconnoître la vérité de ce respect que l'homme a naturellement pour lui-même, et de sentir que la crainte de devenir un spectacle insupportable à ses propres yeux, suffit pour lui faire observer la loi naturelle, quand même il seroit sûr de pouvoir la violer impunément.

Je conclus donc avec Cicéron, que puisque nul homme ne veut avouer qu'il abuseroit de l'anneau de Gigès s'il en étoit le possesseur, il est donc vrai que tout homme regarde cette disposition comme contraire à la perfection de son être, instruit par la nature même à craindre ce juge intérieur, dont elle a placé le siége dans le cœur de toute créature intelligente.

V. En effet, ce ne sont pas seulement les philosophes qui ont pensé de cette manière pendant le règne même de l'idolâtrie : les poètes les moins scrupuleux ont attesté la vérité et l'efficacité de cette crainte.

J'entends un ancien poète me dire que rien n'est plus misérable qu'une ame à qui sa conscience reproche une action criminelle.

Nihil est miserius, quàm animus criminis conscius.
PLAUT. *Mostellaria. Act. III, scen. I,* v. 13.

Un autre me dit dans des termes encore plus

énergiques, que la première punition du crime est qu'aucun coupable n'est absous, quand il n'auroit pour juge que lui seul.

> Primâ hæc est ultio, quod se
> Judice, nemo nocens absolvitur.
>
> JUVEN. *Satyr. XIII*, v. 2 *et* 3.

Qu'en vain échappe-t-il à la rigueur des lois, puisqu'il retombe entre les mains d'une conscience redoutable qui l'effraie, qui le trouble continuellement par un souvenir vengeur, qui exerce sur lui une espèce de torture intérieure:

> Cur tamen hos tu
> Evasisse putes, quos diri conscia facti
> Mens habet attonitos, et surdo verbere cædit,
> Occultum quatiente animo tortore flagellum?
>
> JUVEN. *Satyr. XIII*, v. 162 *et seq.*

Tourment plus rigoureux, selon le même poète, que ceux que Rhadamante fait souffrir dans les enfers. Et en quoi consiste ce tourment? à porter nuit et jour dans son cœur un témoin qui en devient le bourreau:

> Pœna autem vehemens ac multò sævior illis,
> Quas aut Cæditius gravis invenit, aut Rhadamantus,
> Nocte dieque suum gestare in pectore testem.
>
> Id. *Sat. XIII*, v. 176 *et seq.*

La morale même poétique a été portée jusqu'à dire que la seule volonté de commettre le crime éprouvoit cette espèce de châtiment:

> Has patitur pœnas peccandi sola voluntas.
>
> Id. *Sat. XIII*, v. 208.

Et un autre poète saisi d'un enthousiasme vertueux, ne croit pas pouvoir faire une imprécation plus forte contre la cruauté des tyrans, que de leur desirer pour supplice la peine d'avoir toujours devant les yeux le spectacle de la vertu, et de sécher de frayeur à l'aspect de celle qu'ils ont abandonnée :

Magne pater Divûm, sævos punire tyrannos
Haud aliâ ratione velis, cùm dira libido
Moverit ingenium, ferventi tincta veneno:
Virtutem videant, intabescantque relictâ.
PERS. *Sat. III*, v. 35 *et seq.*

VI. La vérité que ces poètes attestent fait naturellement une impression si forte sur tous les esprits, que les peuples mêmes en rendent témoignage.

Un acteur récite sur le théâtre d'Athènes un vers où un poète tragique faisoit ainsi le portrait d'un homme juste :

Il ne veut pas sembler juste, mais l'être.
ESCHYL. *Septem contra Thebas*, v. 598.

Tout le peuple applaudit à cette peinture, et en fait sur-le-champ l'application à Aristide présent, à qui il avoit donné en effet le surnom de juste.

Thémistocle annonce au même peuple qu'il lui est venu dans l'esprit une pensée souverainement avantageuse à la république, mais qu'il seroit dangereux de la proposer en public. Le peuple lui ordonna de la communiquer au seul Aristide.

Thémistocle lui confie son dessein, et Aristide revient dire au peuple assemblé : Que rien ne pouvoit être ni plus utile à la république, ni en même temps plus injuste que la pensée de Thémistocle. Sur cette seule réponse tout le peuple impose silence à Thémistocle ; tant, ajoute Plutarque (1), tout ce peuple avoit de confiance dans la probité d'Aristide, tant il étoit lui-même amateur de la justice.

Ce sont donc ici, non pas des philosophes, non pas un seul homme de bien, c'est un peuple entier qui atteste que la seule crainte, la seule horreur naturelle de l'injustice suffit pour détourner l'homme de la commettre, sans aucun autre motif que celui de n'être pas forcé de se condamner lui-même.

VII. Serai-je donc surpris après cela, si je lis dans celui des anciens historiens qui a le mieux connu la profondeur du cœur humain, que cette conscience vengeresse dont la voix se fait entendre aux ames les plus perverses, y veille continuellement à rappeler et à faire respecter l'autorité des lois naturelles ?

Qui croiroit que ce fût Tibère, ce prince si endurci dans le mal, si accoutumé à la cruauté, qui eût reconnu et confirmé la vérité de cette doctrine ? Tacite nous en a conservé la preuve dans l'endroit de ses annales où il rapporte les termes d'une lettre que Tibère écrivit au sénat, de la fameuse île de Caprée, où il s'étoit comme relégué lui-même pour se dérober à la vue des autres hommes, et où il auroit voulu pouvoir se cacher à ses propres yeux.

Que vous dirai-je (2), pères conscrits ! *ou comment vous écrirai-je ! ou prendrai-je le parti plutôt de ne vous point écrire dans le temps présent ! Les dieux et les déesses me confondent et me perdent plus misérablement que je ne me sens périr tous les jours, si je le sais.* Paroles

(1) *In Aristid.* p. 332.
(2) TACIT. *Lib. VI. Ann.* n. 6.

obscures

obscures et embarrassées, qui étoient comme la peinture naïve du trouble et de l'agitation de son ame.

C'est ainsi, conclut Tacite, que les crimes de cet empereur s'étoient changés pour lui en supplices. Ce n'est donc pas (ajoute-t-il) sans raison qu'un des plus grands maîtres de la sagesse avoit coutume de dire, que s'il étoit possible d'ouvrir le cœur, et, si l'on peut parler ainsi, les entrailles des méchans, nous y verrions les plaies et les tourmens qu'ils éprouvent. Car, de même que le corps souffre des atteintes sensibles par la violence des coups qu'il reçoit, ainsi l'ame est comme déchirée par la cruauté, par la fureur de la passion, par les résolutions funestes qu'elle inspire. Ni la plus haute fortune, ni la plus profonde solitude ne pouvoient en garantir Tibère, ni le rassurer assez pour l'empêcher d'avouer lui-même les peines et la torture qu'il ressentoit dans son cœur.

Telle est donc la force de cette utile frayeur que l'homme a de lui-même, second fondement de l'empire secret des lois naturelles. Il me reste à parler en peu de mots du troisième, je veux dire de la crainte des autres hommes.

ARTICLE TROISIÈME.

Dernier genre de coaction ou de crainte attachée aux lois naturelles.

CRAINTE DES AUTRES HOMMES.

I. Si l'homme pouvoit se suffire pleinement à lui-même, s'il se trouvoit plus heureux dans l'état d'une parfaite solitude que dans celui de la société, une grande partie des règles de la loi naturelle sur ses devoirs à l'égard de ses semblables deviendroit inutile par rapport à lui ; ou du moins il n'auroit presqu'aucune occasion de les mettre en pratique, et par conséquent la crainte de ses semblables ne pourroit faire qu'une impression légère sur son esprit.

Mais une telle supposition est presqu'un cas métaphysique dans l'ordre naturel. Les besoins de l'homme, le soin de sa sûreté, le désir des commodités de la vie, l'amour du plaisir, le goût même et l'inclination naturelle qui lui fait aimer la compagnie de ses semblables, tout concourt également à l'engager à vivre avec les autres hommes. Ainsi la crainte des maux dont il est menacé de leur part lorsqu'il viole à leur égard les règles de l'équité naturelle, est un des plus puissans motifs qui le contraignent à les observer, et peut-être même le plus puissant de tous, si l'on consulte la disposition commune de la plus grande partie du genre humain.

II. Mais dans la crainte que les hommes ont les uns des autres, je crois pouvoir en distinguer deux espèces différentes.

L'une, qui affecte plus mon esprit que mes sens, parce qu'elle ne me présente que des maux qui dépendent en quelque manière de l'opinion que j'en ai.

L'autre, qui affecte l'homme entier, c'est-à-dire, en tant qu'il est corps et esprit; maux indépendans de son opinion, parce que le dérangement qu'ils causent dans son corps, et l'impression qu'ils produisent dans son esprit, n'ont rien de volontaire de sa part, ou plutôt sont toujours réellement contraires à sa volonté.

III. A l'égard de la première espèce de crainte, l'homme considéré dans l'état de la société, est environné d'autant de juges et de censeurs, qu'il a de spectateurs de ses actions. Il sait que les règles du droit naturel leur sont connues comme à lui; que tous les hommes en jugent sainement, lorsque l'intérêt ou les passions n'obscurcissent point la lumière de leur raison. Leur jugement est donc d'autant plus à redouter pour lui, qu'il est plus juste ordinairement.

Un sentiment intérieur nous apprend que tout être raisonnable désire toujours d'être parfait; qu'il s'afflige lorsqu'il est obligé de sentir qu'il ne l'est pas; qu'il ne peut s'empêcher de se reprocher ses imperfections, ses foiblesses, ses égaremens; que s'il ne peut les cacher, ou aux autres, ou à lui-même, son amour-propre cherche au moins à les pallier, à les déguiser, ou à les diminuer, et à les excuser, pour adoucir l'amertume d'un sentiment aussi douloureux pour lui que le sentiment de son imperfection.

Mais d'un autre côté, les témoignages de son amour-propre, lors même qu'ils lui sont les plus favorables, ne lui suffisent pas. Comme il ne peut s'empêcher de s'en défier jusqu'à un certain point, il cherche toujours à s'en assurer encore plus par le jugement de ses semblables; et lorsqu'il croit pouvoir compter sur leur estime et sur leurs louanges, c'est alors qu'il commence à jouir en paix du spectacle flatteur de sa perfection.

Ainsi autant que l'approbation de ceux qui l'environnent augmente sa satisfaction lorsqu'il a fait une bonne action, autant le déplaisir qu'il trouve lorsqu'il est obligé de se condamner lui-même dans le mal qu'il fait, reçoit un accroissement sensible par l'improbation et par le blâme des témoins de sa conduite.

Il semble que leur jugement soit pour son amour-propre une espèce de portrait où il se contemple encore avec plus de complaisance que dans l'original, c'est-à-dire, dans lui-même ; et l'on diroit que tous les hommes ressemblent sur ce point à ces femmes jalouses de leur beauté, qui n'en sont jamais plus contentes que lorsqu'elles croient en reconnoître tous les traits dans l'image qu'un pinceau flatteur leur présente, pendant que celles dont la laideur ne peut être déguisée par tout l'art du peintre, évitent de se regarder dans un portrait qui semble leur reprocher la difformité de leur figure.

Le désir de la gloire et la crainte de la honte peuvent donc être considérés comme deux grands mobiles du cœur humain.

L'illusion même de ces sentimens est souvent portée si loin, que mettant l'opinion à la place de la vérité, et plus touchés du désir de la réputation que du soin de la mériter, nous nous laissons éblouir par le désir d'un faux honneur, ou effrayer encore plus par la crainte d'une fausse infamie :

Falsus honor juvat, et mendax infamia terret.
HORAT. *Lib. I, ep. XVI*, v. 39.

IV. S'il me restoit même encore quelque doute sur ce sujet, je n'aurois qu'à considérer qu'il n'est point d'homme sur la terre, quelque dépravé qu'il soit au dedans, qui veuille paroître tel au dehors, et se livrer effrontément au mépris, à l'indignation des autres hommes. Les cœurs les plus endurcis dans le mal ne commettent aucune faute sur laquelle ils ne cherchent à répandre de fausses couleurs pour se justifier. Ils affectent de paroître justes lors même qu'ils agissent le plus contre la justice; et ils confirment par leur conduite la vérité de ce que Cicéron a dit après Platon, que de toutes les fraudes, la plus criminelle (1), *la plus capitale* (pour suivre à la lettre ses expressions) *est celle des hommes qui, dans le temps qu'ils trompent les autres par leurs artifices, ne sont occupés que du désir de paroître gens de bien.* C'est aussi ce qui a donné lieu de dire il y a long-temps que le mensonge même est obligé de prendre les apparences, ou pour parler ainsi, le masque de la vérité, et que l'hypocrisie est un hommage forcé que le vice rend à la vertu.

V. Si telle est l'impression de cette première espèce de frayeur qui dépend de l'opinion, que sera-ce de celle que des maux réels et indépendans de notre manière de penser font sur notre esprit, par la crainte du tort effectif que les autres hommes peuvent nous faire dans notre corps ou dans nos biens, et des sensations douloureuses qui en résultent dans notre ame? et je ne puis éviter tous ces maux de la part de mes semblables, si je viole à leur égard les règles de la loi naturelle qui nous est commune, et que nous sommes obligés réciproquement d'observer.

VI. Concluons donc de cette espèce de digression que je viens de faire sur la nature de l'obligation, et même de la contrainte que les lois naturelles nous imposent; concluons, dis-je, qu'elles méritent en effet le nom de lois, pris dans toute sa rigueur, puisque l'homme

(1) *Offic. Lib. I*, n. 13.

est engagé et comme forcé à les suivre par trois genres de crainte qui en forment la disposition pénale, ou ce qu'on appelle la *sanction* de la loi : crainte de Dieu, crainte de soi-même, crainte des autres hommes. Et quelle loi peut être non seulement plus respectable, mais plus redoutable, que celle qui est affermie par de si grandes et de si justes terreurs ? En sorte que si je la viole, je deviens l'ennemi de Dieu, de moi-même, du genre humain, et je m'expose par conséquent, ou plutôt je me livre à toutes les peines que je dois attendre des trois vengeurs inexorables de cette loi.

VII. Il n'est pas même inutile d'observer ici que ces trois espèces de terreur ne se trouvent pas toujours réunies en faveur des lois positives, qui ne sont faites que sur des matières purement arbitraires. Il y en a plusieurs dont la transgression n'attaque pas en même temps mes trois grands devoirs, je veux dire, ce que je dois à Dieu, à moi-même, à mes semblables. Je peux pécher contre une loi humaine sans manquer directement à ce qui est de droit divin ; je peux me faire tort à moi-même, en violant une loi positive, sans nuire en aucune manière à mes semblables ; je peux manquer à ce qu'une pareille loi me prescrit à leur égard sans me faire un tort réel à moi-même ; et il seroit aisé de trouver des exemples de tous ces cas. Mais il n'en est jamais ainsi de la transgression des lois naturelles. Il y a une liaison si étroite, si intime entre les trois devoirs qui en sont le fondement, que je ne peux contrevenir à ces lois sans pécher en même temps contre Dieu, contre moi, contre les autres hommes, et sans m'exposer à être condamné par trois juges également rigoureux et inflexibles, c'est-à-dire, l'Etre suprême, ma propre conscience et le genre humain.

VIII. Serai-je donc surpris après tout ce que j'ai remarqué jusqu'ici sur les fondemens, sur l'étendue, sur l'autorité des lois naturelles, d'entendre le même orateur philosophe que j'ai déjà cité, c'est-à-dire Cicéron, faire une peinture qui exprime avec tant d'éloquence, et avec encore plus de justesse, le véritable caractère de ces lois ?

« Il est, dit-il (1), il est une loi animée, une » raison droite, convenable à notre nature, » répandue dans tous les esprits ; loi constante. » éternelle, qui par ses préceptes nous dicte » nos devoirs, qui par ses défenses nous dé- » tourne de toute transgression ; qui d'un autre » côté ne commande ou ne défend pas en vain, » soit qu'elle parle aux gens de bien, ou qu'elle » agisse sur l'ame des méchans : loi à laquelle » on ne peut en opposer aucune autre ou y dé- » roger, et qui ne sauroit être abrogée. Ni le » sénat, ni le peuple, n'ont le pouvoir de nous » affranchir de ses liens ; elle n'a besoin ni d'ex- » plication, ni d'interprète autre qu'elle-même : » loi qui ne sera jamais différente à Rome, dif- » férente à Athènes, autre dans le temps pré- » sent, autre dans un temps postérieur : loi » unique, toujours durable et immortelle, qui » contiendra toutes les nations, et dans tous » les temps. Par elle il n'y aura jamais qu'un » maître ou un docteur commun, un roi ou un » empereur universel, c'est-à-dire, Dieu seul. » C'est lui qui est l'inventeur de cette loi, l'ar- » bitre, le véritable législateur. Quiconque n'y

(1) CICER. *De Rep. Lib. III.*

» obéira pas se fuira lui-même, méprisant la » nature de l'homme ; et par cela seul il sera » livré aux plus grands tourmens, quand même » il pourroit éviter ceux qu'on appelle des sup- » plices. »

Ainsi a parlé Cicéron ; ainsi ont pensé avant lui les plus fortes têtes, les plus grands philosophes, les vrais sages de l'antiquité ; et ceux qui les ont suivis n'ont pu y rien ajouter. L'esprit humain a fait de grands progrès dans les autres sciences, il a su s'y frayer des routes inconnues aux anciens, et y découvrir, pour ainsi dire, de nouvelles terres. Mais la connoissance du *droit naturel* a eu d'abord toute sa perfection. Elle est aujourd'hui telle qu'elle étoit dès le temps que les hommes ont commencé à faire usage de leur raison. Ni les réflexions ni l'expérience n'ont pu y faire aucun changement. La conduite de ceux qui ont suivi la loi naturelle a été, dans tous les temps et dans tous les lieux, approuvée, honorée, respectée : la transgression de cette loi a été au contraire, dans tous les temps et dans tous les lieux, réprouvée, condamnée, détestée. Non seulement, comme on l'a déjà dit, les particuliers ont toujours été dans l'usage de se l'opposer réciproquement, les méchans comme les bons ; mais les nations mêmes les plus puissantes, et qui étoient le plus en état de vaincre et de régner sur leurs voisins par la force des armes, se sont cru toujours obligées de rendre hommage à l'empire universel de cette loi suprême. Il est aisé de s'en convaincre en lisant toutes les déclarations de guerre et les manifestes qui les accompagnent. Il n'y en a aucun où l'on ne puisse remarquer avec combien de soins les souverains les plus redoutables s'efforcent de montrer la justice des causes qui les obligent à rompre, par les armes, les liens de cette société naturelle qui unit tous les membres du genre humain : comme si toutes les puissances de la terre se faisoient honneur de reconnoître qu'elles ont, dans le droit naturel, un juge, et pour ainsi dire, un maître élevé au-dessus d'elles, à qui elles doivent rendre compte de leurs actions, et, comme l'a dit un de nos poètes (1), *qui du haut de son trône interroge les rois.*

Qu'il me soit donc permis de demander ici d'où a pu venir ce respect commun, cette crainte universellement répandue dans tous les pays et dans tous les siècles ; si ce n'est de ce que la loi naturelle est fondée, pour ainsi dire, sur la conscience du genre humain. Dieu, qui en est l'auteur, semble avoir établi cette conscience en sa place, pour être comme la lumière ou le flambeau qui éclaire les ténèbres de notre ame, et comme une voix qui parle de la même manière à tous les cœurs. On peut dire que le *droit naturel* s'est formé par le concours et la réunion des suffrages de tous les hommes, à qui leur conscience la plus intime tient toujours le même langage.

IX. Mais si cela est, pourquoi donc une loi qui imprime une vénération si générale, une frayeur si profonde, est-elle si mal observée ? Pourquoi cet âge d'or, où les poètes nous disent qu'elle suffisoit seule au genre humain, a-t-il si peu duré ? Pourquoi a-t-il fallu que, pour leur sûreté commune, les hommes se soient réunis en différens corps ou en différentes sociétés, qui ont formé ce qu'on appelle les *na-*

(1) *Esther*, acte III, scène IV.

tions ? Pourquoi a-t-il été nécessaire que dans chaque nation il y eût un gouvernement, une puissance suprême qui dictât de nouvelles lois, pour expliquer ou pour affermir les règles du droit naturel, soit pour y ajouter une multitude de lois arbitraires et positives, soit pour contenir les hommes dans leur devoir par la terreur des supplices qu'une justice toujours armée contre eux, et à laquelle ils ne peuvent résister, présente continuellement à leur esprit ? C'est ainsi que l'on voudroit tirer des conséquences des lois mêmes, dont le droit naturel est la première source, pour lui contester le caractère de loi. Après tout ce qui a été déjà dit contre cette opinion, il suffira d'ajouter ici deux réflexions.

PREMIÈRE RÉFLEXION.

On se serviroit aussi mal-à-propos de l'obligation où les puissances de la terre se sont trouvées d'établir des peines contre les violateurs de la loi naturelle, pour prétendre que cette loi n'étoit point capable de contenir les hommes par la crainte qu'elle peut imprimer, que si l'on vouloit conclure de tous les crimes qui se commettent dans les nations même les plus policées, malgré la grandeur des châtimens dont les coupables y sont menacés par les lois civiles, que ces lois sont impuissantes pour réprimer ceux qui y contreviennent.

Le sort des lois civiles est presque semblable sur ce point à celui des lois naturelles ; et la seule différence qu'il peut y avoir entre elles à cet égard, est que les premières nous sont connues par la raison et la réflexion, et les dernières frappent nos sens. Nous ne voyons les unes que par l'esprit, et par une expérience dont les leçons toujours lentes sont quelquefois trop tardives : au lieu que les autres sont devant nos yeux, et présentent un spectacle d'autant plus effrayant pour celui qui entreprendroit de les enfreindre, qu'il regarde les peines qui se prononcent par les dépositaires de l'autorité des lois civiles, comme un objet présent ou peu éloigné, et que l'objet des peines dont la loi naturelle menace ceux qui osent la transgresser, ne se montre à lui que dans une distance qui en affoiblit beaucoup l'impression.

Ajoutons que la force et la nécessité des lois naturelles paroissoient d'une manière plus sensible dans l'état où le monde se trouvoit avant la distinction des nations, avant la formation de ces grands corps qu'on appelle *royaumes* ou *républiques*, avant le premier établissement de toutes les lois civiles. Mais nous ne sommes plus dans cette situation. Et comme nos personnes et nos biens sont en sûreté sous la protection des puissances qui gouvernent chaque nation, des lois qu'elles ont faites, et de l'ordre qu'elles maintiennent dans la société dont nous sommes les membres, nous sentons beaucoup plus foiblement l'impression de la force dont les lois naturelles sont accompagnées ; nous perdons de vue l'état où l'homme seroit s'il sentoit, s'il éprouvoit continuellement que ces lois font son unique ressource. Nous nous laissons d'ailleurs éblouir par l'éclat de cet appareil extérieur qui annonce l'autorité des lois civiles dans l'état présent de l'humanité ; et effrayés, comme je viens de l'observer, du péril pressant, et pour ainsi dire, imminent que courent ceux qui les violent, nous nous accoutumons insensiblement à penser que ce sont les seules lois qui puissent dominer sur nous par la crainte. Notre erreur va même quelquefois si loin, que le souvenir du suprême législateur, du véritable original ou exemplaire de toutes les lois, est effacé en quelque manière par son image, c'est-à-dire, par les législateurs humains.

On passe de cette disposition jusqu'à vouloir douter s'il y a véritablement des lois naturelles qui obligent l'homme, ou si tout ce que l'on dit sur ce sujet ne doit pas être considéré comme une chimère ou une espèce de songe philosophique ; et c'est ainsi que notre esprit se dégradant lui-même, et se réduisant à la condition d'un esclave, parvient à regarder toutes les lois comme l'ouvrage de la volonté seule de l'homme, au lieu d'y reconnoître l'auguste caractère de la volonté de Dieu.

En effet, toutes les ordonnances humaines qu'on appelle les lois civiles, ne sont justes qu'autant qu'elles sont fondées sur les principes de cette loi naturelle dont Dieu même est l'auteur. Aucune puissance de la terre, comme le dit fort bien Cicéron, ne peut ni l'anéantir, ni y déroger : les plus grands rois ne doivent employer leur autorité que pour affermir cette loi, par la crainte qu'ils ajoutent à celle qu'elle imprime par elle-même. Ils peuvent encore l'expliquer, la développer, en tirer des conséquences, immédiates ou médiates, que tous les esprits ne sont pas capables d'apercevoir, comme renfermées dans la loi naturelle ; en sorte que les lois civiles ne sont, à proprement parler, ou du moins elles ne doivent être que la confirmation ou l'explication et le supplément de cette loi supérieure qui a précédé l'établissement de toute cité et de toute puissance humaine.

Les princes, il est vrai, peuvent faire encore des lois d'un autre genre, qui forment un droit purement positif, parce qu'il n'a pour objet que des matières arbitraires qui peuvent être réglées d'une manière ou d'une autre, sans donner aucune atteinte aux règles du droit naturel. Mais ces lois mêmes, qui sont l'ouvrage de la seule volonté libre du souverain, ont toujours un rapport essentiel avec les principes des lois naturelles, au moins par leur fin principale, parce qu'elles doivent tendre toujours au bon ordre, à la tranquillité, à la félicité des peuples qui y sont soumis.

Ainsi le prince qui les fait dans cet esprit accomplit véritablement par là un des plus grands préceptes du droit naturel, c'est-à-dire, l'obligation imposée à tous les hommes, et à plus forte raison à ceux qui les gouvernent, de contribuer autant qu'il est en eux à la perfection et au bonheur de ses semblables.

DEUXIÈME RÉFLEXION.

Dans l'état même où le genre humain se trouve aujourd'hui, et malgré l'impression des objets sensibles qui, comme on l'a remarqué, le portent à attacher une idée de contrainte à l'autorité des lois civiles plutôt qu'à celles des lois naturelles, il est vrai cependant que ces lois immuables sont celles qui agissent le plus fortement sur le cœur du plus grand nombre des hommes, et les détournent de la transgression des règles qu'elles prescrivent, toutes les fois que la passion ne met pas l'ame dans une espèce d'état violent où elle perd en quelque manière l'usage de la raison : état où il arrive souvent que les lois civiles ne sont pas plus capables de la retenir que les lois naturelles.

Combien y a-t-il d'actions criminelles dont le commun des hommes s'abstient par la seule crainte d'être regardé comme le violateur de ces lois ! Personne ne veut convenir qu'il les ait méprisées.

Les plus injustes, les plus violens même, rougissent de le reconnoître ; et sans répéter ici ce que l'on a déjà dit sur ce sujet, on se contentera d'y ajouter la grande différence que l'esprit humain met entre l'infraction de la loi naturelle, et la contravention aux lois positives. Pendant qu'on se croiroit perdu d'honneur et de réputation si l'on osoit s'élever publiquement contre les principes essentiels du droit naturel, on se fait un jeu d'avouer, quand on peut le faire impunément, qu'on a éludé l'observation d'une loi purement positive. Il n'y a point d'homme qui ne confesse, s'il veut être de bonne foi, que l'autorité de la loi naturelle lui fait impression : il naît, pour parler ainsi, intérieurement persuadé de l'obligation où il est d'en respecter les règles, comme un droit immuable qui ne dépend point du fait arbitraire de la volonté d'un souverain ou de ceux qui sont chargés de l'administration : s'il viole ces règles il sent, dans le moment même, qu'il se livre à la colère du ciel, à la torture de sa conscience, à l'indignation et à la vengeance des autres hommes ; motif sans comparaison plus fort et plus puissant que la crainte des peines établies par les lois civiles, qui ne font en effet que rendre ces motifs plus sensibles par le spectacle des supplices qu'elles y ajoutent.

Ce sont donc, pour parler toujours le langage

de la raison, ce sont les lois naturelles qui forment la substance, et qui font la force réelle et essentielle des lois civiles; bien loin que ces dernières lois soient les seules qui méritent véritablement ce nom, comme si elles étoient les seules qui fussent soutenues par des motifs capables d'opérer une salutaire contrainte.

Mais en voilà assez, et peut-être trop, sur ce qui regarde le *droit naturel ;* il est temps de passer à la seconde espèce de droit qu'on a distinguée d'abord, c'est-à-dire, au *droit public de chaque nation.*

II.e PARTIE.

DROIT PUBLIC CONSIDÉRÉ EN GÉNÉRAL.

Observations préliminaires sur la nature de ce Droit.

I. On a déjà distingué deux parties principales.

L'une qui ne regarde que le dedans ou l'intérieur de chaque nation.

L'autre qui a pour objet le dehors ou l'extérieur, c'est-à-dire, les autres nations ou états avec lesquels chaque état a des relations, soit par le voisinage ou par le commerce, soit par des intérêts communs ou particuliers qui l'obligent à observer avec elles des règles fondées sur l'équité naturelle ou sur des besoins réciproques.

Le premier objet forme le droit public d'une nation considérée en elle-même, comme si elle étoit entièrement isolée; et le nom qui convient proprement à ce droit est celui de *Jus Gentis publicum.*

Le second objet donne lieu d'établir des règles communes à plusieurs peuples liés entr'eux par les lois générales de la nature, ou par des traités particuliers; et cette seconde partie du droit public peut être justement appelée le *droit des nations*, ou le droit qui s'observe entre les nations, *Jus Gentium*, ou *Jus inter Gentes.*

II. L'ordre le plus naturel paroît demander que l'on s'attache d'abord au premier objet, en considérant chaque nation comme renfermée dans une île, sans aucune relation au dehors, et pouvant se suffire pleinement à elle-même sans le secours des autres peuples.

III. Il est évident, comme on l'a déjà remarqué ailleurs, que dans cette supposition, chaque nation peut être considérée comme un seul homme, dont tous les citoyens sont les membres. Telle est l'image que l'Écriture sainte nous présente par ces termes : *Egressi sunt, quasi vir unus* (1).

Mais chacune des différentes parties dont le tout est composé, considérée en particulier, est elle-même un tout. Ainsi dans ces grandes sociétés qui forment un état, une nation, il y a toujours deux sortes d'intérêt ou de bonheur à distinguer.

L'un est l'intérêt ou le bonheur de chaque citoyen envisagé séparément.

L'autre est l'intérêt ou le bonheur de tous les

---

(1) *Reg. I. Chap. XI*, v. 7.

citoyens considérés en commun, ou de l'état entier.

Pour bien démêler ces deux intérêts, et pour observer exactement, d'un côté ce qui les divise et qui fait qu'ils paroissent souvent se combattre réciproquement; d'un autre côté, ce qui doit les unir et les concilier, il est nécessaire de supposer ici quelques vérités de fait ou de droit, que l'on peut regarder comme des axiomes évidens par eux-mêmes, ou comme des points fixes et immuables dans la matière présente.

PREMIÈRE VÉRITÉ DE FAIT.

IV. Il n'y a presque plus de nation acéphale, c'est-à-dire, qui vive sans chef, sans aucune sorte de gouvernement. Tel a été, dit-on, le premier état du genre humain lorsqu'il a commencé à peupler la terre; et dans cet état il ne pouvoit connoître d'autres lois que celles du droit naturel. Mais supposé que cet état ait jamais subsisté, il est certain du moins qu'il n'a pas duré long-temps. On a bientôt senti la nécessité et l'avantage de rassembler et de réunir sous une même domination des hommes épars et souvent ennemis les uns des autres, pour adoucir leurs mœurs, pour renfermer dans de justes bornes leur liberté naturelle, pour en prévenir l'abus ou les suites funestes; et c'est une opinion fort probable que chaque famille ayant d'abord formé une espèce de corps naturel qui a été la première image de toutes les sociétés, l'assemblage des différentes familles a produit dans la suite ce qu'on a nommé une nation, un peuple, un état: ainsi le plus ancien gouvernement a été celui des pères de famille, qui a servi apparemment de modèle à tous les autres. De là vient peut-être que chez les Romains la puissance paternelle renfermoit originairement le droit de vie et de mort sur les enfans : d'où l'on a pu conclure aussi qu'à plus forte raison le même droit devoit appartenir aux maîtres sur les esclaves qu'ils avoient acquis par le droit de la guerre, et qui leur étant redevables de la vie qu'ils leur avoient conservée à condition de les servir, méritoient de la perdre lorsqu'ils tomboient dans l'ingratitude à l'égard de leurs bienfaiteurs.

> Vendere cùm possis captivum, occidere noli;
> Serviet utiliter.....,
>
> HORAT. *Lib. I, ep. XVI.*

On trouve d'ailleurs des rois établis dès le temps d'Abraham, et les dynasties d'Egypte paroissent même remonter encore plus haut. Mais ce n'est pas ici le lieu de rechercher l'origine, et de faire l'histoire de tous les gouvernemens qui sont sur la terre. Il suffit de remarquer que, si l'on excepte un très-petit nombre de peuples sauvages qui vivent peut-être encore sans roi et sans loi, toutes les nations du monde ont reconnu qu'il étoit nécessaire que chaque corps eût une tête, ou que tout état eût un chef pour contenir tous les membres dans l'ordre, et en diriger les différentes opérations au bien commun de la société.

SECONDE VÉRITÉ.

V. La nécessité d'un gouvernement étant ainsi reconnue de fait, il est évident, et l'on peut prouver dans le droit que, comme je l'ai observé ailleurs, l'objet essentiel de toute société civile, ou de toute nation, c'est-à-dire, du chef et des membres. est la félicité du corps entier; et puisque je me suis convaincu en posant les fondemens du droit naturel, que je ne puis trouver mon bonheur particulier qu'en tendant à la perfection de mon être, je dois reconnoître aussi que le bonheur d'un état entier ne peut se trouver que dans sa perfection. Ceux qui gouvernent doivent donc avoir pour objet et pour fin du gouvernement la perfection et la félicité de ceux qui sont gouvernés, dans lesquels leur propre perfection et leur félicité personnelle sont nécessairement renfermées.

VI. Je dois à présent, comme je l'ai annoncé dans l'article III, comparer les deux espèces d'intérêts qui se trouvent dans toute nation, je veux dire, l'intérêt de chacun des membres envisagés séparément, et l'intérêt de tout le corps considéré en général; et cette comparaison me découvre sans peine les vérités suivantes, que je crois pouvoir supposer comme évidentes par elles-mêmes.

TROISIÈME VÉRITÉ.

Le bonheur particulier de tous les membres d'une même société fait le bonheur commun de la société entière; de même que l'intégrité et la santé de chacun des membres du corps humain forment le bon état, ou, si l'on peut parler ainsi, le bien être de tout le corps. Un état ne peut être qu'heureux lorsque tous ses sujets le sont.

QUATRIÈME VÉRITÉ.

VII. Réciproquement, le bonheur total d'un nation, considérée en général, renferme le bonheur particulier de chaque citoyen, et la même comparaison me rend cette vérité aussi sensible que la précédente.

Quoiqu'un des membres de mon corps n'éprouve aucune altération qui lui soit propre, si cependant l'habitude entière de la machine que j'anime est dérangée, si les fonctions de la vie animale ne s'exercent pas avec cette facilité et cette égalité qui constituent l'état de la santé, il n'y a aucune partie de mon corps qui ne s'en ressente bientôt, quand ce ne seroit que par une espèce d'abattement ou de mal-aise, de diminution au moins d'une partie de sa vigueur ordinaire. Il en est sur ce point du corps politique comme du corps naturel : la saine disposition du tout et le bonheur commun qui en résulte, dépend du bon état de ses parties : c'est ce que la troisième vérité m'apprend ; et la félicité de chaque partie est aussi renfermée dans celle du tout : c'est ce que la quatrième vérité me fait connoître.

VIII. Deux conséquences aussi évidentes naissent de l'une et de l'autre, et elles ne peuvent être contestées que par de mauvais politiques, ou par de très-mauvais citoyens.

L'une, que dans tout genre de gouvernement, ceux qui en tiennent les rênes sont obligés, même pour leur véritable intérêt et leur propre bonheur, de tendre continuellement à faire celui de leurs sujets. Personne ne jouit plus qu'eux de la grandeur, de la gloire, de la félicité dont ils sont les dispensateurs : le bonheur de leur état, qui se partage entre leurs sujets, se réunit dans leur personne : heureux quand leurs sujets le sont, et plus heureux alors que chacun d'eux ; malheureux, et dans un sens plus malheureux que ceux qu'ils gouvernent, lorsqu'ils ne règnent que sur des misérables.

L'autre conséquence est que réciproquement chacun des citoyens doit aussi, pour son propre bonheur et son intérêt véritable, concourir de toutes ses forces au bien commun de l'état entier. Il y a une liaison si étroite, si intime entre ces deux intérêts, qu'ils doivent être regardés comme unis par un lien indissoluble. Malheur à celui qui veut les séparer. Nul souverain, quelque nom qu'on lui donne, quelque grand que soit son pouvoir, ne sauroit jouir d'une véritable félicité, si ses sujets ne la partagent avec lui; et nul sujet ne peut à son tour parvenir au bonheur qui peut convenir à sa situation particulière, si le souverain, ou l'état qu'il représente, est malheureux.

Il n'est donc pas vrai, comme une fausse politique, ou une adulation qui présente une vaine idée de la grandeur, voudroit le faire croire, que l'intérêt d'un roi soit opposé à celui de son peuple. Il n'est pas plus véritable, quoiqu'on le dise souvent, que l'intérêt public n'ait point de plus grand ennemi que l'intérêt particulier. On dit vrai si l'on ne veut parler que du fait, et n'exprimer que ce qui n'arrive en effet que trop fréquemment. Mais ce n'est pas par ce qui est qu'il faut juger de ce qui doit être. Rien n'est plus commun que de voir les hommes s'aveugler, se tromper sur ce qu'ils devroient entendre le mieux, je veux dire, sur leur véritable intérêt. Ils le cherchent où il n'est pas, ils ne le cherchent pas où il est; et l'on peut leur dire souvent comme saint Augustin: *Quærite quod quæritis, sed non quærite ubi quæritis*. C'est donc par une méprise si ordinaire que les princes et les peuples ne travaillent pas toujours réciproquement à se rendre heureux. Dans la spéculation, ils n'osent nier qu'ils ne le doivent ; et s'ils font le contraire dans la pratique, c'est par l'illusion de leur esprit ou par la corruption de leur cœur, qu'ils abandonnent la route d'une félicité qui ne peut être complète ni d'un côté ni d'un autre, si elle n'est commune au prince et aux sujets. Soutenir le contraire, et prétendre combattre ici le droit par le fait, c'est tomber dans la même contradiction que si l'on osoit avancer qu'un être raisonnable n'est pas obligé de se conduire par la raison, parce qu'il est rare que l'homme la suive dans sa conduite ; ou qu'il ne doit pas être vertueux, parce que le vice règne beaucoup plus dans le monde que la vertu.

IX. Mais si toutes les vérités précédentes sont également certaines, ne suis-je pas en droit d'en conclure que la proposition suivante doit encore être mise au nombre de ces notions préliminaires dont je suis tout occupé dans le moment présent ?

CINQUIÈME VÉRITÉ.

Ce que j'ai supposé d'abord comme une vérité de fait, attestée également par le sentiment unanime de toutes les nations, peut donc être regardé à présent comme une vérité démontrée dans le droit par des principes incontestables ; et cette vérité est qu'aucune multitude, aucune société de plusieurs hommes ou de plusieurs familles, ne peut être heureuse ni en général ni en particulier, si elle n'a un chef, une puissance supérieure qui préside sagement à toutes les opérations de ses membres. La nécessité d'un tel gouvernement est si conforme à la nature de l'homme, et tellement indiquée par le déréglement même de cette nature, qu'on peut la regarder comme une suite de la loi naturelle, ou comme révélée, pour ainsi dire, aux hommes par la raison, et à laquelle l'expérience n'a fait que rendre un témoignage plus sensible et plus à la portée du commun des esprits.

X. Veut-on s'en assurer encore plus, il n'y a qu'à reprendre la suite de ces propositions également évidentes.

1.° L'homme ne peut être heureux que par la perfection qui lui convient, et il est plus ou moins malheureux à proportion de ce qu'il est plus ou moins éloigné de cette perfection.

2.° L'homme considéré dans la solitude ne peut se suffire à lui-même, soit pour se procurer les biens qu'il désire, soit pour se mettre à couvert des maux qui l'effraient.

3.° Il en est de même des hommes envisagés, non dans une entière solitude, mais comme vivant séparés les uns des autres sans aucun lien qui les unisse. Chacun d'eux s'apercevra bientôt qu'il lui manque plusieurs choses utiles ou agréables qui sont entre les mains des autres; et ceux-ci éprouvant à leur tour le même sentiment, ils reconnoîtront tous le besoin réciproque qu'ils ont de suppléer à leur disette, à leur indigence particulière, par l'abondance ou par le superflu des autres.

On peut faire un raisonnement à-peu-près semblable sur les maux dont l'infirmité humaine est continuellement menacée. Des hommes épars, indépendans les uns des autres, et vivant sans roi et sans loi, se craindront nécessairement, toujours exposés à se voir enlever leurs biens et la vie même, sans pouvoir s'assurer d'un moment de repos et de tranquillité.

Chercheront-ils à se procurer ce qui leur

manque par la voie de la force et de la violence, ou à se rendre redoutables par la même voie pour empêcher leurs semblables de les troubler dans la jouissance de leurs biens ? Mais comme chacun d'eux est en état d'en faire autant de son côté, tous les hommes deviendront donc bientôt les ennemis les uns des autres ; semblables à ces guerriers sortis des dents du dragon semées par Cadmus, que la fable avoit fait naître les armes à la main pour se détruire mutuellement, comme si elle avoit voulu exprimer cet état qu'un mauvais philosophe a appelé la guerre de tous contre tous, *Bellum omnium contra omnes*, et qu'il a voulu, par une supposition contraire à l'humanité même, faire passer pour le premier état du genre humain.

4.° Indépendamment du besoin que les hommes ont les uns des autres pour obtenir les biens qu'ils désirent, et pour éviter les maux qu'ils craignent, le plaisir que la vue et la conversation de leurs semblables leur font sentir, auroit été suffisant pour les engager à préférer la douceur et les agrémens de la société à l'ennui et à la tristesse de la solitude, ou de cet état de séparation et de dispersion dont je viens de parler.

5.° Mais comment cette société pourra-t-elle les faire jouir du bonheur qu'ils y recherchent, si elle n'est réglée de telle manière qu'ils y trouvent en effet cette sûreté, cette tranquillité, cette communication facile de leurs avantages réciproques, qui doit former, non seulement le lien, mais la félicité du corps entier, comme celle de ses membres ? Il est évident qu'on ne peut parvenir à un si grand bien que par deux voies, c'est-à-dire, ou par l'empire de la raison, ou par celui de l'autorité.

6.° La première, il est vrai, seroit la plus parfaite et la plus honorable à l'humanité.

Chaque homme sans doute, chaque citoyen devroit tendre de lui-même à cette fin, parce que, suivant ce qui a été déjà dit, son véritable intérêt se trouve toujours renfermé dans l'intérêt commun de la société.

Mais il est clair d'un côté que, dans l'état présent où nous voyons le genre humain et où il a été réduit par la chute du premier homme, on ne sauroit espérer que les intelligences et les volontés de tous les membres du même corps soient tellement conduites par la raison naturelle, qu'elles conspirent également à ne faire aucun mal à leurs concitoyens, à leur procurer au contraire tous les biens qui dépendent d'eux; et puisque la concorde est rare entre ceux qui sont issus du même sang, entre les frères mêmes, comment pourroit-on se flatter de la voir régner entre ceux qui ne sont unis par aucun lien semblahle, et cela par le seul pouvoir de la raison?

D'un autre côté, il n'est pas moins évident que, comme les hommes naissent égaux par leur essence, ils manquent aussi également du pouvoir nécessaire pour se contenir réciproquement dans l'ordre convenable, ou dans cette espèce d'harmonie qui doit être toujours entretenue entre l'intérêt public et l'intérêt particulier. Ils peuvent bien se donner mutuellement des conseils utiles : ils peuvent faire parler la raison, qui leur est commune; mais il ne dépend pas d'eux d'obliger les autres à en suivre la lumière, et de faire en sorte que leurs conseils deviennent des préceptes ou des lois dont la transgression soit punie.

Qu'arrivera-t-il même si les membres de

la société ne s'accordent pas entr'eux sur ce qui est vraiment raisonnable ? L'expérience fait voir que dans plusieurs hommes l'esprit forme souvent plus de problêmes qu'il n'en résout ; la règle que l'un croit être la plus sûre et la plus utile à la société, est regardée par l'autre comme douteuse, ou même comme nuisible. Il arriveroit par rapport aux maximes d'état ce qui est arrivé dans les objets de la philosophie. Tous les hommes conviennent qu'il faut obéir à la raison ; mais chacun prétend l'avoir de son côté ; de là sont nées les disputes éternelles des sectes philosophiques ; et de là naîtroient aussi des querelles sans fin dans un état qui voudroit se donner la gloire de ne reconnoître que l'empire de la raison. Elle devroit en réunir tous les sujets, et elle ne serviroit très-souvent qu'à les diviser, chacun voulant s'attribuer le privilége exclusif d'une raison supérieure, à laquelle tous les autres membres de la société seroient obligés de se soumettre.

Que l'on regarde donc si l'on veut, l'empire de la raison comme le plus naturel et le plus légitime de tous ; qu'on la représente comme la reine de toutes les créatures raisonnables qui devroient n'avoir besoin d'aucun autre maître ; on dira vrai, si on ne considère l'homme que dans l'état de perfection auquel il est destiné par sa nature, et dans lequel il avoit été créé. Mais si l'on passe de ce qu'il devroit être à ce qu'il est, une triste expérience nous apprend que cette raison qui devroit gouverner toutes les nations, est cependant bien foible quand elle veut régner seule et par elle-même sur les hommes. Il faut, si elle aspire à y réussir, qu'elle appelle à son secours des récompenses ou des châtimens qui agissent sur leur cœur plutôt que sur leur esprit, et qu'elle mette ainsi en mouvement tout ce qui peut exciter leurs désirs ou leurs craintes.

Réduite donc malgré elle à emprunter les armes de ses plus grandes ennemies, je veux dire des passions, il faut que la raison en fasse, si elle le peut, comme des troupes auxiliaires, pour vaincre par elles ceux qui résistent à la force naturelle de la vérité qu'elle leur présente.

Par conséquent, il a été nécessaire que la disposition des objets qui remuent plus fortement le cœur humain, et qui en sont comme les maîtres-ressorts par l'espérance ou par la crainte, fût remise entre les mains d'un chef ou d'une autorité suprême qui, devenant ainsi l'arbitre souverain des biens et des maux de la vie présente, pût régner par les passions sur les passions mêmes.

Tel a été le véritable objet de toutes les espèces de gouvernement qui sont sur la terre. Ce n'est pas encore le lieu de les distinguer et d'en faire la comparaison : il suffit à présent de remarquer que de quelque genre qu'elles soient, c'est-à-dire, soit que la puissance suprême réside dans un seul, soit qu'elle soit confiée à un certain nombre plus ou moins grand de citoyens, les différentes formes de gouvernement conviennent toutes en ce point qu'il y a toujours dans chaque nation un pouvoir souverain, une autorité à laquelle tous les membres du corps politique sont assujettis, sans quoi il n'y auroit point de gouvernement. Il n'y a personne qui ne sente qu'une entière anarchie, c'est-à-dire, l'état d'une indépendance entière, où les hommes n'auroient aucun frein, aucun maître commun, seroit de tous les états le plus contraire au bien de la société, ou plutôt le plus funeste à tous ceux qui vivroient dans cette situation.

XI. Que me reste-t-il donc à conclure de cette suite de propositions dont la liaison et l'enchaînement seuls font la preuve? Si ce n'est, 1.° Que la nécessité d'un gouvernement, tel qu'il soit, est une vérité également démontrée par la raison et par l'expérience.

2.° Qu'un gouvernement, quoiqu'imparfait et mal réglé, vaut encore mieux, ou plutôt est moins mauvais que l'anarchie entière, ou l'état d'une indépendance absolue.

3.° Qu'un bon gouvernement est de tous les états celui qui est le plus favorable à l'humanité, et que cet heureux état consiste principalement dans l'accord et dans le concert, aussi parfait qu'il peut l'être, entre l'intérêt public et l'intérêt particulier.

4.° Que la raison seule étant impuissante pour établir et pour conserver un pareil état, on ne peut y parvenir que par la voie de l'autorité.

XII. Mais ce n'est peut-être pas encore assez pour moi d'avoir appris de la raison même le besoin qu'elle a, pour conduire les hommes, d'emprunter le secours de l'autorité. Je peux et je dois même aller encore plus loin, en me convainquant, comme je crois pouvoir le faire, que c'est Dieu même qui doit être regardé comme le véritable fondateur de cette autorité suprême dont j'ai reconnu la nécessité.

XIII. Non seulement il me l'annonce lui-même, lorsqu'il dit dans les saintes Ecritures: C'est par moi que les rois règnent, *per me re-*

ges regnant (1) ; ou lorsque Saint Paul, inspiré par l'esprit divin, nous déclare que toute puissance vient de Dieu, *non est potestas nisi à Deo* (2).

Mais la raison est parfaitement d'accord sur ce point avec la révélation ; et je n'ai besoin pour bien le comprendre, que de faire les deux réflexions suivantes.

PREMIÈRE RÉFLEXION.

XIV. Dieu, en créant l'homme, lui a donné par un effet de sa bonté, ou, si l'on peut s'exprimer ainsi, de la *bénéficence* essentielle à l'être souverainement parfait, l'usage des biens que la terre produit. Il a voulu qu'elle fut habitée par ses descendans qui, tous sortis d'une même tige, doivent se regarder comme composant une grande famille, dont les différentes branches sont répandues dans toutes les parties du monde. Ils seroient privés des secours nécessaires à leur conservation s'ils ne s'aidoient mutuellement ; et d'ailleurs ils se plaisent à vivre avec leurs semblables, et ils y sont portés par un mouvement naturel qui subsiste tant qu'il n'est pas altéré par quelque passion qui les divise. Donc Dieu a destiné l'homme à vivre en société. Les preuves de cette vérité pourroient se multiplier à l'infini si elle étoit susceptible d'un doute raisonnable ; et il suffiroit même de renvoyer ceux qui ne voudroient pas en convenir à leur sentiment intérieur et à leur expérience continuelle.

C'est ce que Dieu a expliqué lui-même aux

(1) *Proverb. XIII*, 15.
(2) *Ad Rom. XIII*, 1.

hommes ; et le même oracle qui a dit : *Vous aimerez le Seigneur votre Dieu de toute votre ame*, a dit aussi, *vous aimerez votre prochain comme vous-même*. Second précepte semblable au premier, qui suppose nécessairement des liens par lesquels les hommes se rapprochent naturellement et s'unissent les uns avec les autres.

Mais si l'homme par sa nature, par l'institution divine, est appelé à l'état de la société, il n'est pas moins évident que c'est à l'état d'une société bien réglée et vraiment utile à tous ses membres. Or il est impossible, comme on vient de le dire, qu'une société soit bien ordonnée si elle n'a un chef ou un supérieur commun, qui en éloigne ou qui y diminue tout ce qui peut être nuisible au corps et aux membres, qui affermisse et qui augmente tout ce qui peut leur être avantageux ; en un mot, qui, suivant l'expression d'un jurisconsulte romain (1), rende les hommes bons ou bienfaisans par l'attrait de la recompense, et les empêche de devenir mauvais ou malfaisans par la crainte des peines.

Donc Dieu a voulu aussi que chaque société, chaque nation eût un chef suprême, qui fût comme le premier moteur de ces deux grands ressorts du cœur humain, c'est-à-dire, de l'espérance et de la crainte.

DEUXIÈME RÉFLEXION.

L'homme a été créé à l'image de Dieu, de cet être tout-puissant qui règle, qui dirige, qui gouverne tous les êtres inférieurs, selon le conseil d'une volonté toujours juste, toujours avan-

---

(1) ULPIEN. Loi I, ff. *de Just. et Jure, lib. I, tit.* I.

tageuse à ceux qui la suivent. C'est une vérité que la théologie même du paganisme a attestée, et un des poètes (1) les plus profanes de l'antiquité, en a conservé la tradition, lorsqu'il dit, en parlant de cette terre dont le corps du premier homme fut formé :

Quam satus Iapeto mixtam fluvialibus undis
Finxit in effigiem moderantûm cuncta deorum.

Il faut par conséquent que l'homme trouve en lui quelques traits au moins d'une si auguste ressemblance ; et il la reconnoît même par voie de sentiment, pour peu qu'il réfléchisse sur ce qui se passe dans son ame.

Il ne peut douter que Dieu ne lui ait donné une intelligence, une raison qui préside à tous les mouvemens volontaires de son corps, à toutes les opérations libres de son esprit ; c'est de cette partie supérieure de son être qu'un autre poète profane a dit :

.... Hanc altâ capitis fundavit in arce,
Mandatricem operum, prospecturamque labori.
CLAUDIAN. *Paneg. in IV. Consult. Honor. Aug.*

L'homme n'est pas seulement l'image de la divinité ; il a été aussi appelé souvent le petit monde, ou le monde en abrégé, et comme en raccourci. De là vient que le plus sublime des anciens philosophes a cru ne pouvoir mieux tracer le plan d'une république accomplie, ou d'un gouvernement parfait, qu'en le comparant avec cet empire naturel que l'homme exerce sur lui-même.

Il compare d'abord les passions et les appé-

(1) OVID. *Metamorphos. lib. I.*

tits naturels avec ceux qui exercent la profession des armes, qui cultivent la terre, qui font le commerce ou s'occupent des arts, qui tous doivent être contenus dans une exacte discipline pour le maintien et le bon ordre du corps politique. L'intelligence ou la raison, à laquelle il appartient de commander aux passions, de régler l'usage des appétits naturels, et de conduire l'homme entier, lui paroît être l'image la plus naturelle de cette autorité suprême qui est l'ame de tout gouvernement, et comme le premier mobile de toutes les opérations qui tendent à la perfection et à la félicité du corps et des membres de la société.

Ainsi l'avoit conçu celui que l'antiquité a nommé le *divin Platon*, dans cette république dont on peut dire qu'il avoit été l'architecte ou le constructeur sur le plan de Socrate, son maître, et quoiqu'on lui reproche d'avoir formé un modèle si parfait, qu'il ne sauroit être imité, et dont, par cette raison, la perfection même fait le défaut, il n'en est pas moins permis d'adopter la comparaison que ce philosophe a faite du gouvernement intérieur de la raison dans chaque homme considéré séparément, avec le gouvernement extérieur de la puissance suprême qui est établie dans chaque nation; et la conséquence évidente de cette comparaison est qu'il faut dans le corps politique, comme dans le corps naturel, qu'il y ait toujours une ame, une intelligence, une raison dominante, qui exerce son empire sur toutes les parties inférieures, et qui les rapporte toutes à la fin commune, c'est-à-dire, au bien du corps entier.

Platon n'a donc fait que développer une image naturelle que chaque homme capable de réflexion trouve en lui-même. L'auteur de la nature nous en a donné l'idée par la connoissance que nous avons de ce qui se passe au-dedans de nous; et nous ne faisons qu'apercevoir cette idée plus en grand lorsque nous l'appliquons au corps entier de chaque nation.

C'est là en effet que Dieu fait éclater dans tout son jour le caractère le plus éminent de cette divine ressemblance qu'il a imprimée sur le front de la plus parfaite des créatures qui sont sur la terre. Sa conformité avec l'être divin ne se manifeste jamais d'une manière plus sensible que lorsque nous jetons les yeux sur ceux qui tiennent les rênes du gouvernement. Les prophètes mêmes leur ont dit : *Vous êtes des Dieux, vous êtes tous les enfans du Très-Haut* (1). Ils n'en sont pas moins caducs et mortels ; le même prophète les en avertit : mais, si l'on n'envisage en eux que l'autorité dont ils jouissent, ils n'en représentent pas moins celle de Dieu même.

De là vient encore que comme le plus grand ouvrage de la puissance suprême est la loi qui devient la règle commune de toutes nos actions extérieures dans l'ordre de la société, elle a été appelée par les philosophes, par les jurisconsultes, par les orateurs mêmes, un bienfait et un présent de Dieu, qui l'a rendue la maîtresse et comme la reine des choses divines et humaines, afin qu'elle suppléât au défaut d'intelligence ou de réflexion que l'on remarque dans la plupart des hommes, et qu'elle devînt, si l'on peut parler ainsi, la raison de ceux qui n'en ont point.

De là naît l'obligation essentielle d'obéir aux

(1) *Ego dixi : Dii estis, et filii Excelsi omnes.* Ps. LXXXI.

lois des princes, tant qu'ils ne prescrivent rien de contraire aux lois de celui par qui ils règnent et pour qui ils doivent régner, exprimant sa perfection dans leur conduite, comme ils représentent son autorité dans le pouvoir qu'il leur a confié.

De là, par une conséquence nécessaire, naît encore cette vérité si fortement annoncée à tous les hommes par S. Pierre, par S. Paul, par tous les premiers prédicateurs de l'Evangile, que *quiconque résiste aux puissances, résiste à l'ordre de Dieu même;* et que l'obéissance qu'on leur doit est fondée, non seulement sur la crainte des châtimens dont les réfractaires sont menacés, mais sur un sentiment de conscience, sur un devoir de religion, *non solùm propter iram, sed propter conscientiam* (1). En sorte qu'on ne peut pécher contre la loi du souverain sans pécher contre la volonté de Dieu même : doctrine que les apôtres avoient reçue immédiatement de leur divin maître, lorsqu'il imposa silence aux pharisiens par ces paroles adorables qui ont été tant de fois répétées d'âge en âge, et qui le seront toujours jusqu'à la fin des siècles : *rendez à César ce qui est dû à César, et à Dieu ce qui est dû à Dieu* (2). Non que l'empire de César puisse être égalé, ni même comparé à l'empire de Dieu, mais parce que c'est Dieu qui règne par César, et qu'en obéissant à César on obéit à Dieu.

XV. Toute puissance suprême, de quelque genre qu'elle soit, vient donc de Dieu : la raison me l'apprend, et la révélation m'en assure. Mais si cela est, que dois-je répondre à ceux

---

(1) *Ad Rom.* XIII, 5.
(2) Matt. XXII. 21. Marc. XII. 17. Luc. XX. 25.

qui voudroient appliquer à la royauté ce qu'on a osé dire de la divinité même :

> Primus in orbe deos fecit timor.
> PETRON. *Satyr. Stat. Thebaid. lib. III.*

et qui prétendent que ce qui a fait les rois, est aussi la crainte des dangers et des maux dont les hommes étoient menacés dans ce qu'ils appellent le premier état de la nature ?

C'est ce qui a fait, me dit-on, qu'ils ont pris le parti de se donner un maître commun à tous, pour n'en avoir pas autant qu'il y auroit d'hommes plus forts que chacun d'eux : d'où ils concluent encore, sur la foi d'un autre poëte, que l'utilité a été la seule mère des lois ;

> Atque ipsa utilitas justi propè mater et æqui.
> HORAT. *Sat. III, lib.* I.

en sorte que la justice n'est sortie que du sein de l'injustice même.

Je veux bien cependant admettre pour un moment leur supposition, en me servant contre eux de la méthode que les mathématiciens apelent *la règle de fausse position*, et par laquelle ils démontrent que la surface de la mer est ronde ou sphérique, en commençant par supposer qu'elle ne l'est pas.

Je dirai donc à ceux dont je viens de rapporter l'opinion : vous voulez que ce soit la crainte d'un mal inévitable qui ait engagé les hommes à sacrifier une partie de leur liberté au plaisir de jouir plus tranquillement de ce qui leur en restoit en se soumettant à un maître commun : je le veux comme vous ; mais penser et agir ainsi, n'est-ce pas faire un acte de raison, et la prendre pour règle de sa conduite ? Donc en bannissant d'abord la raison pour y substituer le motif d'une crainte fondée sur la seule expérience, vous êtes forcés de revenir vous-mêmes à reconnoître que c'est par la réflexion, et par conséquent par la raison, que les hommes ont senti la nécessité d'un gouvernement; d'où il suit évidemment que l'établissement de toute puissance suprême a sa source et son origine dans la raison.

Donc la supposition même qui exclut les conseils de la raison pour chercher ailleurs l'origine de tout gouvernement, fait voir au contraire que c'est à elle qu'il faut en rapporter l'établissement.

On peut dire, si l'on veut, que, comme il est rare de trouver dans les hommes cette étendue de génie et cette attention profonde qui sait aller au-devant des maux par une prévoyance salutaire, c'est par une triste expérience, et, pour ainsi dire, à leurs dépens, qu'ils ont commencé à reconnoître la nécessité de s'unir les uns avec les autres, et d'affermir leur union par l'autorité d'un bon gouvernement: que résultera-t-il de cette réflexion? Loin d'ébranler les principes que j'ai rétablis, elle ne servira qu'à les affermir. En effet, que les hommes se soient portés d'abord à suivre les conseils de la raison, ou que l'expériencc les y ait ramenés, il n'en sera pas moins certain qu'une raison éclairée, et les sentimens naturels à l'homme, sont les véritables fondemens de toute société et de toutes les espèces de gouvernemens.

XVI. J'entends enfin des philosophes qui raisonnent d'une autre manière sur un point si important.

Ils ne disconviennent pas que la nécessité

d'un pouvoir suprême n'ait été dictée aux hommes par la raison ou par une expérience qui leur en a tenu lieu ; mais en reconnoissant cette vérité, ils attribuent uniquement l'origine de tout gouvernement à une espèce de pacte ou de convention volontaire, par laquelle un peuple ou une nation entière a jugé à propos de se donner un maître ; en sorte que, selon eux, l'autorité suprême qui est établie dans chaque état doit sa naissance à la seule volonté de ceux qui s'y sont soumis, comme si Dieu n'en étoit pas le véritable auteur.

XVII. Quoiqu'en puissent dire les partisans de ce sentiment, il n'y a jamais eu et il n'y aura jamais de puissance qui ne soit sortie du sein de Dieu même. C'est lui qui ayant formé les hommes pour la société, a voulu que les membres dont elle seroit composée fussent soumis à un pouvoir supérieur, sans lequel elle ne pouvoit être ni parfaite ni heureuse. C'est lui par conséquent qui est le véritable auteur de ce pouvoir ; c'est de lui que le chef de chaque nation le tient comme une portion de cette puissance suprême dont la plénitude ne peut résider que dans la divinité. C'est ainsi, pour exprimer cette vérité par une image sensible, que le soleil peut être regardé comme le père de toute lumière, et que les corps qui la réfléchissent, ou qui la renvoient sur d'autres corps, les éclairent à la vérité, mais par des rayons qu'ils reçoivent du soleil, dont ils empruntent tout leur éclat ; et il est aisé de sentir que dans cette comparaison, c'est le soleil qui est l'image de Dieu, pendant que les corps qui ne brillent que par le soleil dont ils ne font que réfléchir et répandre la lumière, représentent les rois ou ceux qui président au gouvernement.

XVIII. Celui ou ceux en qui réside la suprême puissance, sont donc les images et les ministres de Dieu. Elle peut être entre les mains d'un seul ou de plusieurs hommes, suivant la constitution de chaque état. Dieu qui est la source et l'unique auteur de toute puissance, Dieu qui la renferme seul dans une plénitude aussi immense que la perfection de son être, a bien voulu cependant que des êtres intelligens et raisonnables, que des hommes qu'il a créés à son image, et qu'il a mis, comme parle l'Ecriture, *dans la main de leur conseil*, eussent part jusqu'à un certain point au choix de ceux qui seroient appelés à un gouvernement que l'état présent de l'homme dans cette vie rend absolument nécessaire. Dieu a même trouvé bon que la manière de faire ce choix dépendît aussi, jusqu'à un certain point, de la volonté, du génie, ou de l'inclination de chacun des peuples qui forment ces grandes sociétés qu'on appelle une nation ou un état.

XIX. Mais après tout, à quoi se réduit tout ce que les peuples peuvent faire pour se donner un maître ? C'est de servir d'instrument à celui qui est naturellement le maître de tous les hommes, je veux dire à Dieu, de qui seul celui qui monte sur le trône reçoit toute son autorité.

Ainsi dans une république, à chaque changement des personnes chargées du gouvernement, le peuple nomme et présente à Dieu, si l'on peut se servir de cette expression, ceux par qui il doit être gouverné.

Ainsi, dans les monarchies électives, sur les suffrages de la nation ou de ceux qui la représentent, Dieu accorde son institution, si l'on peut parler ainsi, ou donne l'investiture de la couronne à celui qui est élu dans les formes prescrites par les lois d'une monarchie élective.

Ainsi, dans les royaumes héréditaires, Dieu fait sur le choix de la famille à laquelle le sceptre est attaché, ce qu'il fait dans les monarchies électives sur le choix de la personne à qui la couronne est déférée, c'est-à-dire, pour suivre la comparaison de quelques jurisconsultes, que, par une espèce d'inféodation faite en faveur de la famille dominante, Dieu veut bien transmettre la puissance royale de génération en génération à l'aîné de cette famille; en sorte que, comme dans l'ordre féodal le seigneur est censé renouveler la première investiture en faveur de chaque nouveau successeur, ainsi, dans les monarchies héréditaires, chacun de ceux qui y sont appelés successivement, est revêtu par Dieu, en montant sur le trône, du même pouvoir que son prédécesseur.

C'est ce qu'il semble que Charlemagne voulut exprimer lorsque, pour prendre possession de l'empire, il mit son épée sur l'autel, d'où il la reprit ensuite, comme pour protester, par cette auguste cérémonie, qu'il reconnoissoit tenir de Dieu le pouvoir qu'il alloit exercer sur les hommes.

C'est aussi sur le même fondement que l'ancien usage d'élever les nouveaux rois de France sur un pavois ou sur un bouclier, étant tombé en désuétude, on y a substitué dans la suite, et en France et ailleurs, la cérémonie religieuse du sacre et du couronnement; afin que d'un côté les rois protestassent publiquement à la face des autels que c'est par Dieu qu'ils règnent, et que de l'autre, les peuples recevant ainsi leur roi en quelque manière des mains de Dieu même, fussent beaucoup plus disposés par là à le révérer et à lui obéir, non seulement par des motifs de crainte ou d'espérance, mais par un sentiment et un principe de religion.

C'est ainsi que les monarques ou les autres chefs du gouvernement dans chaque état, et de quelque manière que la suprême puissance y soit déférée, ne peuvent se dispenser de reconnoître, comme ils le font publiquement, que toute leur puissance n'est qu'une émanation ou un foible écoulemeut de cette immensité de pouvoir qui ne réside que dans la divinité.

Par-là tout se ramène à l'unité ; tous les ruisseaux remontent, pour ainsi dire, jusqu'à leur source. Tous ceux qui participent au gouvernement d'un état rapportent leur pouvoir au prince ou à la puissance suprême de qui ils la reçoivent, et le prince lui-même, ou ceux qui exercent la puissance souveraine, en rendent hommage à Dieu qui la leur donne, comme au roi des rois et au seigneur des seigneurs : *Regi regum, et Domino dominantium* (1). C'est ce qui forme ce que l'on peut appeler la hiérarchie séculière ou temporelle, non moins dépendante de la Divinité comme de son origine ou de son principe, que la hiérarchie ecclésiastique ou spirituelle.

XX. Mais il ne suffit pas d'avoir tâché de bien connoître l'auteur de toute puissance établie dans l'ordre du gouvernement temporel ou politique, je dois aller plus loin, et examiner à présent quelle est l'étendue de ce pouvoir, et quel en est l'objet.

XXI. Pour me préparer à approfondir une matière si importante, je me rappelle d'abord un petit nombre de notions générales dont j'ai

---

(1) THIMOTH. Chap. IV, v. 15.

déjà parlé ailleurs, et qui peuvent me servir de guide dans la recherche présente.

Première Notion générale.

Le grand et en un sens l'unique objet de toute société civile, comme de chaque être raisonnable considéré séparément, est la perfection, et la félicité qui en est l'effet et comme la récompense.

Seconde Notion générale.

Tout corps politique, comme tout corps naturel, a une tête et un chef qui préside à tous les membres. Ce chef et ces membres sont obligés mutuellement de travailler à leur perfection et à leur félicité commune; car le bonheur du tout dépend de celui de ses parties, et le bonheur des parties dépend de celui du tout.

Troisième Notion générale.

J'ajoute même ici que cette obligation mutuelle de se rendre parfaits et heureux, est d'autant plus grande dans la personne du chef, que son pouvoir est plus grand en le comparant à celui des membres qui sont ses sujets. Ils ne peuvent contribuer au bien de l'état et de celui qui en est le chef, que par les moyens qui sont propres à chacun d'eux; au lieu que le chef ou ceux qui le représentent dans une république, ont entre leurs mains la puissance suprême, et la force de tout le corps qui s'exerce par eux, et qui les met en état d'assurer solidement et la perfection et le bonheur du peuple soumis à leurs lois. Ainsi, pour s'exprimer ici d'une manière géométrique, on peut dire que l'obligation imposée à chaque citoyen de travailler autant qu'il est en lui à la perfection et à la félicité commune, est à la même obligation considérée dans la personne de ceux qui exercent l'autorité suprême, comme le pouvoir de chaque citoyen est au pouvoir de ceux à qui cette autorité est confiée.

Quatrième Notion générale.

Je conclus des observations précédentes, que la perfection et la solidité d'un état bien gouverné, doivent consister dans cet ordre, ce rapport, cette correspondance, cette harmonie et cette espèce de concert qui fait que chaque citoyen, en travaillant à sa perfection et à sa félicité particulière, travaille en même temps à la perfection et à la félicité du corps entier, pendant que de son côté le souverain ou celui qui gouverne, ne cherche à se rendre heureux et parfait que par son attention, et pour parler ainsi, par sa tendance continuelle à la perfection et au bonheur de ceux qui lui sont soumis.

C'est par-là, comme on l'a dit ailleurs, que toute une nation parvient à n'être plus regardée que comme un seul homme dans lequel le bonheur des membres fait celui du chef, comme le bonheur du chef fait celui des membres; vérité qui ne sauroit trop être répétée, et qu'il seroit à désirer que les princes et leurs sujets eussent tous également dans le cœur.

Cinquième Notion générale.

Après avoir parlé en général de perfection et de félicité, il est temps d'en distinguer deux genres ou deux espèces différentes.

La première se renferme dans les bornes de

la vie présente, et l'on peut dire que la perfection et la félicité humaines considérées dans l'espace si court du temps que l'homme passe sur la terre, dépendent du bon usage qu'il fait des biens et des maux de cette vie, dans la société et dans l'état où la Providence l'a placé.

La deuxième espèce de perfection et de félicité ne connoît aucunes bornes; elle franchit celles de la vie présente; et plus forte que la mort même, elle a pour objet les biens ou les maux d'une vie qui ne finira jamais.

J'ai déjà observé ailleurs que nous en trouvons une espèce de présage ou de pressentiment au-dedans de nous-mêmes; les pensées et les désirs de notre ame nous annoncent qu'elle porte en son sein comme un genre d'immortalité: la raison nous confirme dans ce sentiment par les conséquences qu'elle tire des idées que nous avons de la science divine; et enfin la révélation surnaturelle achève de nous convaincre de la réalité des biens et des maux de la vie future.

Sixième Notion générale.

Ces deux genres de perfection et de félicité sont distingués par des différences essentielles qui se présentent naturellement à mon esprit, et je ne ferai pas mal de m'arrêter ici un moment à les considérer.

Première Différence.

A quelque degré que le bien qui résulte de ma perfection et de ma félicité temporelle puisse être porté, il ne remplit jamais toute l'étendue de mon intelligence, et il rassasie encore moins la vaste capacité de ma volonté. Non seulement tout bien fini et limité demeure toujours au-dessous de l'immensité de mes désirs, mais je sens que ce qui me manque est infiniment au-dessus de ce que je possède.

Il en est de même du mal que nous éprouvons, ou que nous craignons, dans l'état de la vie présente. Nous en sommes souvent encore plus frappés que du bien. Mais nous n'en reconnoissons pas moins que le mal de cette vie demeure toujours fini et borné comme le bien; toujours par conséquent susceptible d'accroissement ou d'augmentation, sans arriver jamais au malheur infini.

Seconde Différence.

Quand même ma perfection et ma félicité présente pourroient être portées au plus haut degré, remplir toutes les vues de mon esprit, épuiser tous les désirs de mon cœur, il leur manqueroit toujours un caractère essentiel pour me satisfaire pleinement; c'est la stabilité, la durée constante et interminable; sans cela, dans le comble même de la prospérité, je serai toujours obligé de dire avec Sénèque (1): *Combien durera mon bonheur! Subit sollicita cogitatio: HÆC QUAMDIU!* Cette pensée importune, *Ma félicité va peut-être m'échapper et s'évanouir en ce moment*, viendra toujours troubler mon repos et empoisonner mes plaisirs. En vain serois-je sûr d'en jouir pendant un temps considérable; ce qui est fini peut-il jamais être long? Ce que je dis de la perfection et du bonheur de mon état, ou plutôt de mon pélerinage

(1) SENEC. *De Brev. Vit. Num.* 16.

sur la terre, je peux le dire aussi de mon imperfection passagère et de mon malheur temporel, avec cette différence, que ce qui m'afflige dans le bien est ce qui me console en quelque manière dans les maux de cette vie. A quelque degré qu'ils soient portés, ils peuvent finir, et tôt ou tard ils finiront en effet. Si je jouis des biens présens, je suis effrayé par la crainte de les perdre : si j'éprouve au contraire les maux présens, je suis consolé par l'espérance de les voir finir. Il n'y a que les biens et les maux de la vie future qui puissent bannir dans ceux qui en seront rassasiés toute frayeur ou tout espoir, parce qu'ils sont marqués, pour parler ainsi, au coin de l'éternité de Dieu même (1) : *Ego Dominus, et non mutor.*

Dernière Différence.

Il me semble que si je faisois toujours un bon usage de ma raison, je pourrois trouver les moyens de me rendre aussi heureux, ou aussi peu malheureux qu'il est possible dans la vie présente.

Mais quelque désir que j'aie de parvenir à cette perfection et à cette béatitude, qui a le double caractère d'être en même temps complète et immuable, je ne saurois me dissimuler que j'ignore la véritable route qui peut m'y conduire sûrement, ou du moins que je ne l'entrevois par moi-même que très-confusément : j'en ai à la vérité quelques notions, mais elles sont obscures, et la révélation naturelle qui ne consiste que dans les lumières sombres et imparfaites de ma foible raison,

(1) MALACH. Chap. III, v. 6.

m'abandonne presque entièrement sur ce point : son plus grand effort se termine à me montrer ce qui me manque et à me le faire désirer.

Je sens en effet que, soit pour tendre véritablement et utilement aux biens éternels, soit pour me garantir des maux qui ont le même caractère, j'aurois besoin des deux secours dont j'ai déjà parlé ailleurs ; je veux dire d'un secours de lumières ou de connoissances qui me montre le chemin par lequel seul je peux arriver au dernier terme de ma perfection et de mon bonheur, et d'un secours de sentiment qui me donne la force de marcher dans ce chemin, en sorte que l'attrait de ce sentiment dirige les mouvemens de mon cœur ; pendant que l'évidence des lumières qui me sont données dirige les opérations de mon esprit.

C'est en vain que je cherche en moi ces deux puissans secours ; la lumière et la force me manquent également dans le triste état où je suis réduit : mes semblables aussi foibles, aussi indigens que moi, ne peuvent me donner ce qu'ils n'ont pas ; et dans cette espèce d'impuissance qui m'est commune avec eux, je suis souvent prêt à m'écrier comme Médée :

> Video meliora, proboque ;
> Deteriora sequor.
> Ov. *Metam. lib. VII.*

J'entrevois le vrai bien et le vrai mal jusqu'à un certain point ; mais ce vrai bien que j'aperçois et que j'aime naturellement, que je désire même de suivre, je ne le suis pas ; ce mal que je découvre aussi, que je déteste même, que je veux fuir véritablement, je ne le fuis pas : presque toujours contraire à moi-même, approuvant ce que je ne fais point, et condamnant ce que je fais, je trouve dans mon cœur et le coupable et le juge, qui y entretiennent une guerre continuelle; et malheureusement pour moi, c'est ordinairement le coupable qui est le plus fort, à la honte du juge, réduit à déplorer le mal qu'il ne peut empêcher.

Serai-je donc surpris après cela d'entendre S. Paul même s'écrier (1) : *Malheureux que je suis ! qui me délivrera de ce corps de mort ?* Et ma raison, si elle suit fidèlement ce qui résulte de la connoissance que j'ai de moi-même, ne me dictera-t-elle pas la réponse que le même apôtre se fait en cet endroit ? *Ce sera Dieu seul* qui sera mon libérateur ; sa grâce seule peut et me montrer la route des véritables biens, et me donner la force de la suivre, en me délivrant des chaînes qui m'environnent dans ce corps de mort où je fais ma triste demeure.

Le manuscrit de cet ouvrage finit ici. Ainsi il paroît que cette seconde partie n'a pas été achevée.

On trouvera dans le fragment suivant une idée de ce qui devoit être traité dans cette troisième partie.

---

(1) *Epist. ad Rom.* Chap. VII, v. 24.

SUITE D'IDÉES
OU DE PRINCIPES,

Sur le DROIT DES GENS *proprement dit, c'est-à-dire, celui qui a lieu de nation à nation, et qui auroit dû être appelé* jus inter gentes, *plutôt que* jus gentium.

I. CHAQUE nation entière pouvant être considérée comme un seul homme, par cette unité de lois, d'intérêts, et de gouvernement, qui n'en fait qu'un seul tout et un seul corps politique, il est évident que toutes les règles du droit naturel qui ont lieu entre les hommes considérés séparément, ou entre un homme et un autre homme, doivent aussi être observées entre une nation et une autre nation.

II. On doit même remarquer que comme la discorde ou l'union, les querelles ou la paix, sont d'une conséquence infiniment plus grande entre les états ou les souverains, qu'entre les particuliers, l'observation des lois naturelles est sans comparaison plus importante et plus nécessaire entre les différens états comparés les uns avec les autres, qu'entre les sujets de la même domination.

III. Il n'est pas vrai, comme Hobbes et ses sectateurs l'ont prétendu, que le premier état du genre humain ait été ou dû être en état de guerre, et que ce soit la seule crainte de la violence qui ait fait naître dans l'homme le désir et l'amour l'amour de la paix, et qui ait formé le premier lien de la société.

Il en est de la paix comme de la santé : c'est la santé qui a précédé la maladie : l'une est l'état naturel, l'autre un accident qui dérange la nature. Le bien est plus ancien dans le monde que le mal.

L'amour du repos et de la tranquillité est né avec l'homme. Il ne faut point de motifs particuliers pour vivre en paix : il en faut au contraire pour sortir de cet état naturel, et pour passer dans celui de l'agitation et de la guerre. Donc l'union a précédé la discorde : donc la paix est plus ancienne dans le monde que la guerre.

Nous sentons dans notre cœur une inclination naturelle pour nos semblables. Nous sommes touchés si nous les voyons souffrir : s'il leur arrive quelque accident, le premier mouvement nous porte à les secourir : nous aimons à leur communiquer nos pensées, et à apprendre ce qu'ils pensent : la solitude nous déplaît et nous attriste : la société nous soutient et nous inspire un sentiment de joie.

On peut en juger par les premières sociétés qui se sont formées entre les hommes.

La première de toutes a été le mariage : c'est un amour naturel qui en a formé les liens. Dira-t-on que le premier mari et la première femme aient commencé par se haïr et par se faire la guerre ?

Il en est de même de la seconde espèce de société, qui est celle du père et de la mère avec leurs enfans ; et de la troisième qui se forme entre ces enfans mêmes, c'est-à-dire, entre les frères. Supposera-t-on que, quoique dans l'enfance ils paroissent s'aimer mutuellement, tant que rien ne s'y oppose, cependant ils naissent ennemis?

La quatrième espèce de société est celle d'une famille composée de plusieurs branches. Il est encore évident que le sang qui unit ceux qui sortent d'une tige commune, les rendra naturellement amis les uns des autres, tant que les passions n'y feront point naître de sujets de discorde.

La cinquième société est celle de plusieurs familles qui se réunissent dans une même ville pour se procurer la douceur de vivre avec leurs semblables, et les autres avantages qu'ils ne trouvent point dans la solitude. Tel est le premier motif qui les rassemble dans la vue de suppléer à ce qui leur manque lorsqu'ils sont séparés, par les secours mutuels et les services réciproques qu'ils se rendent les uns aux autres lorsqu'ils sont réunis.

Si la crainte des dangers qui pourroient les menacer dans la solitude, le soin de leur sûreté, peut être encore un nouveau motif de leur association, c'est aussi une nouvelle raison pour engager ces familles à conserver entre elles une parfaite intelligence.

Pourquoi donc le premier mouvement de ces familles rassemblées seroit-il de se haïr et de se nuire mutuellement?

Enfin la sixième et la plus grande de toutes les sociétés, est celle de plusieurs villes, ou de plusieurs habitations qui forment un corps entier de nation; et cette dernière espèce de société est susceptible des mêmes réflexions que les précédentes.

Pourquoi ces grandes sociétés commenceroient-elles, sans cause et sans provocation, à haïr celles du même genre? On n'en aperçoit encore aucune raison. On voit au contraire qu'elles ont un intérêt naturel à bien vivre avec leurs voisins. Il faut qu'il survienne des sujets de querelles et de divisions pour en venir enfin à des guerres. Mais l'établissement de chacune de ces sociétés a précédé ces causes : donc elle a commencé par être en paix avec les autres sociétés semblables.

IV. Ainsi, considérant toutes ces différentes espèces de sociétés dans leur naissance, on trouvera par-tout que c'est le desir du bien qui les a formées plutôt que la crainte du mal. Une affection mutuelle, des besoins réciproques, en ont été les premiers liens. Donc, encore une fois, toute société a commencé par l'inclination qui nous porte tous à vivre en paix avec nos semblables.

En vain des philosophes plus subtils que solides, et souvent amateurs des paradoxes, ont voulu imaginer que la scène du monde naissant s'étoit ouverte par la guerre.

Les poètes, plus croyables qu'eux sur ce point, parce qu'ils ont parlé beaucoup plus d'après la nature, ont fait une supposition plus vraisemblable, lorsqu'ils ont dit que le premier âge du monde avoit été l'âge d'or :

Aurea prima sata est ætas quæ, vindice nullo,
Sponte suâ, sine lege, fidem rectumque colebat.
OVID. *Metam. Lib. I.*

Si cet âge a peu duré, selon les mêmes poètes, c'est parce que les passions ont bientôt fait taire la raison. Mais la raison parloit quand on l'a fait taire : elle existoit avant que la passion l'obscurcît et la troublât, et elle n'inspiroit à l'homme que des sentimens de paix.

Donc l'état de paix est le premier état, l'état

naturel de l'homme ; et si la guerre est survenue dans le monde, c'est une maladie, comme on l'a déjà dit, qui avoit été précédée par la santé, dont elle n'a été que le dérangement; et tout dérangement suppose un ordre préexistant.

V. La paix entre les nations est un si grand bien, qu'il est évident qu'elles ne sauroient prendre trop de précautions pour la conserver, ni par conséquent être trop attentives à éviter ou à détourner tout ce qui peut être une cause ou un prétexte de rupture et de guerre.

VI. Toutes les mesures qu'elles doivent prendre pour cela, et toutes les règles qu'elles sont naturellement obligées de se prescrire réciproquement pour y parvenir, sont renfermées dans ces deux maximes générales qui n'ont pas moins lieu entre les états qu'entre les particuliers : *Ne faites point contre les autres ce que vous ne voudriez pas que les autres fissent contre vous. Faites pour les autres tout ce que vous voudriez que les autres fissent pour vous.*

VII. Suivant ces règles, chaque particulier doit jouir sans trouble de ce qui lui appartient, et les états ont droit de conserver ce qu'ils possèdent légitimement

La possession en cette matière a pour objet, ou les personnes ou les choses.

Les personnes, en tant qu'elles font partie d'un état, et qu'elles sont soumises à la puissance qui le gouverne.

Les choses, en tant qu'elles sont soumises *Dominio aut Imperio*, à la puissance souveraine, et situées dans l'étendue des limites de chaque domination.

VIII. Il ne s'agit après cela, pour se former une juste idée de ce qu'on appelle *le droit des gens*, que de tirer de justes conséquences de ces deux principes fondamentaux ; et pour le faire avec ordre, on peut réduire l'explication de ces conséquences aux points suivans :

1.° Quels sont les véritables moyens de conserver et d'entretenir une paix durable entre les nations différentes ?

2.° Peut-il y avoir de justes causes de rompre la paix, et de sortir d'un état si heureux, pour s'exposer à tous les malheurs de la guerre !

3.° Quelles sont ces causes légitimes ?

4.° Y a-t-il des règles du droit des gens que les puissances qui ont pris les armes l'une contre l'autre soient obligées d'observer entre elles pendant la guerre même ? et quelles sont ces règles ?

5.° Que doivent-elles faire pour terminer la guerre le plus promptement qu'il est possible, et revenir à l'heureux état de la paix ?

6.° Quel est l'esprit dans lequel elles doivent travailler à la perpétuer en se liant par des traités qui préviennent, autant qu'il est possible, de nouvelles occasions de rupture ?

7.° Quelles sont les peines qui assurent l'exécution des règles du droit des gens, et qui peuvent les faire regarder comme de véritables lois ?

DIVERSES REFLEXIONS

SUR LES VIES

DE THÉSÉE, DE ROMULUS ET DE LYCURGUE, DANS PLUTARQUE.

Ce que Plutarque dit de ces brigands, dont Hercule et Thésée purgèrent la Grèce (1), a quelque rapport avec l'idée que l'Ecriture sainte (2) nous donne de ces géans qui attirèrent le déluge sur la terre, et dont Baruch (3) dit qu'ils étoient d'une stature extraordinaire, savans dans la guerre, mais incapables de règle ou de discipline, et qu'ils ont péri par leur folie; *ibi fuerunt gigantes famosi illi, qui ab initio fuerunt staturâ magnâ, scientes bellum; non hos elegit Dominus neque viam disciplinæ invenerunt.....et quoniam non habuerunt sapientiam, interierunt propter suam insipientiam.*

Le déluge punit le genre humain, et ne le corrigea pas; la postérité de Noé ne fut pas meilleure que celle d'Adam, et il en sortit

(1) Vie de Thésée, p.
(2) Genes. 6. 4.
(3) Baruch. 3. 26. 27.

comme une seconde race de géans, qui auroit mérité un second déluge, si Dieu n'avoit promis à Noé de ne plus inonder la terre.

Aussi toutes les anciennes histoires commencent par le récit des violences que les forts exercèrent contre les foibles. La force du corps étoit la seule distinction que la nature avoit mise entre les rois; et la plupart des empires lui doivent leur naissance, soit que la violence les ait élevés, soit qu'ils aient été établis pour la réprimer.

La Grèce qui devint dans la suite le séjour de la politesse, a été elle-même autrefois le théâtre de la barbarie, et elle a commencé comme tous les autres pays, par être assujétie à la loi du plus fort. C'est l'état que Hobbes appelle *bellum omnium contrà omnes.* Plutarque décrit aussi le caractère de ceux qui se distinguoient dans cet état parmi les Grecs.

» Cet âge, dit-il, avoit vu naître des hommes qui sembloient être au-dessus de la nature par la force des bras, par la légèreté des pieds, en un mot, par la vigueur extraordinaire de leur corps, des hommes infatigables et indomptables, qui abusoient des présens de la nature (1), et qui, loin de les employer avec modération, et d'une manière utile au genre humain, faisoient consister tout leur bonheur dans une férocité superbe et insolente, ne croyant jouir de leur force ou de leur puissance que par la cruauté, par la dureté, et par le plaisir de vaincre, de rompre et de briser tout ce qui tomboit entre leurs mains, persuadés que la pudeur, la justice, l'équité, l'humanité, sont des noms que

(1) C'est ce que Tacite a dit en un mot : *Robore corporis stolidè ferocem.*

les hommes ordinaires ne louent que parce qu'ils n'osent être injustes, ou parce qu'ils craignent de souffrir l'injustice, mais qui ne sont pas faits pour ceux qui peuvent être les plus forts. »

Tel a été le monde autrefois, et tel seroit-il encore aujourd'hui, si les lois, assistant la religion, n'avoient fait passer les hommes de l'état des bêtes, si l'on peut parler ainsi, à celui de créatures raisonnables.

On diroit que ce seroit sur cet endroit de Plutarque que Hobbes auroit bâti son système de la societé civile, formée, selon lui, et unie par les seuls liens de la crainte réciproque.

C'est en vain qu'Hésiode (1) a appelé Minos *le roi le plus roi* qui ait porté le sceptre, et qu'Homère lui a donné le nom *de confident de Jupiter*. Les poètes tragiques l'ont emporté; et voulant venger les Athéniens du tribut qu'il exigeoit d'eux avec tant de dureté, ils ont étouffé la voix d'Homère et d'Hésiode, par les traits injurieux à la mémoire de Minos dont ils ont fait retentir le théâtre d'Athènes. Tant il est vrai, comme Plutarque le remarque si bien, que c'est une entreprise bien hasardeuse, que de s'attirer la haine d'une ville qui a une voix libre et consacrée aux muses, quand elle ne se défendroit que par la parole. Ni les princes, ni les grands hommes, ne doivent jamais se brouiller avec les muses, c'est-à-dire avec les gens de lettres; et ceux qui en usent autrement, se préparent des ennemis, et des censeurs jusque dans la postérité la plus reculée.

On prétend que Thésée (2) fut le premier

(1) Vie de Thésée, pag. 13.
(2) Vie de Thésée, pag. 20, 21.

qui établit la distinction des ordres ou des classes différentes entre les citoyens : il en imagina trois, celui des nobles ou de ceux qui avoient eu des pères illustres, celui des laboureurs et celui des artisans.

Les nobles eurent pour partage la connoissance des matières de religion, la science des lois et le droit de fournir à la république des chefs tirés de leur corps.

Les deux autres ordres furent mis dans une parfaite égalité ; et cependant il resta assez d'émulation entr'eux tous pour les animer au service de la république : les nobles paroissoient exceller par l'honneur, les laboureurs par l'utilité, et les artisans par le nombre.

Thésée (1) fut aussi le premier auteur de la forme du gouvernement qu'on appelle *démocratie :* et il y a lieu de croire qu'avant lui les Grecs n'en connoissoient point d'autre que la *monarchie.* C'est une remarque d'Aristote, et Homère semble la confirmer, en ne donnant qu'aux seuls Athéniens le nom de *peuple*, dans la catalogue de l'armée navale des Grecs.

A peine la démocratie eut-elle été établie à Athènes, que du vivant même de Thésée (2), fondateur de sa liberté, on commença à en abuser. Le peuple, quand il est le maître, a des flatteurs comme les rois ; et la nation de ceux que les Grecs appellent *démagogues*, c'est-à-dire flatteurs, et par là conducteurs et comme maîtres du peuple, fut presque aussi ancienne à Athènes que la démocratie. Menesthée, un des descendans d'Erecthée, fut le premier qui introduisit le pernicieux usage de conduire le peuple par la

(1) Thésée, p. 21.
(2) Thésée, p. 27.

flatterie, et de se servir de sa liberté contre sa liberté même. Tant il est vrai qu'il n'y a point d'établissement solide, ni de forme de gouvernement qui ne s'altère et ne se corrompe: toutes les institutions humaines ont toutes le même défaut; ce sont des sages qui les établissent, ce sont des fous qui les suivent : c'est le contraire de ce qu'on appelle *la mode*.

Le tombeau de Thésée (1) devint un asile pour les esclaves qui fuyoient la violence de leurs maîtres, et en général pour tous les foibles opprimés par les puissans. C'est ainsi que les Athéniens crurent ne pouvoir rendre un plus grand honneur aux cendres de Thésée, leur fondateur et leur libérateur, qu'en perpétuant à jamais, par cet asile, la mémoire de ses inclinations généreuses et bienfaisantes, qui l'avoient rendu lui-même l'asile de ce défenseur du pauvre et du foible opprimé.

Stace, dans sa Thébaïde, *liv.* 12, semble attribuer aux descendans d'Hercule, plutôt qu'à la mémoire de Thésée, l'établissement de cet asile, dont il fait cette belle description :

Urbe fuit mediâ nulli concessa potentum
Ara deûm. Mitis posuit clementia sedem
Et miseri fecere sacram. Sine supplice nunquam
Illa novo, nulla damnavit vota repulsâ.
Auditi quicumque rogant, noctesque diesque
Ire datum, et solis numen placare querelis.
Parca superstitio : non thurea flamma, nec altus
Accipitur sanguis, lacrymis altaria sudant,
Mœstarumque super libamina serta comarum
Pendent, et vestes mutatâ sorte relictæ.
Mite nemus circa, cultuque insigne verendo
Vittatæ laurus et supplicis arbor olivæ.
Nulla autem effigies, nulli commissa metallo

(1) Thésée, p. 31.

Forma deæ, mentes habitare et pectora gaudet.
Semper habet trepidos; semper locus horret egenis
Cœlibus, ignotæ tantùm felicibus aræ.
Fama est defessos acie, post busta paterni
Numinis, herculeos sedem fundasse nepotes.
Fama minor factis: ipsos nam credere dignum
Cœlicolas, tellus quibus hospita semper Athenæ,
Ceu leges, hominemque novum, ritusque sacrorum,
Seminaque in vacuas hinc descendentia terras,
Sic sacrasse loco commune animantibus ægris
Perfugium, unde procul starent iræque minæque
Regnaque et à justis fortuna recederet aris.

Toutes les origines des anciennes villes sont fabuleuses, ou mêlées de fables: *Detur hæc venia antiquitati*, dit Tite-Live, *ut humana divinis miscendo primordia urbium augustiora faciat.* Plutarque (1), plus crédule que Tite-Live, qui ne cherche que des excuses, et qui demande grâce pour l'antiquité; Plutarque, dis-je, après avoir marqué que tout ce que l'on raconte de la naissance de Romulus, et de la fondation miraculeuse de Rome, révolte certains esprits, comme fabuleux et plus digne de la fiction des théâtres que de la majesté de l'histoire, dit que cependant on ne doit pas refuser d'y ajouter foi, lorsque l'on considère de combien de prodiges la fortune est l'artisan, et que l'on envisage le progrès de la grandeur romaine, qui n'auroit pu monter à ce haut degré de puissance, si elle n'avoit eu une origine divine, et si sa naissance n'avoit rien eu de grand et de merveilleux.

Il auroit été plus juste de remarquer que de ces fables mêmes, dont le berceau des grandes villes, semblable en ce point à celui d'Hercule, a été comme environné, il en résulte

(1) Romul. 40.

une grande vérité, qui est que tous les hommes ont supposé, par une tradition qui remonte jusqu'au commencement du monde, qu'il ne se pouvoit rien faire de grand et d'admirable, sans une opération singulière de la divinité. C'est sur cette opinion que presque tous les anciens fondateurs des républiques et des empires, en ont voulu consacrer les commencemens par des oracles, par des augures, ou par d'autres témoignages de l'assistance spéciale de la divinité. On en voit des preuves dans les vies de Thésée, de Romulus (1), de Numa, etc. Tous les grands hommes ont cru que la religion étoit le plus puissant ressort qui pût remuer le cœur et l'esprit de l'homme. Ils l'ont fait, si l'on veut, par politique ; mais cette politique même suppose qu'il y a un fond de religion naturelle dans l'homme, qui ne demande qu'à être réveillé pour le rendre capable des entreprises les plus difficiles.

Il falloit que Romulus (2) fût un grand homme, malgré la grossièreté et même la férocité des mœurs de son siècle. Il comprit qu'il falloit donner aux sénateurs, qui devoient avoir la principale part au gouvernement, un nom qui, comme le dit Plutarque, pût imprimer le plus grand respect, et exciter le moins d'envie ; c'est pour cela qu'il les appela *pères*, voulant que le gouvernement politique fût comme tracé sur le plan et sur le modèle du gouvernement naturel et domestique ; que les petits respectassent les grands comme leurs pères, et que les grands aimassent les petits comme leurs enfans. Cela confirme la pensée de ceux qui

(1) Romul. 42.
(2) Romul. 44.

ont cru que le gouvernement établi par Romulus n'étoit pas purement monarchique, et que, comme Machiavel le dit dans ses discours sur Tite-Live, la forme en étoit mixte et tempérée des trois espèces de gouvernement, c'est-à-dire la meilleure, et en même temps la plus fragile des constitutions d'un état.

Un autre trait au moins aussi grand de la politique de Romulus (1), fut l'usage qu'il établit de ne faire point d'autre mal aux peuples vaincus que de les amener à Rome, et de faire de ses ennemis ses citoyens, s'enrichissant ainsi véritablement par ses conquêtes, et ajoutant à son empire, non pas des esclaves toujours prêts à secouer le joug, mais des sujets aussi fidèles et aussi intéressés à la fortune des Romains que les Romains mêmes. C'est ce que Claudien a exprimé par ces beaux vers qu'il a faits sur Rome :

Hæc est in gremium victos quas sola recepit,
Humanumque genus communi nomine fovit
Matris non dominæ ritu, civesque vocavit
Quos domuit, nexuque pio longinqua revinxit.

C'est la même pensée que Rutilius a exprimée d'une autre manière, en paraphrasant ce passage de Sénèque le tragique dans les Troades : *Profuit hoc vincente capi.*

Fecisti patriam diversis gentibus unam,
  Profuit et captis, te dominante, capi.
Dumque offers victis patrii consortia juris,
  Urbem fecisti qui prius orbis erat.

Il y a long-temps qu'Antigone (2), roi de Macedoine, a dit qu'il aimoit, à la vérité, ceux

---

(1) Romul. 48.
(2) Romul. 50.

qui faisoient actuellement une trahison en sa faveur, mais qu'il les haïssoit dès le moment qu'ils l'avoient faite. César a dit mieux, en un seul mot, qu'il aimoit la trahison, mais qu'il haïssoit le traître ; et Plutarque observe, avec raison, que cette disposition est commune à tous ceux qui ont besoin du secours des méchans, à peu près comme on recherche le fiel et le venin des serpens pour en tirer des remèdes. La plupart des hommes aiment les avantages qui sont l'effet de la malice des autres ; mais à peine en ont-ils profité, qu'ils retombent dans la haine que la nature leur inspire pour la malice. Ainsi, ceux qui recueillent les fruits d'une trahison, la punissent ordinairement sur le traître même : *prodendi exempli causâ*, comme dit Tite-Live, *ne quid usquam fidendum proditori esset.* Comme si la trahison avoit rompu tous les liens de l'humanité et de la société, les traîtres méritent qu'on n'ait pas plus de fidélité pour eux qu'ils en ont eu pour les autres, et qu'ils soient trahis à leur tour, après avoir trahi. Toute cette morale n'a pas éteint parmi les hommes la race des traîtres. Les princes qui en cherchent en trouveront toujours ; et après tout, la différence n'est pas si grande qu'elle le paroit d'abord entre celui qui achète un traître, et le traître qui se vend lui-même. L'un et l'autre ont le même but ; ils tendent tous deux à leur intérêt : mais l'intérêt est canonisé dans les grands, et puni dans les petits.

Une monarchie tempérée du gouvernement populaire (1), est un état bien difficile à soutenir. D'un côté, le prince à qui cette forme

(1) Romul. 61.

de gouvernement peut procurer d'abord de grands succès par le zèle et l'affection de ses peuples, ne sauroit porter long-temps le poids de sa prospérité : une confiance aveugle dans son bonheur, augmente sa fierté encore plus que son courage; et se croyant au-dessus de tout, il s'éloigne de l'état populaire, et s'avance à grands pas vers la monarchie absolue. De l'autre, ses sujets accoutumés d'abord à gouverner, autant qu'à être gouvernés, et à partager l'autorité, en souffrent impatiemment la diminution de leur crédit, et ne peuvent voir passer entre les mains d'un seul, ce qui étoit le bien de tous. Ainsi il arrive presque toujours, ou que la monarchie accable et anéantit l'état populaire, ou que l'état populaire absorbe et engloutit la monarchie. Telle fut, selon Plutarque, la destinée de Romulus; ses grandes prospérités le firent sortir de l'équilibre qui étoit l'essence de son gouvernement : il voulut attirer tout à lui, et le sénat irité de n'avoir plus que l'ombre d'une autorité, qu'il partageoit réellement autrefois, voulut changer de roi, ou plutôt se donner un roi dont il pût être le maître.

Plutarque parlant contre ceux qui ont transformé les hommes en divinités par des apothéoses flatteuses ou fabuleuses, donne en passant ce trait de la théologie payenne, qui est presque entierement tiré de la philosophie pythagoricienne, comme on le peut voir dans Hyéroclès.

Désespérer entièrement que la vertu puisse parvenir à la divinité, c'est lâcheté et impiété. Mais aussi mêler et confondre le ciel avec la terre, c'est une grande témérité. Laissons-là donc de telles imaginations, assurés avec Pindare,

Qu'il n'est point de corps qui ne meure,

L'ame seule vive, demeure,
Image de l'éternité (1).

C'est la seule chose que nous tenions des Dieux; elle vient du ciel, et elle retourne au ciel, non avec le corps, mais au contraire, lorsqu'elle se dégage des liens du corps, qu'elle s'en sépare entièrement, et qu'elle devient pure, sans aucun mélange de chair, et comme toute chaste et toute sainte. L'ame la plus sèche, disoit Héraclite, *est la meilleure ame, s'envolant du corps comme un éclair qui perce la nue; mais celle qui est détrempée avec la chair, et comme plongée dans le corps, semblable à une vapeur épaisse et ténébreuse, s'enflamme avec peine et s'élève difficilement. Il n'est donc pas nécessaire de vouloir forcer la nature, en faisant monter les corps des gens de bien dans le ciel avec leurs ames. Mais nous devons croire* fermement que, *suivant la nature des ames, et la justice divine, leur vertu les fait devenir d'hommes, héros, de héros, génies, et si leurs ames parviennent au dernier degré de purgation, comme dans les initiations mystérieuses, et à la parfaite sainteté, elles s'élèvent enfin de l'état des génies, jusqu'au rang des dieux, pleinement dégagées de tout ce qu'il y avoit en elles de mortel et de passible, et cela, non, par une ordonnance politique, mais par l'ordre de la vérité même, et suivant les idées les plus lumineuses de la droite raison, en sorte qu'elles parviennent à une fin aussi excellente que souverainement heureuse.*

C'est la crainte qui est souvent la mère de la valeur; et la peur de souffrir les plus grands maux, conduit les hommes comme par la main

(1) C'est la traduction en vers d'Amyot.

de la nécessité, à faire les plus grandes choses. C'est une pensée de Platon que Plutarque (1) applique à Romulus, qui ne devint un prodige de courage, que par la crainte de la servitude et du châtiment; au lieu que Thésée s'exposa par choix, et sans aucune nécessité, aux plus grands périls.

Plutarque (2), dans le même endroit, donne encore une grande idée du caractère de Thésée, lorsqu'il dit que ce héros délivra la Grèce d'un grand nombre de cruels tyrans, avant que ceux à qui il rendoit la liberté pussent savoir le nom de leur libérateur. C'est une joie bien pure et bien sensible à un homme vertueux que d'être l'auteur inconnu de la félicité publique. Mais il faut avoir un grand fond de vertu, pour en porter le goût jusqu'à cette délicatesse.

Thésée commença par la monarchie, et finit par l'abus du gouvernement populaire : Romulus (3), au contraire, commença par un gouvernement presque populaire, et finit par l'abus de la monarchie, c'est-à-dire par la tyrannie. *Leur erreur fut la même, quoique causée par deux passions contraires. Le premier et le véritable objet de tout homme qui gouverne, est de conserver et d'assurer son gouvernement. Et on ne l'assure pas moins en s'abstenant de ce qui n'appartient pas à la suprême autorité, qu'en soutenant avec fermeté ce qui lui appartient. Mais celui qui relâche, ou qui resserre trop les nœuds de l'autorité, ne demeure plus dans l'état de roi ou de chef, et devenant ou trop populaire ou tyran, il devient en même temps ou odieux, ou méprisable à ceux*

(1) Romul. 67.
(2) *Ibid.*
(3) Romul. 68.

qu'il gouverne ; tous deux s'éloignent également de leur but, mais l'erreur de l'un semble être une faute de faculté de mœurs et d'humanité, au lieu que l'erreur de l'autre est une faute d'amour-propre et de dureté.

La fausse modération, ou plutôt la véritable foiblesse des princes, qui ne sont pas assez jaloux de leur autorité, les conduit souvent à la violence, ou réduit leur état dans une confusion qui approche de l'anarchie. C'est ce que Plutarque (1) fait voir par l'exemple d'Euristène, roi de Sparte, qui commença le premier à énerver l'autorité monarchique dont ses prédécesseurs avoient joui ; recherchant la faveur du peuple, et voulant trop plaire à la multitude, le peuple devint insolent ; les rois qui succédèrent à Euristène, furent tantôt obligés à se faire haïr par des démarches violentes, et tantôt forcés de céder eux-mêmes à l'insolence du peuple : les lois demeurèrent sans vigueur, les rois sans autorité : le gouvernement incertain et chancelant, attendoit un Lycurgue qui remit toutes choses en leur place, et qui rétablit cet équilibre si difficile entre l'autorité et la liberté. *Res olim dissociabiles*, comme dit Tacite, *principatum et libertatem miscuit.*

Lycurgue (2) voulant préparer ses concitoyens à la perfection de son gouvernement, et comme leur faire prendre le pli de la vertu, envoya de Crète à Sparte le sage Thalès, qui n'étoit cependant en apparence qu'un poëte lyrique, mais qui cachoit, sous le voile de son art, toute la perfection des plus grands législateurs. Ses odes étoient des discours qui, par le

---

(1) Lycurg. p. 73.
(2) Lycurg. p. 75.

charme du nombre et d'une harmonie grave et tempérée, rappelloient les hommes à l'obéissance et à la concorde, adoucissoient insensiblement leurs mœurs, et les familiarisoient avec la vertu, ensorte qu'un grand poète fut comme le précurseur d'un grand législateur. Ainsi, une partie de la politique des princes, est d'adoucir les mœurs de leurs sujets. La politesse les rend plus souples; et à mesure que l'amour des lettres, le goût de l'honnête et l'estime de la vertu, croissent dans un état, les peuples deviennent plus dociles et portent plus volontiers le joug de l'autorité. Un roi travaille donc autant pour lui que pour ses sujets, quand il s'applique à les rendre savans et *vertueux*.

Ce n'étoit pas sans raison que Lycurgue (1) crut que les lois, qui ne remédient qu'à des inconvéniens particuliers, ne produisoient guère d'effet et n'étoient presque d'aucune utilité. Le corps politique doit être traité comme le corps naturel. Il faut commencer par le purger de toutes les mauvaises humeurs qui l'accablent, et refondre, pour ainsi dire, le tempéramment, et lui redonner comme une nouvelle vie; c'est ce qui fait qu'il n'y a presque point de royaume ni de république, où l'on voie une véritable et parfaite législation. Les gouvernemens s'établissent à-peu-près comme les villes se bâtissent: il n'y a point de plan ni de système général. Le hasard, les conjonctures, tout au plus quelques réflexions d'un homme sage, ou les leçons tardives de l'expérience, produisent un grand nombre de lois ou de réglemens particuliers.

Infelix operis summâ quia ponere totum
Nesciet.

(1) Lycurg. p. 76.

C'est encore bien pis dans les états qui subsistent depuis un grand nombre de siècles. La législation est comme un vieux bâtiment, qui menace toujours ruine, qu'il faut étayer ou reprendre de tous côtés; et parce qu'il y auroit trop à faire, on ne fait souvent rien de tout. Lacédémone est peut-être la seule république qui ait eu un véritable corps de législation, composé d'un petit nombre de lois, mais toutes rapportées au bien commun, toutes efficaces et toutes exécutées en effet.

C'étoit une assez mauvaise plaisanterie, que celle que Plutarque (1) rapporte d'Archelaüs, roi de Sparte, sur le roi Charilaüs, son collègue. Il dit un jour à ceux qui louoient la bonté de ce prince : *hé comment ne seroit-il pas un bon homme, puisqu'il ne peut pas même être méchant contre les méchans!* Si *bon homme* veut dire ici la même chose qu'honnête homme, il auroit été plus juste de dire, *hé comment Charilaüs peut-il passer pour bon, lui qui l'est même pour les méchans!* Une partie de la vertu consiste à avoir une véritable haine pour le vice. Qui ne haït pas les méchans n'aime que foiblement les gens de bien; et le Misanthrope de Molière n'a pas grand tort de reprocher à son ami trop indulgent pour les fripons,

De n'avoir pas pour eux ces haines vigoureuses
Que doit donner le vice aux ames généreuses.

Je voudrois bien que notre langue eut deux mots pour exprimer l'opposition du φιλανθρώπος

---

(1) Lycurg. p. 77.

et du μισοκάκος des Grecs, qui renferme tout ce qu'on peut dire sur ce sujet; mais

Graiis ingenium, Graiis dedit, ore rotundo
Musa loqui.

Et notre langue fournit la preuve continuelle qu'elle n'abonde point en mots énergiques, propres à exprimer pleinement et fortement les pensées des autres.

Le plus grand ouvrage de Lycurgue, et comme l'ame de son gouvernement, fut l'établissement des vingt-huit vieillards, qui formèrent le suprême conseil de sa république. Plutarque emprunte ici les expressions de Platon, pour en faire sentir toute l'utilité. Ce conseil, dit Platon, mêlé par un sage tempéramment avec la puissance des rois, qui commençoit à s'enfler et à se corrompre comme une tumeur maligne, et mis dans l'équilibre avec cette autorité, fut en même temps un principe de vie et de sagesse pour Lacédémone. Le gouvernement agité, incertain, et comme suspendu, penchoit, tantôt du côté des rois, vers la tyrannie, et tantôt du côté du peuple, vers la démocratie. Mais le conseil des vieillards, placé entre les deux et entretenant l'équilibre, fut comme un appui solide qui soutint la république dans une assiette inébranlable. Les vingt-huit sénateurs se joignoient tantôt aux rois, pour empêcher que le gouvernement ne déclinât vers la démocratie, et tantôt au peuple, pour le fortifier contre la tyrannie.

Ce conseil ne tint pas toujours la balance aussi égale, entre le peuple et la royauté, que Lycurgue l'avoit désiré. L'aristocratie est toujours plus proche de la monarchie que de la démocratie. En soutenant la liberté du peuple, les sénateurs se confondoient eux-mêmes avec le peuple; mais en se réunissant avec les rois, ils devenoient en quelque manière rois eux-mêmes. Ainsi, après la mort de Lycurgue, une expérience d'environ cent trente années ayant fait sentir aux Lacédémoniens que l'oligarchie, dont Lycurgue avoit été l'auteur, n'étoit pas encore assez tempérée; qu'elle étoit, s'il est permis de s'exprimer ainsi, trop crue, trop indépendante, et semblable à un cheval indompté qui s'emporte et qui s'échappe, ils établirent la puissance des Ephores, comme pour lui mettre un mors et un frein, suivant l'expression de Platon. Inspecteurs et comme surveillans des rois, c'est ce que leur nom signifie, ils furent principalement institués pour être les asiles de la liberté, et comme les dieux tutélaires du peuple. On les réclamoit contre l'autorité des rois mêmes; et il n'étoit pas à craindre qu'ils ne se joignissent à eux, soit parce que toute la grandeur consistoit à leur tenir tête pour la liberté commune; soit parce que, s'ils avoient eu trop de complaisance pour les rois, de leurs maîtres qu'ils étoient en un sens, ils seroient devenus leurs esclaves. D'un autre côté, ils servirent à affermir la durée de la royauté, en la rendant moins odieuse. La femme du roi Théopompe, qui consentit à l'établissement des Ephores, n'avoit pas assez de raison pour le comprendre, lorsqu'elle reprochoit à ce prince que sa monarchie passeroit à ses enfans moindre qu'il ne l'avoit reçue de ses pères; mais son mari, plus sensé qu'elle, lui répondit fort bien: Non, mais d'autant plus grande qu'elle sera plus durable. Et en effet, n'ayant perdu que ce qu'elle avoit d'excessif, en évitant l'envie, elle évita le péril; en sorte qu'elle n'éprouva point les révolutions qui furent fatales aux rois des Messeniens et des Argiens, parce qu'ils ne voulurent rien relâcher de leur puissance en faveur de la liberté du peuple.

Quoique toute la force, et comme tout le secret de l'empire, fût remis entre les mains du conseil des vingt-huit vieillards, Lycurgue voulut cependant que le peuple conservât au moins l'image de la suprême autorité, et que ce fut lui qui mît le dernier sceau à toutes les délibérations. On l'assembloit donc ; mais nul de ceux du peuple n'avoit la liberté d'ouvrir un avis, et de faire aucune proposition. Ce droit étoit réservé aux rois et aux vingt-huit vieillards ; ils proposoient, et le peuple décidoit. Par cette espèce de partage entre les chefs et la multitude, Lycurgue donnoit aux sages l'autorité du conseil, l'empire de la raison, et au peuple, la solemnité et le poids de la décision, à laquelle ils croyoient qu'ils seroient toujours sûrement conduits par les lumières des chefs, la raison étant comme le guide et le flambeau de l'autorité, et l'autorité donnant à la raison la force que le seul concours des suffrages peut lui ajouter dans un état libre. Elles devoient donc se prêter un secours mutuel, et se donner l'une à l'autre ce qui manquoit à chacune d'elles prises séparément. Mais l'attente de Lycurgue fut trompée du côté du peuple ; il s'accoutuma insensiblement à changer ou à altérer les avis des sages, et Sparte éprouva plus d'une fois que c'est un contrat bien inégal que celui de la raison et de l'autorité. On fut donc obligé d'ordonner que si le peuple prenoit un mauvais parti, les rois et les vingt-huit vieillards pourroient empêcher la délibération, c'est-à-dire, rompre l'assemblée et séparer le peuple. Ce fut peut-être cette addition aux anciennes lois qui donna la naissance à l'autorité des Ephores, pour balancer les forces que ce nouveau pouveau donnoit à l'aristocratie; et en effet, le roi Théopompe, auteur de ce règlement, fut aussi celui qui consentit à l'établissement des Ephores.

Tel fut donc le système du gouvernement lacédémonien : Lycurgue paroît avoir supposé que la source de tout gouvernement étoit dans le consentement libre du peuple; mais si le droit lui parut être du côté des peuples, le fait étoit pour les rois, dont la puissance, avant lui, n'avoit point de bornes. Il sentit également les inconvéniens de l'un et de l'autre, c'est-à-dire, du pouvoir arbitraire, soit qu'on le remette entre les mains du peuple, ou qu'on le confie aux rois.

Un trait qui lui échappa un jour fit voir, d'une manière fort ingénieuse, ce qu'il pensoit sur la démocratie pure et sans mélange. Quelqu'un lui conseilloit d'établir le gouvernement populaire dans sa république : *Eh bien*, répondit-il, *commencez par l'établir le premier dans votre maison;* et d'un autre côté ses actions firent voir, encore mieux que ses paroles, combien il étoit frappé des abus du gouvernement despotique. Ce fut donc pour éviter également ces deux extrémités, qu'entre le pouvoir des rois et celui du peuple, il établit une aristocratie perpétuelle, qui devoit être le lien de la monarchie et de la démocratie, tempérer l'une par l'autre, et concilier la liberté avec l'autorité, en sorte que de deux poisons, pris séparément,

séparément, il en composa un remède salutaire par le mélange de leurs qualités opposées.

Tous les hommes naissent à-peu-près du même caractère que les Romains, suivant l'idée que Galba en donnoit à Pison. Ils ne peuvent supporter ni une entière liberté, ni une entière servitude.

La liberté effrénée et sans bornes en fait des bêtes féroces. La servitude entière et sans adoucissement, en fait des animaux stupides. Lycurgue, en mêlant l'un avec l'autre dans une juste proportion, en fit des hommes raisonnables. Aussi cette Lacédémonienne, à laquelle on disoit un jour : *Il n'y a que vous autres qui régniez sur vos hommes*, répondit fort bien, *c'est qu'il n'y a que nous qui mettions des hommes au monde.*

Pour attraper ce juste milieu, entre l'excès de l'autorité et l'excès de la liberté, Lycurgue donna à chacune des trois formes de gouvernement qu'il fit entrer dans la composition de sa république, ce qui lui convenoit véritablement, et la mit hors d'état d'entreprendre sur les deux autres.

Le conseil et l'ouverture des différens avis, étoit le partage des sages ; le poids et la force irrévocable des résolutions résidoit dans le consentement du peuple ; l'autorité dans l'exécution, et le pouvoir de donner les ordres particuliers, ensuite des délibérations générales, étoient réservés aux rois, qui étoient comme les organes ou les instrumens du gouvernement ; et pour se servir d'un image plus sensible, dans le corps politique de Lacédémone. On peut dire que le conseil des vieillards étoit la tête, que les rois étoient les bras, et le peuple le reste du corps.

Si le conseil avoit voulu prendre de lui-même toutes les résolutions, le peuple entier s'y seroit opposé, comme à un attentat sur sa liberté. Et si le même conseil s'étoit attribué l'exécution des délibérations du peuple, comme le commandement des armées, les jugemens, etc. les rois se seroient élevés contre les sénateurs, et le peuple auroit maintenu la prérogative des rois.

D'un autre côté, si les rois avoient voulu gouverner les affaires à leur gré, sans s'assujettir au conseil des vieillards, ou aux délibérations du peuple, ils auroient soulevé toute la république contr'eux, et la royauté auroit été bientôt menacée de périr dans Lacédémone.

Enfin, si le peuple avoit voulu s'échapper et se rendre le maître absolu, les rois et le conseil des vieillards l'auroient contenu, soit par l'autorité que le commandement des armés donnoit aux rois sur les gens de guerre, soit parce que les plus sages des citoyens, instruits de la bonté et de la solidité du gouvernement, soutenus d'ailleurs par l'espérance de devenir eux-mêmes un jour les régens de la république en entrant dans le conseil des vingt-huit, se seraient toujours réunis avec les rois et ce conseil, pour réprimer les saillies inconsidérées et les fureurs téméraires du peuple; ce n'est que par l'éducation que Lycurgue donnoit également à tous ses citoyens, et par les principes qu'il établissoit sur les mœurs, il n'avoit presque pas à craindre cette espèce de révolution.

Ainsi les trois ordres de la république, uniformes chacun dans le cercle qui lui convenoit, et contenus mutuellement les uns par les autres, étoient comme les pierres d'une voûte, dont chacune conservant sa position, empêche que les autres ne s'échappent de leur place; en sorte que le seul arrangement et la seule proportion en fait toute la force, et en assure la durée.

Il manquoit néanmoins quelque chose encore à la perfection de cet édifice. Quelque profonde que fût la sagesse de Lycurgue, il étoit homme, et il n'y a point d'homme qui puisse tout prévoir. Cette voûte, d'une structure si savante, pouvoit manquer par deux endroits, du côté du peuple, qui en étoit le fondement, par un ébranlement et une secousse universelle, c'est-à-dire, par ce que les Romains appeloient les flots et les tempêtes des assemblées populaires; du côté des rois et du conseil aristocratique, qui étoient comme les clefs de la voûte, si, en sortant de leur place, ils avoient voulu accabler et écraser le peuple.

L'expérience, qui est comme le supplément de la perfection de la prudence humaine, opposa un remède à chacun de ces maux.

Contre l'imprudence et l'aveuglement du peuple, qui méconnoissoit souvent ses véritables intérêts, elle inspira la loi qui permit aux rois et au conseil aristocratique, de rompre les assemblées orageuses où le peuple seroit sur le point de prendre un mauvais parti.

Contre l'ambition et l'usurpation des rois et du conseil, elle fit établir la magistrature des Ephores, vengeurs perpétuels de la liberté du peuple, et son rempart assuré contre l'excès de la monarchie et de l'aristocratie.

C'est ainsi que le système de Lycurgue fut porté à sa dernière perfection, et que l'expérience, achevant l'ouvrage de la prudence, forma une république si accomplie, que tout homme, qui auroit bien connu la nature du cœur humain, auroit pu prédire avec sûreté la longue durée d'un corps qui avoit de si bons principes de vie, sans en avoir aucun de mort et de destruction.

Aussi cette république, peut-être plus parfaite que celle que Socrate et Platon n'ont vue qu'en songe, a subsisté et s'est conservée dans toute sa pureté pendant plus de 500 ans, et elle n'a éprouvé la fatalité commune à tous les établissemens humains, que lorsque le relâchement des mœurs s'y étant enfin glissé, eut énervé et affoibli peu-à-peu les principes solides sur lesquels Lycurgue en avoit jetté les fondemens.

Le système général de l'éducation des enfans, que Lycurgue regarda comme la principale partie de sa législation, n'est pas moins important à développer que celui de son gouvernement. Ils avoient, l'un et l'autre, une si grande liaison, qu'on peut dire que, sans le gouvernement, une telle éducation auroit été impossible, et que sans l'éducation, un tel gouvernement auroit été inutile, ou du moins de peu de durée. Tout autre gouvernement n'auroit pu former des Lacédémoniens. Tout autre peuple n'auroit pu supporter le gouvernement de Lacédémone. Les autres législateurs n'ont fait, pour ainsi dire, que la moitié de leur ouvrage; ils se sont contentés de donner des lois saintes à leurs citoyens; Lycurgue seul a entrepris de former des hommes capables d'obéir à de saintes lois; rien de plus aisé, en un sens, que de faire des lois parfaites, mais rien de plus difficile que de les faire pratiquer; il faut pour cela travailler sur l'homme même, et graver les lois dans son cœur beaucoup plus que sur le marbre et sur le bronze : ce fut là le grand objet que Lycurgue se proposa dans l'éducation de ses citoyens, et dans les principes généraux qu'il établit sur les mœurs. On y découvre quatre caractères éclatans, qui distinguent sa législation de toutes les autres.

Ce fut dans cette vue qu'il établit l'usage d'exercer les jeunes filles, par la course, par la lutte, par les jeux du disque et du javelot, persuadé que la vigueur des enfans répondroit à celle des mères, et que les mères elles-mêmes, endurcies par ces exercices publics, combattroient avec beaucoup plus de force et de bonheur contre les douleurs de l'enfantement, de même que les arbres élevés dans les climats froids, poussent leurs branches avec plus de vigueur, et résistent plus aisément aux rigueurs de l'hiver.

Par une conséquence du même principe, il voulut que les filles ne fussent mariées que dans l'âge où elles étoient pleinement nubiles, condamnant ces mariages prématurés, qui préviennent les lois de la nature et qui ne produisent que des fruits précoces, menacés de périr bientôt, ou de n'arriver jamais à leur véritable perfection.

Ne parut-il point se relâcher de cette austérité de mœurs dont il étoit si justement jaloux, lorsqu'il voulut que tous les mariages commençassent par un rapt, et que la loi autorisât pour toujours, ce que la nécessité ne fit faire qu'une fois à Romulus? mais cet enlèvement n'étoit, sans doute, que ce que nous appellons un rapt de séduction. On ne voit point qu'aucune fille ravie ait réclamé la justice contre son ravisseur; et il y a lieu de croire que, dans l'intention du législateur, le rapt ne devoit servir que d'amorce, et comme d'assaisonnement au mariage, de même qu'il voulut que les maris ne vissent leurs femmes qu'avec une espèce de mystère, et comme en bonne fortune, croyant que la rareté devoit être le sel des plaisirs les plus permis, et que d'ailleurs elle contribueroit à en faire sortir des enfans plus vigoureux, de même qu'une terre, qui ne reçoit la pluie que par intervalles, porte de plus beaux fruits, que celle qui est arrosée continuellement.

Il faut convenir que nous n'étudions pas tant la nature, mais la nature n'en suit pas moins ses lois. Les Lacédémoniens étoient presque tous forts et robustes, parce qu'ils s'y conformoient : nous naissons foibles et délicats, parce que nous les méprisons.

Non his juventus orta parentibus
Infecit æquor sanguine punico,
  Pyrrhumque et ingentem cecidit
  Antiochum, Annibalemque dirum :
Sed rusticorum mascula militum
Proles, Sabellis docta ligonibus,
  Versare glebas, etc.

C'est peut-être une des raisons qui fait que la force des hommes va toujours en diminuant; et pendant que les arbres, les plantes et les animaux, conservent la même vigueur qu'ils ont toujours eue, parce qu'ils vivent selon la nature, l'homme seul s'affoiblit, et dépérit presque de génération en génération, parce qu'il préfère sa raison à la nature, ou plutôt son plaisir à la raison.

Nos pères, les anciens Germains, pensoient comme Lycurgue : *Sera apud eos*, dit Tacite (1), *juvenum venus eoque inexhausta pubertas; nec virgines festinantur, eadem juventa, similis proceritas, pares validique miscentur, ac robora parentum liberi referunt.*

---

(1) *De Mor. Germ.* p. 645. édit. Elzevir. 1640.

ROMULUS COMPARÉ AVEC THÉSÉE.

Thésée semble d'abord avoir eu de grands avantages sur Romulus. Belliqueux par choix, et entreprenant sans nécessité, le trône de Trezène, dont il pouvoit jouir avec honneur, ne lui servit que de degré pour s'élever à une plus haute fortune. Il pouvoit éviter la rencontre de ces fameux brigands dont il purgea la terre, et il osa les chercher. Sciron, Cicnus, Procuste, Cercyon, qu'il extermina sur sa route, ne furent que les préludes et comme les amusemens de sa valeur. Il les attaqua, sans en avoir reçu aucun mal; et il les immola, non à sa vengeance particulière, mais au salut de la Grèce. Elle se vit délivrée, avant que de savoir le nom de son libérateur; et Thésée jouit de cette gloire si précieuse à l'homme de bien, d'être l'auteur inconnu de la félicité publique.

On peut dire, au contraire, que la seule nécessité fit de Romulus un héros. Redoutant la servitude ou le châtiment, et devenu hardi par la crainte même, la peur de souffrir de grands maux le porta à faire de grands biens. Si les victoires de ces deux héros semblèrent les égaler, au moins dans les effets de la valeur, Thésée eut un genre de courage et de grandeur d'ame qui lui sera toujours propre. Devenu la victime de son peuple, après en avoir été le libérateur, dévoué volontairement à une mort cruelle, ou à une servitude honteuse, qui l'attendoit dans l'île de Crète, il mérita encore plus les louanges des sages que l'amour d'Ariadne; et le ciel même favorisant cet amour, le fit servir à sauver une vie prodiguée pour la république. La science du gouvernement éclata également dans Thésée et dans Romulus ; mais comme si la fortune avoit pris plaisir à en former un parallèle parfait, elle les fit tomber dans des fautes égales. Ni l'un ni l'autre ne soutint le véritable caractère de son gouvernement ; l'un en relâcha la force jusqu'à le laisser dégénérer en état populaire, l'autre en resserra les nœuds jusqu'à le rendre tyrannique.

L'un ne se donna pas assez d'autorité ; l'autre voulut en avoir trop ; tous deux s'éloignèrent également de leur but : mais l'erreur qui vient d'un esprit de modération et d'humanité, est plus excusable que celle qui naît d'un fond d'orgueil et de dureté. Semblables l'un à l'autre jusque dans leurs fautes domestiques, on reprocha à l'un la mort d'un fils, et à l'autre celle d'un frère. Mais Romulus plus coupable, parce qu'il avoit moins de passion, porta la cruauté jusqu'aux actions ; Thésée aveuglé par la jalousie, trompé par l'imposture d'une femme, et plus malheureux que coupable, se contenta d'exhaler sa colère en vieillard, par des injures ou par des imprécations ; et la mort de son fils fut, en quelque manière, le crime de la fortune.

Si ces traits semblent donner la préférence à Thésée, Romulus la lui dispute par des avantages qui ne sont peut-être pas moins solides.

L'un est un roi, déjà grand par lui-même, à qui il ne fut pas difficile de devenir encore plus grand ; l'autre est un esclave en apparence, et le fils d'un berger, qui, en s'affranchissant le premier, a la gloire d'affranchir tous les latins, et d'acquérir en même temps les titres les plus illustres qui soient parmi les hommes. Vainqueur de ses ennemis, sauveur de ses amis, roi de plusieurs nations, fondateur d'un grand empire, non en rassemblant, comme Thésée, des peuples dispersés, et en détruisant plusieurs dominations pour en établir une seule, mais par une espèce de création, tirant comme du néant une nouvelle république, et de rien faisant tout.

Thésée a détruit des voleurs et des brigands; Romulus, plus grand et plus heureux, leur sauve la vie, et leur inspire la vertu. Des nations entières furent un objet plus digne de ses armes, que ces monstres qui exercèrent la valeur de Thésée, conquérant aussi humain que redoutable, dont la victoire fut toujours utile aux vaincus; de ses ennemis il en fit ses citoyens; et tous les étrangers qu'il soumit à son empire, devinrent autant de Romains.

Le rapt et la violence donnèrent des femmes à l'un et à l'autre. Mais Thésée, dominé par ses inclinations, ne servit que son amour. Athènes en souffrit, et les mariages de Thésée ne produisirent qne des meurtres et des guerres. Romulus fit servir ses passions mêmes à la république. L'enlèvement des Sabines, qui devoit allumer une haine implacable entre Rome et ses voisins, devint le principe de leur union, et le lien qui, de plusieurs peuples, ne fit que comme une seule famille. Thésée ne garda aucune réserve dans ses désirs; et Romulus, devenu ravisseur, sut donner un exemple de modération dans la violence même; content de la seule Hersilie, au milieu de huit cents captives, il pastagea toutes les autres entre ses citoyens ; et comme si, par une seule faute, il eut acheté le droit de n'en plus faire, il accorda tant d'honneurs aux femmes, et attacha tant de dignité aux mariages, que le divorce fut long-temps ignoré à Rome ; c'étoit plus que s'il y avoit été défendu ; et le premier exemple, quoique excusable par la stérilité de la femme répudiée, fut remarqué chez les Romains, comme chez les Grecs le premier exemple de parricide.

Que si, après tant de vertus qui ont élevé Romulus au-dessus de Thésée, il se trouvoit encore quelqu'un qui pût hésiter entre ces deux héros, qu'il considère leurs ouvrages, et qu'il compare, s'il l'ose, Athènes avec Rome.

FIN DU TOME SECOND.

TABLE

Des Pièces contenues dans ce volume.

FIN DE LA TABLE DU TOME SECOND.

www.ingramcontent.com/pod-product-compliance
Ingram Content Group UK Ltd.
Pitfield, Milton Keynes, MK11 3LW, UK
UKHW020154250726
13967UKWH00003B/1056

9 782012 954786